国家社科基金
GUOJIA SHEKE JIJIN HOUQI ZIZHU XIANGMU
后期资助项目

马克思的哲学观研究

基于"柯尔施问题"的视角

Marx's Viewpoint of Philosophy Research
Based on the Perspective of Korsch Problem

黄 浩 著

学习出版社

图书在版编目（CIP）数据

马克思的哲学观研究：基于"柯尔施问题"的视角／
黄浩著． -- 北京：学习出版社，2014.9

（国家社科基金后期资助项目）

ISBN 978 - 7 - 5147 - 0460 - 0

Ⅰ.①马…　Ⅱ.①黄…　Ⅲ.①马克思主义哲学 - 研究
Ⅳ.①B0 - 0

中国版本图书馆 CIP 数据核字（2014）第 090224 号

马克思的哲学观研究

MAKESI DE ZHEXUEGUAN YANJIU

——基于"柯尔施问题"的视角

黄　浩　著

特约编辑：杨庆文
责任编辑：李　岩
技术编辑：贾　茹
封面设计：杨　洪

出版发行：学习出版社
　　　　　北京市崇文门外大街 11 号新成文化大厦 B 座 11 层（100062）
　　　　　010 - 66063020　010 - 66061634　010 - 66061646
网　　址：http：//www. xuexiph. cn
经　　销：新华书店
印　　刷：北京市密东印刷有限公司

开　　本：710 毫米 × 1000 毫米　1/16
印　　张：16
字　　数：270 千字
版次印次：2014 年 9 月第 1 版　2014 年 9 月第 1 次印刷

书　　号：ISBN 978 - 7 - 5147 - 0460 - 0
定　　价：32. 00 元

如有印装错误请与本社联系调换

国家社科基金后期资助项目

出 版 说 明

后期资助项目是国家社科基金项目主要类别之一，旨在鼓励广大人文社会科学工作者潜心治学，扎实研究，多出优秀成果，进一步发挥国家社科基金在繁荣发展哲学社会科学中的示范引导作用。后期资助项目主要资助已基本完成且尚未出版的人文社会科学基础研究的优秀学术成果，以资助学术专著为主，也资助少量学术价值较高的资料汇编和学术含量较高的工具书。为扩大后期资助项目的学术影响，促进成果转化，全国哲学社会科学规划办公室按照"统一设计、统一标识、统一版式、形成系列"的总体要求，组织出版国家社科基金后期资助项目成果。

全国哲学社会科学规划办公室

2014 年 7 月

序

　　黄浩是我的博士研究生，在攻读博士期间，他的勤奋补拙给我留下了极为深刻的印象，每次上课，黄浩都要录音，然后再根据录音整理成文字，记得好多次，我都要他把整理的文字发给我，毕竟课上或多或少总有些灵感的东西。现在他的著作《马克思的哲学观研究——基于"柯尔施问题"的视角》就要出版了，可喜可贺。算起来，黄浩这部著作已有一些年头了，从他读博士开始思考和写作这一问题，已经过去了十多年，后来这一研究有幸得到国家社会科学基金后期资助项目的资助，终于得以付梓出版，着实不易。黄浩请我作序，实际上著作本身就会说话，不用多言，明眼人一看便知写作此书花费的时间和精力，绝非当下诸多讨巧之作，一如黄浩的为人。既如此，我也不便多说什么，只就着黄浩的这部著作，作一些"接着说"的补充罢了。

一、什么是柯尔施问题的表面问题，
　　什么才是柯尔施问题的实质？

　　长期以来，研究者对此一直缺乏自觉，能这样提出问题并谈论此问题的少之又少，黄浩的论著的第二章第三节能将这一问题提出来，殊为可贵。必须承认，将柯尔施问题纠结于马克思主义到底有无哲学，本身就显得肤浅和表面化。事实上，这个充满哲学术语和表述的学究味十足的问题背后恰恰最少哲学性，也同马克思主义的哲学立场相违悖。

　　透过马克思主义有无哲学这样的问题，柯尔施问题的实质昭然若揭：

　　既然"资产阶级的哲学教授们"和"正统的马克思主义者们"都认为马克思主义没有自己的哲学，既然"资产阶级的哲学教授们"认为这很"不利于马克思主义"，既然"正统的马克思主义者们"认为这很"有利于马克思主义"，那么，只要搞清这点，问题也就比较清楚了。

"正统的马克思主义者们"认为马克思主义没有哲学这样的说法有什么根据？以及为什么这样反而会"有利于马克思主义"？

这里，马克思本人对哲学的批判不仅极大地迷惑了"资产阶级的哲学教授们"，也极大地困扰了"正统的马克思主义者们"，关于马克思对哲学的批判，在黄浩的论著中占了很大篇幅，读者可仔细阅读并领会。

"正统的马克思主义者们"确实在某种程度上理解了而不是误解了马克思对哲学的批判，就其精要而言，马克思至少在三个方面对哲学进行了系统批判，一个是形而上学的批判，另一个是意识形态批判，再一个是实践性批判。

首先，哲学作为一种形而上学，是关于 PRIMARY BEING 的学说，这个归根结蒂的第一性质，是不在现实中的，却又是现实所以如此的原因，它以本体论的形式表现出来，如常言所谓种瓜得瓜种豆得豆，这一点，特别得到了科学、尤其是基因理论（我们过去一直批判的一种所谓的资产阶级理论）的佐证。同种瓜得瓜种豆得豆相比，更为典型的是用人性说明人的行为和人的历史。马克思对此是坚决反对的，他虽然也承认种瓜得瓜种豆得豆这种因果性，但是，对马克思来说，一种先在性是不可能在某种东西没有产生前就存在的，虽然瓜和豆的种子可以长成瓜豆，然而瓜或豆的种子在没有瓜和豆之前是不可能先在的。在这里，没有鸡生蛋和蛋生鸡的模棱两可，鸡蛋确实可以生成鸡，但能使鸡蛋成为鸡的那种鸡蛋不可能在鸡之前先在的存在。再没有比人性这个词更能反映马克思对形而上学的批判的了，在形而上学那里，人性是一种人与生俱来的性质，而在马克思看来，人不是生而为人的，人是后来生成的。孔子不是生来就是孔子的，孔子是后来成为孔子的，同样的，孔子不是始终如一的，而是不断地改变的，甚至，如果孔子活得更长一点，还会进一步改变。马克思明确说明，经济规律不是永远存在的，经济规律只有在经济现象存在以后才存在，而且必将随着经济活动的结束而结束。在这里要注意两种倾向，过去的一种倾向是，认为马克思根本上拒斥形而上学，现在的倾向则是，努力把马克思的哲学讲成一种形而上学（见本书第一章第三节第一部分引述的徐长福教授把"马克思学说"本体论化的倾向）。两种倾向都存在问题，认为马克思的学说根本上拒斥形而上学的学者没有注意到，正是马克思本人特别强调本质与现象的区分。本质总是某种超出了感性经验层面的东西，也即总是某种形而上学的东西，马克思正是在这个意义上对各种流行的经济学进行了批判，在马克思看来，各种经济学的主要问题是，它们都过于关注日常经验。马克思多次感叹，如果一切都用感性经验可以说明，还要科学干什么呢？（在马克思那里，科学也不拒斥形而上学），形而上学当然存在并发生作用，只不过，某物的形而上学的性质不是在某物没有产生前就先在的，而是在某物产生后才有的，正如不是经济规律决定了经济现象，而是在有了经济现象之后才有了超出感性经验的经济规律一样。

其次，哲学是一种意识形态。关于意识形态，有许多理解，其中值得注意的是，对马克思恩格斯关于意识形态的批判存在着许多误解，最近甚至有些学者认为，马克思恩格斯是认可、认同意识形态这一术语的。到底该如何理解这一问题呢？实际上，无论是马克思还是恩格斯，在这一点上从来都是清楚的而不是模棱两可的。特别是恩格斯在晚年关于历史唯物主义的一系列通信中多次表明，总体上，意识形态表现为对真理的歪曲，只不过，当事人可能并没有意识到，恩格斯说，否则，这就不是意识形态了。也即，意识形态是对真理的歪曲，不过不是有意歪曲，没有一个学者会坚持一种自己认为是错误的理论，所以我们过去说资产阶级学者故意歪曲事实这与马克思恩格斯的理解完全不同。尽管如此，意识形态家们的各种立场特别是阶级立场使得他们坚持了自己认为是正确然而是具有阶级狭隘性的东西，这一点在马克思恩格斯那里则是不言而喻的。

意识形态是特定历史阶段的特定主体对事物、事实的看法，这种看法具有明显和鲜明的公说公有理，婆说婆有理的性质，对特定历史阶段和特定历史主体来说，它们都表现为真理的形式。但是，只要离开特定历史阶段和特定的历史主体，它们都会丧失真理性。没有人能超出他的历史和时代，这是每个哲学家都可能同意的，但同样的，却没有哪个哲学家承认他的学说是意识形态，承认其具有时代和主体的局限性，而往往将之视为客观真理。不能因为马克思对意识形态的批判就彻底否认马克思主义的意识形态性质，像阿尔都塞那样，在马克思学说内拼命寻找一个从意识形态到科学的转变（注意本书第一章第三节中关于徐长福教授关于此问题的见解）。其一，马克思主义并不因为对意识形态的批判就不再是意识形态。其二，作为意识形态，这并不妨碍马克思主义仍然是科学。其三，任何意识形态都会消亡。黄浩在本书第四章第二节之三中对此有详细的讨论，并对《共产党宣言》中一段长文进行了新的理解。黄浩力图以意识形态的意识形式和文化形态的意识形式的区分来说明文化形态的意识形式永远存在而意识形态的意识形式则会消亡，也算一家之言。然而正是在《共产党宣言》那段话中，马克思恩格斯说出了这样两层见解：1. 意识形态、意识形式是与不同历史和不同阶级相关联的，在阶级社会中表现阶级斗争诸形式，从而在宗教、道德、哲学、政治、法律等方面表现出来。譬如宗教出现较早，那只是表明，宗教是较早的一种斗争形式；抑或，斗争的形式是多方面的，同样的斗争既可能在宗教中有反映，也可能在哲学中有反映，在宗教中表现为宗教斗争，在哲学中表现为哲学斗争。2. 宗教、道德、哲学、政治、法律既然都是斗争的形式，那么，当"阶级对立完全消失的时候"（马克思恩格斯语），它们当然"会完全消失"（马克思恩格斯语）。这种消失当然是在"不存在"的意义上使用的。

再次，哲学的实践是理论。马克思在这方面的批判，见之于诸多经典文本，从《博士论文》、《黑格尔法哲学批判导言》、《1844 年经济学哲学手稿》、《神圣家族》、《德意志意识形态》、《关于费尔巴哈的提纲》等等。这个问题后面我们将详谈。在某种意义上这么讲也没错，一个哲学家的主要工作当然是在书斋中写作哲学，而不是拿着锄头下地种菜，他的实践活动就是他的理论工作。马克思如果是哲学家，那么他也只能如此，过去，我们为了说明马克思恩格斯对实践的重视，过于强调他们亲自参加各种社会活动，如果是那样，马克思怎么有时间创作《资本论》呢，要知道，马克思连给《纽约论坛报》写稿子都视之为浪费时间，马克思大多数时间是在大英博物馆而不是菜地度过的。当然，马克思确实也不像康德那样一辈子没出过哥尼斯堡，他确实参加了许多社会活动，但这正是他不把自己作为哲学家（被哲学所规定）而把自己视为是一个共产主义者（自由从事哲学而不被哲学职业规定）的重要原因。问题的关键在于，在马克思看来，哲学的实践是理论这并不是哲学的规定，而是哲学的缺陷，是哲学的片面性，是真正的哲学应该且必须要克服的东西。

可惜的是，不仅过去"正统的马克思主义者们"没有认识到这一点，今天的一些马克思主义者们也没有认识到这一点，在他们看来，既然马克思恩格斯对哲学是这种态度，那么把这种哲学元素从马克思主义中清除，对于"正统的马克思主义者们"是再正常不过的"很重要的有利于马克思主义的东西"。

结果，一方面，批形而上学，"正统的马克思主义者们"更加现实，在从现实出发的唯物主义口号下，现实运动成了压倒一切的东西，导致了卢卡奇所言的第二国际的马克思主义者们很少注重理论的一个特点。列宁说得更绝，公然断言，二十世纪以来，没有一个马克思主义者是真正懂马克思主义的。另一方面，反意识形态，一个重要的方面就是马克思主义的科学化，极力去除和消解马克思主义中的意识形态的东西。阿尔都塞关于马克思主义从意识形态到科学的转变也突出反映了这一点。

如果马克思主义一方面更加注重现实运动，另一方面更加消弱其意识形态性，那么在"资产阶级的哲学教授们"看来，这当然是"很重要的不利于马克思主义的东西"。

一方面，马克思主义将陷入物质主义、事务主义的唯物主义中而鼠目寸光，这种唯物主义正是马克思在关于费尔巴哈提纲中批判的"此前的一切唯物主义甚至包括费尔巴哈的唯物主义"，对这种唯物主义来说，重要的是理论与现实的迎合和适应，而不是对现实的批判性的革命和改造，列宁正是在这一点上认为，二十世纪没有一个马克思主义者是懂马克思主义的。如果马克思主义不能给自己提出社会改革的伟大目标和任务，而是像马克思批判的庸俗经济学，一味迁就现实的物质利益和物质关系，马克思主义的生命力也就消亡，马尔库塞已经注意到，沉溺于物质现实中的人们，很容易接受和相信资产阶级发财致富的意识形态思想（譬如美国梦等等）。另一方面，消解意识形态性和科学化的同时，马克思主义成了"一些纯粹的科学观察"，变得"与政治的或其他阶级斗争实践没有任何直接的联系"，变得不那么革命、暴力了。事实上，不仅"资产阶级的哲学教授"这样看，第二国际的马克思主义者们也有一些人这样看，鲁迈夫·希法亭正是在这个意义上出版了他的著名的《金融资本》，这个思想又是如此重要地传递给了世界著名经济学家熊彼特，马克思主义成了客观的、没有价值判断的科学。导致的后果连伯恩施坦这个修正主义者也意识到了，他感叹道：如果说马克思主义是科学，是揭示了历史规律的科学，那么，还要无产阶级的斗争干什么呢？

无论如何是明确的，对一个接受市场经济是天经地义的人来说，市场经济导致的一切不平等，他也往往会认为是正常的，因此，他更多只能是抱怨自己，而不会寻求对现实存在的改变，就这方面而言，房价上涨对他的影响远高于马克思主义对他的影响。现在，越来越多的资产阶级国家的人被类似于美国梦的资产阶级意识形态所同化（甚至包括市场经济下的社会主义的中国），资产阶级的意识形态正在成为一种理所当然的世界观和价值观，在这种世界观面前，由于缺乏马克思主义哲学的世界观训练，不仅许多群众，就是部分党员干部也正在失去批判力，甚至，现在市面流行的大多数马克思主义，也都不同程度地被资产阶级意识形态和世界观同化了。

简单地说，柯尔施问题的实质涉及这样一个方面：没有哲学，没有马克思主义哲学，马克思主义和马克思主义的运动必将在现实的逐利中被资产阶级的意识形态特别是其等价交换的平等价值论所浸淫、麻木、同化，最后不自觉地接受、顺应并习以为常，视之为理所当然，只是，这个危害及危险，"正统的马克思主义者们"没有注意到，反而被"资产阶级的哲学教授们"发现了。

二、解决柯尔施问题的困难之点

黄浩在本书第四章集中探讨了这一问题，这是非常关键也是非常困难的一部分。它涉及这样几个问题。

（一）如何理解马克思所言的消灭哲学和哲学终结的问题。这涉及到黄浩论著的主题，即马克思对哲学、哲学家、哲学史等的独特理解。需要说明的是，马克思对此的看法是十分明确的，早在《关于伊壁鸠鲁的笔记》和《博士论文》中马克思已经把哲学作为一种意识虚构的意识形态加以研究了。

哲学当然首先是意识虚构。虚构这个词在这里没有贬义，在马克思关于伊壁鸠鲁的笔记中，马克思明确指出，由于意识和观念等一定要超出感性经验，那么它一定会具有某种虚构性质。哲学是哲学家的思想，所以哲学同其他学科不同，不是以事物为对象，而主要以思想，主要是哲学家的思想为对象。这一点，黑格尔在《小逻辑》开讲中以另一种方式言说了：哲学同其他科学不同，其他科学有对象，而哲学同宗教一样，没有对象，或者说以真理为对象。

马克思说得很清楚，在过去的哲学中，哲人是中心。这也是为什么哲学研究的论文主要是在研究哲学家的一个重要缘故，什么亚里士多德哲学、柏拉图的哲学、黑格尔哲学、康德哲学、马克思的哲学等等，都是如此，而物理学则很少以科学家为中心，进而在学术论文主要写牛顿物理学、爱因斯坦物理学的。

但是，在马克思看来，没有意识是独立存在的，意识从来都是意识到的存在，于是，哲学所关注的没有对象或者说没有感性实在的对象，实际是对这种感性实在性的超越，所以，马克思这样谈论古希腊哲学，说其虽然是一种意识，但这种意识仍然是一种实体的意识，一种客观的意识，在那种情况下，哲学家和宗教家并没有言说自己的意识（无论他们自己是否意识到），他们是皮蒂娅们，是一种容器。不过，马克思认为，这终究是哲学家的思想，无论他们以什么样的方式，只不过在苏格拉底之后明显具有主观性（典型的，苏格拉底的神谕），所以马克思说，哲学表现了意识在超出感性的部分是如何虚构的。这种虚构最突出的就是大家熟知的抽象，抽象所以是抽象，就在于把感性的丰富的规定性弄得单调。水果与一个具体的苹果之间的关系就是如此。

那么，人类的生活和历史由于哲学家和哲学的产生有了什么根本不同呢？

马克思认为，没有哲学家，人们只能过自然的生活和自然性的生活（自然道德、自然法等），所以，马克思说伊奥尼亚哲学还是自然哲学，用自然要素说明一切，他们也过着自己主张的自然要素的生活。毕达哥拉斯是过渡，与他们关于数的哲学相类似，他们开始尝试一种既有自然物质性又独立于自然物质性的生活。从埃利亚派巴门尼德开始，如他们主张的那样，一种专门的精神生活在人类开始。哲学家从事意识和思想活动，非哲学家们则从事世俗世界的具体物质实践活动，反映在人类整体生活上，则是人类既有精神生活又有物质生活，只不过这两种生活是分离的。在马克思看来，这种关系如下：1. 哲学家的实践即是理论，即他们研究和讲述他们的哲学，这方面，他们完全是非世俗的，独立于世俗社会的。2. 他们讲述的哲学不是别的，正是关于这个世俗世界的（虽然它超越了感性生活本身，但却是规范这个世界的），是最人民性的，而哲学家本人也正如他的哲学关于世俗世界的规范一样，也生活于世俗生活本身，本身也是一个世俗性和人民性，在这方面，他们并不特殊，也要遵循一切世俗的规范，而且，哲学家本身成了社会的楷模和典范，苏格拉底就是这样死的，哲学家不能使自己成为一个例外。

如此，人被二重化，社会被二重化。在这种二重化的世界中，哲学的地位是很高的。哲学的观念世界高于现实的物质世界，并成为物质世界的原则。马克思在关于费尔巴哈的提纲中说，社会被分为两部分，其中，一部分高于社会之上。恩格斯也在《自然辩证法》关于黑格尔的理性部分说到，不是所有人都能过这种生活，只有希腊人和佛教徒达到了这个水平。

宗教彼岸世界和此岸世界的区分，哲学世界和物质世界的区分，构成国家与市民社会的二重化。如何理解和解决这个二重化，如马克思自己所言，成了他的一个重要的理论任务。但是，正是在这里，正是在哲学高高在上的地方，马克思发现了哲学一个重大缺点，那就是，哲学的实践是理论的。在此，他认同亚里士多德对柏拉图实践哲学的批判，柏拉图认为，实践没有什么优越的，因为实践就是把已经存在的东西呈现出来。但是马克思和亚里士多德都认为，没有现实的运动，实践并不能把观念的东西变成现实的东西。

这里，显示出哲学世界的重大缺陷，那就是它不是现实的物质世界，表现为在现实的物质方面的缺乏，这也反映出哲学家的重大缺陷，那就是，哲学家虽然有自己的实践活动，但他们的实践活动就是理论，只是理论。

哲学和哲学家的缺陷如何解决呢？马克思认为只有一个办法：即世界的哲学化和哲学的世界化。黄浩论著对此提供了许多资料，这里就不再详述。

在这方面，马克思也是一个同一论者、统一论者、整体论者。世界和哲学它们本来是一个东西，但它们却各自独立存在，使得它们成了两个差异且对立的东西，然而它们的这种独立存在和对立在新的整体看来，只是其两个相互对立的环节，作为环节，它们将失去其外在的、独立的、对立的存在。这再明显不过：一方面，哲学存在，哲学家存在，而且它们确实是一种独立的存在，马克思说，哲学家有自己的世界，他们的世界与常人的世界根本不同；另一方面，世俗世界存在，芸芸众生存在，但他们的世界与哲学和哲学家的世界根本不同。不过，它们也有交集，那就是，它们共处于世俗世界：一方面，哲学和哲学家在现实的、物质的、世俗的世界存在，另一方面，无论哲学和哲学家的世界如何不同于世俗世界，但它们毕竟是作为世俗世界的一部分存在。

哲学确实可以表现为独立存在，但当它独立存在时，它只是一个片面性，是一个病态的存在，不是一种真正的哲学存在。同样，实践也独立存在着，但它独立存在时，也只是另一个片面，也是一种病态的存在，不是一种真正的实践存在。大部分学者根本没有真正理解马克思对"从前一切唯物主义包括费尔巴哈的唯物主义"的批评所指，注意马克思在这一批评中特别提到的，说他们没有从实践方面去理解。要知道，他们是那样的"现实"，几乎"现实"到一切以现实为真理标准的地步，但正是马克思的实践，表明了其实践中不可或缺的哲学。

哲学有其独立的存在方式，实践也有其独立的存在方式，但这种存在方式是有问题的，在现实中它们表现为相互对立的关系，它们是宗教世界和现实世界对立的根源，它们是观念世界和现实世界对立的根源，它们是国家和市民社会对立的根源，它们是本质与现象对立的根源，它们是自然与社会，人与自然，类与个体对立的根源，它们是主观与客观对立的根源，总之，是马克思所言的斯芬克斯之谜的根源（见《1844 年经济学哲学手稿》）。

既然这种独立存在不应该视为独立存在，不应被视为两个外在的东西，而应视为同一的东西的两个环节，也即，哲学不应只以这样一种方式即理论的方式存在，同样的，实践也不应该只以这样一种方式即单纯实践的方式存在，实践与哲学不可分，正如哲学与实践不可分，它们就是一个东西的整体性的两个方面，哲学即实践，实践即哲学，不过哲学与世界是各自相互的异在，哲学就是实践的理论形态，正如实践不过是哲学的实践形态。它们不是外在对立的，而是内在矛盾的（注意对立与矛盾的差异）。所谓矛盾就是自相矛盾，就是自我矛盾，就是对立同一，就是一个整体将看起来是外在的对立的两方面视为同一性的两个环节或两个方面。

明白了这一点，也就很好理解马克思关于哲学的终结的话语了。黄浩在本书的第三章第二节、第四章第二节对此进行了重要的语言和语义方面的研究（如对消灭与扬弃等字义考据方面）。

显然，马克思是在两种意义上谈到了哲学的终结或消亡：

1. 在最终"不存在"的意义上使用。当"阶级对立完全消失的时候"作为阶级斗争的形式的哲学，将同宗教、道德、政治、法等其他形式消失。

2. 在更多的意义上，则是在哲学的终结就是哲学的实现意义上谈论的。

过去，哲学存在着，不过是作为理论而独立存在的，这是一种片面的存在状态，这不是一种真实的存在状态，因为没有一种理论能够独立存在。哲学只有与其实体的物质灵魂附体，才是真正完全的、完整的、完成的，然而如此一来，哲学已经不再是作为理论形态而存在了，这也就意味着，那种理论形态的哲学终结了。哲学的终结是指哲学作为理论形态的终结，因而不是贬义的。

哲学要么独立存在，但在那种情况下，它只是一种理论的片面性的存在；哲学要么在实践中被实现，如此，独立的哲学将不再存在，将丧失其存在（马克思用语），就是哲学的消灭，这种哲学的消灭不是哲学的消亡，它只是意味着，哲学的独立存在的终结和哲学作为一个环节与实践共处于同一体中，以哲学的世界化或世界的哲学化而存在。

与此相伴随，哲学家的实践也不再只是理论活动，世俗社会的实践也不再只是物质活动，在这种情况下，对立二分的根源消除，共产主义者将不再被片面性规定，哲学家不再被哲学规定，渔夫不再被渔夫规定，所有的人都不被片面性规定。马克思说得很具体，一个人可以早上钓鱼，晚上批判，但钓鱼并不会使他成为渔夫，批判也不会使其成为哲学家。

所以，马克思对哲学家有批评甚至挖苦揶揄也就正常了，他自己不把自己的东西称为哲学，不把自己视为哲学家也就正常了。它们都是片面性，且被这种规定束缚。如果非要说的话，就是科学和科学家。但是，正是对科学和科学家理解的理解却更为复杂。黄浩在本书的第一章对此有较为详细的探讨。

（二）马克思对科学有何独特理解。许多人都注意到了，马克思的理论倾向是科学，罗素在《西方哲学史》中关于马克思部分特别突出了这一点。第二国际的一些马克思主义者以及伯恩施坦等也这样认为。这是对的。但是，对马克思关于科学的看法的理解则分歧甚大。

黄浩在本书的第一章第三节中特别提到徐长福与邓晓芒两位教授的争论，黄浩将他们的论争概括为两个方面。就第一个问题来说，涉及的是马克思有无从哲学到科学的转变。就我个人的看法，这样谈问题并无太大意义，马克思广泛学习法学、诗歌、历史等等，并没有一个专门哲学的约束，他只是在他需要某种东西时学习这些东西，不过有一点是肯定的，马克思对科学的态度是不言而喻的。

第二个问题是如何看待马克思所理解的科学与哲学的关系。就第二个问题，徐教授的理解存在一定问题，说马克思有显性科学和隐性哲学这种结构看起来似乎有理，但实际上只是表相上的，马克思活着时已经被这样多次曲解，而正是他本人公开反驳了这种批评，马克思说，人们对《资本论》理解得很差，巴黎的《实证论者评论》一方面责备我形而上学地研究经济学，另一方面责备我——你们猜猜看——只限于批判地分析即成的事实，而没有为未来的食堂开出调味单（孔德主义的吗？）。所谓形而上学的，就是把一切归纳为某种背后的本体论的展开，所谓分析即成事实，就是实证科学。

徐教授将科学进行了三种区分，不过，将马克思视为实证科学家肯定是不对的。邓教授对马克思关于科学的理解基本符合马克思的原意，政治经济学虽然以人的活动为对象，但当工人只是作为一个劳动机器时，他与机器也就并无差别，对考察物的自由落体的物理学而言，对象是人还是石头并不重要，它们都是并不需要了解其内在结构差异的"物"。它们只是抽象的同一性。所以马克思才说，随着生产力的运动，整个社会将或快或慢随之变动，只不过一部分可用自然科学的精确性来把握，另一部分则不行。但是马克思说，自然科学终将失去其抽象物质的方向，因为它将真正面对人。过去总是说历史唯物主义多么缺乏人，是人学的空场（见萨特的存在主义的马克思主义），这里暴露出是多么无知。正是马克思明确认为"从前的一切唯物主义包括费尔巴哈的唯物主义"的主要缺陷，是唯物主义越来越敌视人。邓教授注意到了，马克思确实把政治经济学看成是类似于自然科学和实证科学并予以了批判，不过归结是有一点问题的，邓教授认为，"这只有靠哲学的维度才能动作起来"，如此，又回到了徐教授的观点——哲学的隐性结构。

　　实际上马克思说得很清楚，重要的是自然科学与人的科学同一，在这一过程中，哲学将与自然科学联姻（注意不是哲学来运作）。正如哲学与世界的矛盾的自我同一的基础不是哲学也不是实践而是人或社会一样，人和人的社会才是关键，这种同一不过意味着二元世界的结束，不存在专门的哲学观念世界与世俗的自然物质世界的区分，也不存在有专门的从事哲学和观念的人及专门从事物质自然的人的分裂，不存在这种专门垄断，自然科学与哲学的联姻也是一样，它的基础就是人和社会，不是哲学，也不是自然科学，而是马克思所说的人的科学。这人的科学就是人性的科学，而这人性的科学不是本体论，也不是任何本体论的，在这里马克思和任何人性论者不同，他把人不是看成生而为人的，而是看成是在历史中生成为人的，因此所谓的人性，既不是鲍威尔的人与动物区别的内在生物本质，也不是费尔巴哈的从所有人中得出的类本质（施蒂纳说得对，那是上帝），而是不断地改变了条件从而也根本改变人的发展和要求的历史性。与此相应，"非人的"不是说当牛做马（过去常这样比喻），而是说历史的发展已经同人的发展不适合。人的科学，就是不断改变历史，使之更有利于人类，就是社会主义，共产主义，马克思说得很清楚，对社会主义来说，就是世界历史对人的生成，不是说历史专为人而生，那就成了本体论了，而是说人将按照使人幸福的方向，不断改变世界。中国政府将"以人为本"与"科学发展观"作为新形势的马克思主义中国化的原则提出来，与马克思的这一思想十分吻合。

　　这就可以理解了，为什么物理学及一切自然科学不能高于人的科学？只要能造出原子弹，就符合物理科学，但原子弹是有害于人类的，所以它虽然符合物理学，却不符合人的科学。这里用哲学是不能运作的，也不能用隐性结构，只能用人的科学，或者马克思说的唯一科学，人的科学，历史科学。罗素说马克思有个缺点，就是太关注于人，不管这个批评本身对错，他确实看到了这一点。在这方面，马克思要处理的复杂关系是，一方面，必须让哲学起指导作用；另一方面，他又不能让这种哲学成为先验的东西。

三、柯尔施问题给我们的启迪

现在我们可以谈论这个问题了。黄浩在本书的许多方面都涉及了这一问题。

我们在本书的第一章第一节中可以充分感受到，柯尔施确实特别强调马克思主义"意识与现实一致"，从而也就直接或间接地回答了哈贝马斯的那个著名反问：哲学究竟是生产力或者首先是虚伪的意识？哲学当然是一种意识虚构，但也是一种生产力。这当然是"一个尖锐的问题"（见本书第一章第二节）。

尽管把马克思主义理解为一种"意识与现实的一致"或"理论与实践的统一"，但是，在"意识与现实一致"或"理论与实践统一"理解上，仍然有很大分歧。黄浩在本书中也谈到，詹明信也认为马克思主义"像理论与实践的统一体"，但却只承认这种"统一体"的东西，而断言"马克思主义不是哲学"，如果詹明信只在反对独立的哲学存在（注意马克思在《德意志意识形态》中对这个术语的批判）这个意义上说的，那么他的说法有一定道理，因为看似独立的哲学实际不过是统一体的一个环节或一个方面，但是显然，詹是在承认独立哲学存在的意义上说的，在这个意义上说马克思没有哲学就是没有注意到马克思的哲学作为实践的环节而既作为理论形态又作为现实形态存在的事实。殊不知，这种"统一体"本身，就既是马克思主义哲学的东西，同时又是马克思主义实践的东西。

当然，也要注意另一倾向，从卢卡奇出版他的《历史与阶级意识》时起，哲学的作用被重新特别地提升了，它的问题是不言而喻的，卢本人晚年也承认了这本书的唯心主义倾向，尽管有人说这不是卢的真实想法，但是就我们的观点看符合事实。

马克思主义当然有哲学，在马克思看来，哲学不是别的，只是现实世界的补充，且是观念性补充，与现实世界共同构成完整性整体。

这种整体关系如下：世界形式上分为哲学世界和世俗世界，这两种世界作为独立的外在世界相对立，但这种外在独立只是一种世界的两个相互关联的环节，其载体是现实的社会运动，相对于这个载体，哲学只是一个方面，正如现实的物质形式是另一个方面一样。黄浩很好地注意到这是一个矛盾关系而不是悖论关系。其为矛盾关系意味着，哲学和实体都不具有优先性，它们只是事实的两个环节和方面。悖论关系则意味着，它们是两个外在的独立存在，因而是对立的。但在马克思看来，无论是哲学还是现实，它们都不能这样独立地存在，因为在这种情况下，哲学还不是真正的哲学，现实也不是真正自觉实践的产物。

必须充分注意，无论黑格尔还是马克思，都是在整体联系上、有待完成的意义上看待任何存在的，哲学也不例外。哲学首先是一种意识，作为意识，它当然有其独立的外表，但是，正如意识从来都是意识到的存在一样，它们是一种自我的同一关系，表现为各自的异在，哲学是另一种实体（实体的意识），实体是另一哲学（意识的实体）。这种同一表现为各自的片面性，且这种片面性表现为各自互为缺乏，实体是哲学的缺乏，哲学是实体的缺乏。就哲学不是实体，实体不是哲学而言，它们表现为两个完全不同的外在的东西，但在实践中，哲学与实体的这种差异和对立成为一种自身同一的环节，哲学成为实践的理论方面，实体成为实践的物质方面。在实践的历史中，哲学不再只是理论的而同时成为实体的，同样的，实体已经不再只是质料，同时成为了产品。

这再次提醒我们，要坚决反对两种倾向：一种是"正统马克思主义者们"只重现实物质性而不关注于理论，特别是取消马克思主义哲学。另一种是像卢卡奇等思想家那样，过于强调理论性和意识性，用无产阶级的先验的阶级意识来统摄马克思主义的实践。对马克思主义来说，用马克思主义哲学指导是没有问题的，但问题在于，这种马克思主义哲学的原则并不是先天的东西。这一点，卢在《历史与阶级意识》一书中已经意识到了，他有意引用马克思恩格斯的这样一段话，大意是，我们当然要用无产阶级的意识指导无产阶级运动，但是，无产阶级意识在无产阶级产生之前是不会有的，在无产阶级消灭后也将消亡，无产阶级的意识只有在无产阶级产生后，才能在其现实运动中产生，因此，不是先有无产阶级意识并用它来指导无产阶级运动，而是在无产阶级产生后，会产生一种无产阶级意识，并对无产阶级运动起到重要的观念性和舆论性的影响。

要说黄浩的这本书有什么缺憾，我觉得就是没有或很少将柯尔施问题与马克思主义中国化或马克思主义哲学中国化的问题联系起来，本来，它们是可以联系得很好的。

　　马克思主义中国化，过去有一个典型的说法，就是马克思主义理论与中国具体实践相结合，过去这被理解为是用马克思主义来指导实践，正如斯大林用辩证唯物主义推导出历史唯物主义及其现实的运动一样。这里的关键是，尽管马克思主义理论确实在时间上先于中国共产党领导的革命，却不可以逻辑地、先验地、直接地、现成地用马克思主义理论来指导中国实践，那样又是意识优先，理论优先，犯教条主义的错误。很显然，当马克思主义不是关于中国实践的理论或哲学时，就只是外在地、独立于中国实践的东西，有其自主性，而一旦同中国实践发生关系，它便只能作为环节存在，只能作为中国实践的理论环节、哲学环节存在，已经不再具有独立性，已经不能独立存在，已经丧失了其自主性，而必须与中国实践相关照，什么时候它不仅是马克思主义，同时也成为了关于中国实践的理论和哲学时，它才真正可能成为指导中国实践的理论原则。马克思主义哲学中国化也是如此。

赵凯荣

2014 年 6 月 29 日于武汉大学

目　　录

Contents

绪　　论

一、问题的提出

所谓"柯尔施问题"，就是柯尔施在 1923 年出版的《马克思主义和哲学》一书中提出的"马克思主义和哲学的关系"问题。在此书中，柯尔施开门见山地写道："直到最近，不论是资产阶级的还是马克思主义的思想家们，对于马克思主义和哲学之间的关系可能会提出一个非常重要的理论的和实践的问题这一事实，都没有较多的了解。"[①]

"柯尔施问题"是柯尔施针对所洞见到的以下情形提出来的："在那个时期，无论马克思主义理论和资产阶级理论在所有其他方面有着多大的矛盾，这两个极端在这一点上却有着明显的一致之处。资产阶级的哲学教授们一再互相担保，马克思主义没有任何它自己的哲学内容，并认为他们说的是很重要的不利于马克思主义的东西。正统的马克思主义者们也一再互相担保，他们的马克思主义从其本性上来讲与哲学没有任何关系，并认为他们说的是很重要的有利于马克思主义的东西。但还有从同样的基本观点出发的第三种倾向。它由各种'研究哲学的社会主义者'所组成，他们声称他们的任务是用来自文化哲学（Kulturp hilosophie）的观念或者用康德、狄慈根、马赫的哲学概念或别的哲学来'补充'马克思主义。然而，正是因为他们认为马克思主义体系需要哲学的补充，他们也就使人们明白了，在他们的眼里，马克思主义本身是缺乏哲学内容的。"[②] 也就是说，据柯尔施的观察，那个时代占主导地位的观点是：马

---

① 〔德〕卡尔·柯尔施：《马克思主义和哲学》，王南湜、荣新海译，重庆，重庆出版社 1989 年版，第 1 页。

② 〔德〕卡尔·柯尔施：《马克思主义和哲学》，王南湜、荣新海译，重庆，重庆出版社 1989 年版，第 4 页。

克思主义没有自己的哲学。对这种观点，柯尔施是反对的。在他看来，尽管马克思和恩格斯有许多否定哲学的说法，但马克思主义理论的最初形态"却是完完全全为哲学思想所渗透的。它是一种把社会发展作为活的整体来理解和把握的理论；或者更确切地说，它是一种把社会革命作为活的整体来把握和实践的理论"①；尽管马克思和恩格斯的后期著作突出地发展了"科学的精确性"，但"马克思主义理论的核心特征实质上仍然没有变化"。可是，第二国际的理论家却把马克思主义当作"没有价值判断"、"描述因果联系"的"客观的和自由的科学"，从而导致了"马克思主义的危机"②。可见，柯尔施所强调的马克思主义的哲学，是指马克思主义从黑格尔哲学等思想遗产中所继承下来并加以改造的那种关于社会发展和阶级革命的整体性的辩证观念和方法，它的对立面是"抽象的和非辩证的实证科学"③，"它是一种革命的哲学，它的任务是以一个特殊的领域——哲学——里的战斗来参加在社会的一切领域里进行的反对整个现存秩序的革命斗争。"④ 柯尔施主要把马克思主义的哲学理解为一种"革命的哲学"。

"柯尔施问题"的提出本身表明，对于不论是资产阶级的还是马克思主义的思想家们来说，他们根本没有意识到马克思主义和哲学的关系会是一个问题，因为在他们眼里，马克思主义没有任何它自己的哲学内容是不言而喻的，不证自明的。这验证了爱因斯坦的名言"提出问题比解决问题更重要"，柯尔施甚至强调："为了恢复被其追随者败坏和庸俗化了的马克思理论的正确和充分的意义，对马克思主义和哲学问题的再考察，甚至在理论水平上也是必需的。"⑤ 从柯尔施的论述来看，"柯尔施问题"主要是指马克思主义有没有哲学的问题以及哲学在马克思主义中的地位问题。

---

① 〔德〕卡尔·柯尔施：《马克思主义和哲学》，王南湜、荣新海译，重庆，重庆出版社1989年版，第22～23页。

② 参阅〔德〕卡尔·柯尔施：《马克思主义和哲学》，王南湜、荣新海译，重庆，重庆出版社1989年版，第22～29页。

③ 〔德〕卡尔·柯尔施：《马克思主义和哲学》，王南湜、荣新海译，重庆，重庆出版社1989年版，第32页。

④ 〔德〕卡尔·柯尔施：《马克思主义和哲学》，王南湜、荣新海译，重庆，重庆出版社1989年版，第37～38页。

⑤ 〔德〕卡尔·柯尔施：《马克思主义和哲学》，王南湜、荣新海译，重庆，重庆出版社1989年版，第33页。

二、选题的意义

"柯尔施问题"是在如何理解"马克思主义和哲学的关系"的论争中提出的，由此开始了西方马克思主义哲学和苏俄马克思主义哲学长期的争论与对峙，我们只有在这一宏观背景下才能认识到研究"柯尔施问题"的重要性。笔者认为"柯尔施问题"的研究对于重新理解马克思哲学和发展马克思主义哲学具有以下几个方面的意义：

（一）"柯尔施问题"本身就显示了论题的意义

"柯尔施问题"的核心是马克思主义有没有哲学、马克思有没有哲学，而这个问题是溢出了中国马克思主义哲学界的主流视线的，正是由于没有认识到它是一个问题，就不会对它进行反思，更不会深思"柯尔施问题"产生的原因及其实质。而这些问题又是马克思哲学研究、马克思主义哲学研究的前提，因为如果马克思没有"哲学"、马克思主义没有"哲学"的话，我们如何进行研究呢？如果说哲学观问题的产生表现了哲学的自我意识的觉醒的话，那么"柯尔施问题"的产生则表现了马克思哲学、马克思主义哲学的自我意识的觉醒，也就是说，我们从事马克思哲学和马克思主义哲学研究，首先要对马克思哲学和马克思主义哲学本身进行反思，这常常是研究发展到一定阶段或研究遇到了难题时才会出现的。"柯尔施问题"及其在西方的演化表明这一问题的重要性，也说明解决这一问题的复杂性，本书正是从"柯尔施问题"出发，探讨这一问题产生的根源及其实质，并对相关的问题提出自己的解答。

（二）以"柯尔施问题"为视角，可以推动马克思的哲学观和哲学终结观、马克思哲学观等相关问题的研究

学界对马克思的哲学观、哲学终结观、马克思哲学观、马克思主义哲学观等与"柯尔施问题"相关的这些问题进行了大量的研究，但却很少从"柯尔施问题"切入，从而影响了研究的进一步深入，"柯尔施问题"的探讨将有助于深化对这些问题的研究，因为这样是建立在别人已经解决了哪些问题，还有哪些问题没有解决的基础上的，否则我们就不知道该怎样接着往下说。目前马克思的哲学观研究是一个理论热点，这

也是一项极其重要的基础性的工作，因为如果我们不能准确地把握马克思的哲学观，就会导致对马克思哲学的误读，这也正是"柯尔施问题"产生的内在原因之一，因为如果我们连马克思对哲学的看法和态度（即哲学观）都没有一个明确的理解，那么对马克思哲学和马克思主义哲学的研究就失去了一个坚实的基础。但学界对这个问题的探讨大多还停留在宏观的粗线条的研究阶段，本书在微观的文本解读的基础上，通过思考"柯尔施问题"产生的原因重新审视了马克思的哲学观的特质。另外，通过对"柯尔施问题"的难点即如何理解马克思的"废除哲学"（即"消灭哲学"）思想的解答，以澄清马克思这一思想的真实内涵，这也是对学界关于马克思是不是哲学终结论者的争论的再思考，而学界对这个问题重视得不够，要么认为这是一个假问题不予理睬，要么认为这个问题不重要不予深究。对此，有学者指出："柯尔施说过，马克思在批判现实的资本主义制度和文化意识形态时，很少提出某种理想制度来取代现存的某种制度。同样，在对待传统的哲学时，他也把批判资本主义的哲学（以至于整个资产阶级意识形态）看得比构建一种能够取代传统哲学的新哲学要重要得多。过去我们更多地关注马克思相对不重视的哲学构建工作，试图从中找出一种新的哲学，而不重视他非常重视的、在元哲学层面上对哲学的批判，甚至要终结哲学的思想；没有进一步地去思考马克思在批判、终结哲学的道路上走了多远，解决了哪些问题，遇到了怎样的困境，还有哪些问题没有思考和解决，还有怎样的路没有走；等等。马克思不像后来的维特根斯坦和海德格尔那样以哲学的方式终结哲学，反倒以非哲学的方式终结哲学，这就很难引起哲学专业工作者的共鸣。这种共鸣的缺乏和从马克思现成论述中概括出某种现成哲学的强烈冲动，都驱使我们对马克思的哲学终结论不予重视。但我觉得，在思考马克思哲学观时，马克思（恩格斯不尽相同）对哲学的批判远远重于他对新哲学的建构；而在他批判哲学的思想中，他自身没有解开的问题，甚至还具有内在矛盾的表述比起那些他已经有所发现和解决的问题，对于今天的我们来说也更有价值。"[①] 第二国际的马克思主义者认为马克思主义没有任何它自己的哲学内容的一个重要原因就是误解了马克思的"废除哲学"的思想，所以要澄清马克思到底有没有自己的哲学，关键是要对马克思的这一思想作出正确的诠释。

---

① 刘森林：《实践的逻辑与哲学终结论的困境》，载《现代哲学》2002 年第 3 期。

（三）这一问题对于当代马克思哲学的研究工作和如何发展
　　　　马克思主义哲学具有极为重要的启示意义

　　"柯尔施问题"的旨归其实是要解决马克思有没有哲学，如果有，马克思哲学是什么，针对这一问题，柯尔施本人认为马克思主义是有哲学的，并把马克思主义哲学指认为革命的哲学，但由于柯尔施的哲学观的局限，没有指认出马克思实现了哲学革命，所以当他仍用传统的哲学观去"观"马克思哲学时，出现了一些相互矛盾的地方。所以本书最后集中讨论了马克思的哲学革命，因为目前大多对马克思哲学思想的误读往往是由于用马克思已经革命掉的哲学去解读马克思的哲学思想造成的。"柯尔施问题"及其解答对于发展马克思主义哲学的启示意义在于：对于具有巨大张力的马克思哲学来说，我们应该对马克思哲学本身的内在的张力要有足够清醒的意识，同时，我们应该多视角地进行解读，不能简单地用某一视角的解读来排斥或否定另一视角的解读，也就是说我们每个研究者要有一种批判性的宽阔的胸怀，这也是我们每一个研究者的责任，这样才能推动马克思主义哲学研究的健康的发展。

三、国内外研究概况

（一）国外部分

　　那么"柯尔施问题"是不是已经被柯尔施本人和后来的哲学家解决了呢？通过马克思主义哲学发展史来看，问题远远没有解决。主要表现在：

　　1. 柯尔施本人的回答及其局限。从柯尔施思想的变化中可以看出"柯尔施问题"本身的复杂性，他在1938年出版的《卡尔·马克思——马克思主义的理论和阶级运动》中强调了马克思理论的"科学"方面，从这种意义上可以说柯尔施自己反对了自己，其实这一点在《马克思主义和哲学》中已初露端倪："德国古典哲学，这一资产阶级革命运动的意识形态表现，并未退场，而是转变成了一种新的科学，这种科学以后作为无产阶级革命运动的一般表现而出现在观念的历史上。这就是最早由马克思和恩格斯在 40 年代发现和系统论述的'科学社会主义'理论。"①
不过，在那里，这一点被柯尔施的主导思想掩盖住了，在《卡尔·马克思——马克思主义的理论和阶级运动》中再度显露出来，这说明柯尔施本人对马克思学说的理论定性也是矛盾的。在《卡尔·马克思——马克思主义的理论和阶级运动》中，他认为马克思的理论是一种关于资产阶级社会的科学，是一种唯物主义的社会研究②，并认为："作为无产阶级的、不再是资产阶级的理论，也在形式上具有新的、不再是哲理的，而是严格的科学性质"。③"马克思的社会研究不仅超过了唯心主义的哲学，而且总的说来超过了任何哲学的思维方法。"④ 有学者据此评论说柯尔施后来逐步落入了自己早期批判对象之一"社会学马克思主义"的俗套，形成理论上的倒退⑤。其实这本身就是由于马克思思想的内在的张力所引起的必然现象，不好说就是理论上的倒退，这并不仅仅发生在柯尔施一个人身上，阿尔都塞也是这样，这一点第二章将详细讨论。但从柯尔施后期强调马克思主义的"科学"方面来看，仍然看出他前后期思想的差异，从这里可以看出对马克思思想的理论定位的难度，这也是柯尔施对马克思哲学的内在张力认识不足造成的。柯尔施对马克思主义理论的前后不同的解读表明，"柯尔施问题"本身是一个复杂的问题，柯尔施本人并没有解决。

2. 从《马克思主义和哲学》出版后引起的争论来看。正如柯尔施写于 1930 年的《关于"马克思主义和哲学"问题的现状——一个反批判》中所说的，一方面，"资产阶级哲学和科学对《马克思主义和哲学》一书的评价，回避了它的实际前提和结论，用片面的态度解释它的理论命题。所以资产阶级哲学与科学的代表人物能够采取一种肯定的态度对待已经被他们歪曲了的一本书的理论内容。他们不对这本书的全部分析所帮助建立和发展的现实理论和实际结论作出具体陈述和批判；相反，他们从

---

① 〔德〕卡尔·柯尔施：《马克思主义和哲学》，王南湜、荣新海译，重庆，重庆出版社1989 年版，第 13 页。

② 参阅〔德〕卡尔·柯尔施：《卡尔·马克思——马克思主义的理论和阶级运动》，熊子云、翁廷真译，重庆，重庆出版社 1993 年版，第 5 页。

③ 〔德〕卡尔·柯尔施：《卡尔·马克思——马克思主义的理论和阶级运动》，熊子云、翁廷真译，重庆，重庆出版社 1993 年版，第 35 页。

④ 〔德〕卡尔·柯尔施：《卡尔·马克思——马克思主义的理论和阶级运动》，熊子云、翁廷真译，重庆，重庆出版社 1993 年版，第 129 页。

⑤ 参阅胡大平：《柯尔施的哲学转折和社会学马克思主义——兼评当前马克思主义研究中的体系化倾向》，载《南京社会科学》1998 年第 4 期。

资产阶级观点出发，片面选择被认为是这本书的'好'的方面——对精神现实的承认。他们忽略了对资产阶级确实是'坏'的方面——即主张全面摧毁和废除这些精神现实及其物质基础：这些目标将通过革命阶级参加物质的和精神的、实践的和理论的活动而实现。因此，资产阶级的批评家能把此书的孤立的结论欢呼为科学上的进步。"① 另一方面，"当代官方'马克思主义'的两种占统治地位的倾向的权威人物凭着准确的直觉立刻意识到，这本不起眼的小书包含了对某些教条的深恶痛绝的抵制。不管老牌马克思主义这两个正统的教派表面上有多么不同，他们还是共同坚持这些教条。他们因此不谋而合地尖锐谴责这本书，因为它的那些观点背离了公认的学说。"② 受到正统的马克思主义者批判的还有卢卡奇的《历史与阶级意识》一书，这就形成了苏俄马克思主义哲学与西方马克思主义哲学的争论与对峙③，卢卡奇、柯尔施、葛兰西这些"西方马克思主义"早期代表人物借助于对无产阶级革命屡屡失败的教训的探讨，把革命失败的原因归结于自晚年恩格斯所开始的对马克思哲学的曲解，于是把批判矛头直指这一解释体系，在他们看来，第二国际的理论家沿袭了晚年恩格斯的解释路向，第三国际的理论家尽管在政治路线方面与第二国际迥然有别，但在哲学路线方面相去无几，即也是按照恩格斯后期的观点来理解马克思的哲学，所以他们往往把第二国际和第三国际的哲学路线放在一起作为"传统的马克思哲学解释体系"加以批判④。这说明"柯尔施问题"以及衍生的相关的问题并不是通过一本书或一次论战就能解决的。

　　3. 从马克思主义哲学发展史来看。在 20 世纪 30 年代，随着马克思早期的一些文本的相继公开发表，一些"西方马克思主义"理论家和"马克思学"学者通过马克思《1844 年经济学哲学手稿》的研究，进一步把传统的马克思哲学解释体系与柯尔施、卢卡奇等人开辟的马克思哲学解释路向进一步对立起来，对前者展开了颇具规模的讨伐；20 世纪六

---

① 〔德〕卡尔·柯尔施：《马克思主义和哲学》，王南湜、荣新海译，重庆，重庆出版社1989 年版，第 55～56 页。

② 〔德〕卡尔·柯尔施：《马克思主义和哲学》，王南湜、荣新海译，重庆，重庆出版社1989 年版，第 56 页。

③ 关于两者区别的详细考察参阅何萍：《20 世纪马克思主义哲学中的两种传统——从 20世纪初的一场马克思主义哲学论争谈起》，载《哲学研究》2003 年第 8 期。

④ 参阅陈学明：《评"西方马克思主义"所开辟的马克思哲学的解释路向——重读柯尔施〈马克思主义和哲学〉》，载《学术月刊》2004 年第 5 期。

七十年代，法兰克福学派与以南斯拉夫"实践派"为代表的东欧新马克思主义遥相呼应，把对苏联模式的僵化的政治体制的批判，与对当时作为苏联及东欧国家的"官方意识形态"的传统的马克思哲学解释体系的批判紧紧地结合在一起①。这样又把"柯尔施问题"变成了如何理解马克思哲学这一更为复杂的问题，从而一方面把"柯尔施问题"向前推进了一步，另一方面使"柯尔施问题"的解决更加复杂化。下面介绍主要的西方马克思主义流派的观点：

（1）结构主义的马克思主义者阿尔都塞的观点。阿尔都塞对马克思主义的著名论断就是所谓的"认识论的断裂"，就是认为马克思早期和晚期的思想有一个质变，即早期的"哲学"阶段转变成晚期的"科学"阶段。1965 年阿尔都塞的《保卫马克思》和《读〈资本论〉》的出版，是 20 世纪 60 年代"重新书写和解释马克思历史的重大事件"②。阿尔都塞为了保护马克思哲学的科学性，宣称"马克思主义是理论的反人道主义"，从而与人道主义的马克思主义解读形成了对峙。柄谷行人指出："阿尔都塞强调在《德意志意识形态》时期存在着一种马克思的'认识论断裂'。但是，这些观点基本上忽视了马克思的'批判'或者作为'批评家'马克思的存在。正如已经阐述的那样，如果没有不断的移动和回转，马克思的思想是无以成立的。要由此而抽取出马克思的某种根本性的'哲学'来是办不到的。"③

（2）法兰克福学派的观点。哈贝马斯在《哲学在马克思主义中的作用》中对马克思主义不同流派对哲学的作用的争论进行了梳理，最后指出："我不相信，在不要哲学的情况下，我们怎样能够在一个理性滋润着的、如此脆弱的土地上建立起一种同一性，并且确保这种同一性的发展。"④ 法兰克福学派沿着柯尔施的思路，强调哲学在马克思主义理论中的地位和作用，把马克思主义发展为社会批判理论，强调马克思主义的批判性。值得注意的是，哈贝马斯在《理论与实践》中力争在理论与实

① 参阅陈学明：《评"西方马克思主义"所开辟的马克思哲学的解释路向——重读柯尔施〈马克思主义和哲学〉》，载《学术月刊》2004 年第 5 期。

② 〔日〕今村仁司：《阿尔都塞——认识论的断裂》，牛建科译，石家庄，河北教育出版社2001 年版，第 5 页。

③ 〔日〕柄谷行人：《跨越性批判——康德与马克思》，赵京华译，北京，中央编译出版社2011 年版，第 122 页。

④ 〔德〕尤尔根·哈贝马斯：《重建历史唯物主义》，郭官义译，北京，社会科学文献出版社 2000 年版，第 54 页。

践的关系中去把握马克思主义的本质，特别在《马克思和马克思主义哲学讨论综述（1957）》① 中对马克思主义哲学的研究情况进行较为详细而富有启示意义的综述。

（3）英美分析马克思主义的观点。到了 20 世纪 70 年代初，开始出现运用分析哲学传统方法（论证严密、概念明晰）分析马克思著作核心话题的研究。这一时期最著名的有 G. A. 柯亨（Cohen）关于历史唯物主义的文章（1970）和阿伦·伍德（Wood）关于马克思道德理论的文章（1972）②。分析马克思主义从强调细节、阐释的明晰性以及论证严密性的理念出发，对马克思哲学的一些核心概念和理论进行了分析式的解读，但却忽视了马克思主义的整体性，而这正是卢卡奇、柯尔施早期西方马克思主义所强调的。

（4）后马克思主义③。如今，后马克思主义是一种已经根深蒂固的理论立场。后马克思主义是西方马克思主义终结之后，在后现代主义思潮的影响下，对马克思主义哲学一方面保持距离，甚至要反拒绝、抛弃马克思主义，但却又不自觉地继承了马克思主义哲学中形成的批判精神，这种矛盾的心态说明马克思主义哲学本身的复杂性，也证明了马克思主义哲学的持久的理论魅力。

（5）马克思学。马克思学的研究路径值得我们注意，马克思学力争用纯客观的、中性的立场对待和解读马克思的文本，可是这些马克思学学者忘了在马克思那里是有立场的，这就是马克思思想的阶级性，所以这种无立场式的解读可能只会是一厢情愿，对马克思哲学的解读难有突破性的贡献。不过，它对马克思思想研究的文献学方面的贡献也是不能否定的。

从上面的分析可以看出，西方学者对马克思哲学思想包括对马克思哲学观的解读，基本上是在马克思哲学的"哲学性"（主要表现为价值性、批判性）和科学性（主要表现为客观性、实证性）两个维度展开的，形成了了不同的流派。

---

① 参阅〔德〕尤尔根·哈贝马斯：《理论与实践》，郭官义、李黎译，北京，社会科学文献出版社 2004 年版。

② 参阅〔加〕罗伯特·韦尔、凯·尼尔森：《分析马克思主义新论》，鲁克俭、王来金、杨洁等译，北京，中国人民大学出版社 2002 年版，第 2 页。

③ 张一兵在《当代国外马克思主义哲学思潮》（下）（南京，江苏人民出版社 2012 年版）中对西方马克思主义终结之后的马克思主义的发展，区分为后马克思思潮、后现代马克思主义和晚期马克思主义。

（二）国内部分

那么，中国学界的状况又如何呢？马克思主义和哲学的关系，似乎不是一个值得探讨的问题。我们不是始终把马克思视作哲学家吗？在马克思主义理论的整体框架中，哲学不是三分天下有其一吗？在传统的话语谱系中，自列宁在《马克思主义的三个来源和三个组成部分》（1913）一文中把马克思主义划分为哲学、政治经济学和科学社会主义三个组成部分以来，马克思主义哲学这个术语就获得了历史的合法性和正当性。斯大林在 20 世纪 30 年代《联共（布）党史简明教程》中关于辩证唯物主义和历史唯物主义的论述，则确定了苏联马克思主义哲学模式的基本视域和内容。

1. 20 世纪 70 年代末开始，中国学术界逐步展开了对苏联马克思主义哲学模式的批评，并提出了种种替代方案，诸如实践唯物主义、实践人道主义等等，意在促使马克思主义哲学"现代化"①，20 世纪八九十年代，中国的一批年轻的马克思主义哲学研究者把对"文化大革命"的政治批判上升为哲学批判，他们对"马克思主义哲学教科书体系"的发难实际上也就是对传统的马克思哲学的解释体系的质疑②。这些都是中国学界对马克思主义哲学研究深化的具体表现，也就是说，以前主要着重于研究马克思主义哲学的具体观点，而现在转向了对马克思主义哲学本身进行反思，在此基础上，出现了马克思的哲学观、马克思哲学观、马克思主义哲学观等研究的热点，在某种意义上可以说，马克思主义哲学的研究转向了马克思哲学的研究。

2. 在马克思的哲学观研究的专著方面，有张艳涛的《马克思哲学观研究》（社会科学文献出版社 2008 年版），是在其博士论文《马克思开辟的哲学道路》基础上修改成书的，从其主要内容来看，不是一本严格意义上的马克思的"哲学观"的论著，而是一本"马克思哲学"观的论著，作者主要是对马克思哲学和马克思主义哲学及其当代价值的一种理解；聂锦芳著有《哲学原论——经典哲学观的现代阐释》（中国广播电视出版社 1998 年版），书中在对西方历史上的哲学观（理性主义哲学观、人本

---

① 参阅郑瑞：《马克思主义和哲学：柯尔施的言说及影响》，载《教学与研究》2003 年第 9 期。

② 参阅陈学明：《评"西方马克思主义"所开辟的马克思哲学的解释路向——重读柯尔施〈马克思主义和哲学〉》，载《学术月刊》2004 年第 5 期。

主义哲学观、实践唯物主义哲学观）进行梳理的基础上，对经典作家的哲学观进行了探讨，但给人的感觉是太分散，小小的一本书竟分了十章之多。另外他在《哲学形态的当代探索》（人民出版社 2002 年版）第二章第四节中专门比较马克思与恩格斯的哲学观。另外，由中国人民大学出版社出版的一套"当代马克思主义哲学研究文库"丛书中有与此相关的论著，如：孙正聿的《解放的哲学——马克思哲学观的当代阐释》（还未面世），不过孙正聿著有《哲学观》（吉林人民出版社 2007 年版），此书是学界对哲学观进行元理论研究的一部有分量的学术专著，其中也有对马克思的哲学观的研究。

3. 在马克思的哲学终结观研究方面，2003 年有两位学者几乎同时发表了关于马克思"哲学的终结"方面的论文，这就是张汝伦写的《马克思的哲学观和"哲学的终结"》（载《中国社会科学》2003 年第 4 期）和邓晓芒写的《论马克思对哲学的扬弃》（载《学术月刊》2003 年第 3 期）。一年之后，聂锦芳在《光明日报》（2004 年 10 月 19 日）发表的《马克思不是"哲学终结论者"》一文中极力反对马克思是哲学终结论者，至此，中国学界对马克思到底有没有哲学终结观的争论形成。

4. 有趣的是，在柯尔施的《马克思主义和哲学》发表八十多年后，中国学界开始了一场有关"柯尔施问题"的争论，这就是徐长福在《哲学研究》2004 年第 6 期上发表了《求解"柯尔施问题"——论马克思学说跟哲学和科学的关系》，在这篇论文里对"柯尔施问题"做出了自己的分析，时隔不久，邓晓芒在《哲学研究》2005 年第 2 期上发表了《"柯尔施问题"的现象学解——兼与徐长福先生商讨》，提出了不同的看法。这场争论本身一方面说明了"柯尔施问题"以前是溢出了中国马克思主义哲学界的，也表明这个问题至今还没有最终解决，另一方面也说明了"柯尔施问题"本身还具有一定的价值。目前关于柯尔施和"柯尔施问题"的学术论文和硕士论文也多起来了，但大都缺少系统全面的研究。

通过以上的分析，印证了德里达的一个观点，那就是对马克思的阅读不是一次性或一个时代就能够完成的，而是需要反复阅读的过程。同样，对"柯尔施问题"的解答也不可能是一次性完成的，本书也不奢望对"柯尔施问题"做出最终的裁判，只是尝试提出自己对"柯尔施问题"的理解和回答。

四、几个相关概念的辨析

"柯尔施问题"在柯尔施本人那里的原初语意是"马克思主义和哲学的关系"（其讨论的中心问题其实是马克思主义有没有自己的哲学），这一问题的内涵在理论发展和实践发展中也在不断丰富，正如柯尔施本人所说的："现在可以结束我对《马克思主义和哲学》的问题——一个从1923 年起就以许多方式被新的理论发展和实际发展所改变了的问题——的现状的说明。"① 在以后的发展过程，"柯尔施问题"有的被理解为哲学在马克思主义中的作用问题（如在哈贝马斯那里），有的被引申为"马克思主义跟哲学和科学的关系"②。"柯尔施问题"问的是"马克思主义和哲学的关系"，这个问题本身就具有悖论性，因为这一表述首先就把哲学排除在马克思主义之外了，而柯尔施又去证明马克思主义有哲学的内容。但这表明了"马克思主义有没有哲学"并不是自明的，不论对这个问题的回答是肯定的还是否定的。"柯尔施问题"的深层意蕴启示我们思考如下一些常常被忽视的问题：马克思主义有没有哲学？如果有，应该如何理解马克思主义哲学？更进一步的问题就是：马克思有没有自己的哲学？如果有，那么应该如何理解马克思的哲学思想？这一问题还暗示了马克思的哲学思想与恩格斯的哲学思想的差异，因为，西方马克思主义者是反对第二国际和第三国际对马克思主义哲学的理解的，而后者正是按照恩格斯的哲学思想来阐发和发展马克思主义哲学的。

这样一来，这一问题主要涉及的就是如何理解马克思哲学这一关键问题，在当代语境下，这一问题相关于马克思的哲学观、马克思哲学观、马克思主义哲学观等问题，这些问题其实学界都在讨论，但很少从"柯尔施问题"切入，在一定程度上妨碍了研究的进一步深入，在这里有必要澄清这几个概念的内涵及其区别。

首先看什么是哲学观？哲学观问题的出现表明了哲学的自我意识的形成，说明哲学发展到了自我反思的新阶段。关于哲学观的研究和讨论，近

---

① 〔德〕卡尔·柯尔施：《马克思主义和哲学》，王南湜、荣新海译，重庆，重庆出版社1989 年版，第 90 页。

② 参阅徐长福：《求解"柯尔施问题"——论马克思学说跟哲学和科学的关系》，载《哲学研究》2004 年第 6 期。

年来逐渐成为中国哲学界一个备受关注的兴奋点。主要表现在这样两个方面：一是以前只在哲学原理的"绪论"或"导论"部分出现的，关于"哲学自身"的内容简略的叙述，开始有了系统的专门研究，出版了多部相关著作或教材，发表了大量论文，综合性大学哲学系也普遍开设了"哲学通论"或"哲学概论"之类的课程；二是围绕着马克思的哲学观，学术界开展了富有成果的探索和争鸣①。对什么是哲学观，学界给出了各种定义，在这里采用杨学功对哲学观的解释："所谓哲学观，就是哲学家对与哲学活动本身有关的一些根本性问题的观点、看法和态度。这些问题包括哲学的主题、对象、性质、方法、结构、功能、任务，哲学的孕育、形成、演变和未来命运，哲学与现实、哲学与时代、哲学与其他文化活动的关系，哲学活动的目的、意义与价值，哲学家的形象及其在现实社会生活中的角色，等等。"② 杨学功把哲学观的主体界定为哲学家，这只是狭义上的哲学观，其实，哲学研究者乃至普通群众都可能形成自己的哲学观，但这与我们的讨论关系不大，在这里就不予考察。哲学观问题在当今哲学研究中占有重要的地位，孙正聿指出："追问和回答'哲学究竟是什么'，这不仅是哲学家们关注的首要问题，而且也是决定他们的哲学能否成为一种独特的哲学理论的首要问题，并且还是决定他们的哲学具有何种程度的合理性的首要问题。因此，每个真正的哲学家，都把'哲学观'作为自己的哲学思考的首要问题，并以自己的哲学观去创建自己的哲学理论，由此便形成了哲学史上的多姿多彩的哲学理论。"③

在解答"柯尔施问题"时，要注意区分三个不同的概念：马克思的哲学观、马克思哲学观、马克思主义哲学观。简单地说，马克思的哲学观是指马克思本人对哲学的根本态度和观念，确立哲学与非哲学的边界，马克思哲学观是指研究者对马克思哲学的根本态度和观念，从而区分出马克思的哲学与别的哲学的边界，马克思主义哲学观则是研究者对马克思主义哲学的根本态度和观念，从而区分出马克思主义哲学与非马克思主义哲学的边界，但学界有时把这三个概念尤其是前两个概念不加区分地使用，有时把马克思哲学观看成是涵盖了马克思的哲学观的一个概念，

① 参阅杨学功：《哲学观的批判和重建》，载《吉首大学学报》（社会科学版）2002 年第 1 期。

② 杨学功：《哲学观的批判和重建》，载《吉首大学学报》（社会科学版）2002 年第 1 期。

③ 孙正聿：《哲学通论》，沈阳，辽宁人民出版社 1998 年版，第 21～22 页。

造成了一些混乱①。虽然这两个概念有着内在的联系，但还是要区分它们的边界，以免把两个问题当作一个问题来谈。其中，马克思的哲学观是更基本的前提性问题，因为如果连马克思本人对哲学的根本态度和观念都没有获得深入的理解和把握，那么，我们在研究马克思哲学观和马克思主义哲学观时就会有可能偏离马克思所开辟的哲学发展方向，有时甚至会退回到马克思批判和超越的哲学上去。

五、全书的思路和结构

全书正文一共五章，紧紧围绕"柯尔施问题"展开马克思的哲学观研究，在分析"柯尔施问题"的由来及前人解决这个问题的贡献及局限的基础上，分别对"柯尔施问题"产生的根源及其实质、溯源的文本分析、难点和旨归四个方面进行解答。

第一，从整体上看，本书紧紧围绕"柯尔施问题"展开马克思的哲学观研究，形成一个逻辑整体，第一章主要分析"柯尔施问题"提出及其演变，柯尔施本人的回答及其局限性，同时分析了由"柯尔施问题"衍生的相关问题，最后讨论了学界对"柯尔施问题"的争论及其启示。第二章、第三章、第四章、第五章分别从"柯尔施问题"产生的原因及其实质、溯源的文本分析、难点和旨归四个方面进行详细的分析和解答，从而使全书的内容形成一个统一的整体。

第二，"柯尔施问题"启示我们：为什么不论资产阶级的教授们和正统马克思主义者会一致地认为马克思主义没有自己的任何哲学内容呢？并且由"柯尔施问题"衍生的相关问题也提出了马克思有没有哲学的问题，这其中具有某种必然性吗？这是由马克思哲学本身的原因还是由某种外部原因引起的呢？为此，第二章着力解决这个问题。柯尔施主要把它归之于"抛弃了黑格尔哲学和辩证的方法"，其实更深层的原因是："这些历史学家们以一种完全观念形态的和无可救药的非辩证的方式，把哲学思想的发展表述为纯粹的'观念的历史'的过程。"② 这才是问题的

---

① 参阅杨楹、杨开艳：《解读"马克思哲学观"的维度》，载《渝西学院学报》（社会科学版）2004 年第 1 期。

② 〔德〕卡尔·柯尔施：《马克思主义和哲学》，王南湜、荣新海译，重庆，重庆出版社1989 年版，第 8 页。

关键所在，他们是以纯粹观念形态的哲学观来看待马克思主义的，当然看不出马克思主义的哲学内容来了，因为马克思主义恰恰是反对纯粹观念形态的哲学的，马克思的哲学观的这种独特性是产生"柯尔施问题"的一个重要原因。另外，马克思哲学内部的哲学性和科学性的张力也是一个重要原因。在此基础上，我们对"柯尔施问题"的实质进行了自己的分析，"柯尔施问题"其实就是由马克思的哲学观的独特性和马克思哲学的内在的张力等原因引起的对马克思哲学以及马克思主义哲学理解上的悖论性。

第三，"柯尔施问题"产生的一个重要原因是马克思的哲学观的动态性。目前学界对马克思的哲学观的研究还处于起始阶段，大多还倾向于宏观粗线条的考察，所以第三章从文本解读的角度对马克思的哲学观进行微观的分析，主要选取马克思思想发展不同阶段的主要哲学文本《德谟克利特的自然哲学和伊壁鸠鲁的自然哲学的差别》（以下简称《博士论文》）、《〈黑格尔法哲学批判〉导言》、《关于费尔巴哈的提纲》和《德意志意识形态》等进行解读，以彰显马克思的哲学观演变历程，厘清马克思哲学观演变的轨迹及其内在机制，在这里，对理论与实践的关系的思考以及"理论与实践辩证统一"的哲学观的确立是贯穿其中的一条主线。

第四，第二国际的马克思主义者认为马克思没有任何它自己的哲学内容的一个重要原因是误解了马克思的"消灭哲学"的思想，正如柯尔施所说的："例如，梅林不止一次简单地描述过他自己关于哲学问题的正统的马克思主义见解，认为他接受了'大师们不朽成就的前提'：'抛弃所有的哲学幻想'。作出这一论述的这个人，可以公正地说他比任何人都更彻底地研究了马克思和恩格斯的哲学起源。这一点对于在第二国际（1889—1914）的马克思主义的理论家当中看到的在全部哲学问题上一般的占支配地位的见解来说，是极为有意义的。"① 这自然又引出另外一个问题：如何理解马克思有没有自己的哲学是与如何理解马克思的"消灭哲学"的思想密切相关的，而这一点却往往被学界所忽视，前面引用的刘森林的一段话正是这种状况的真实写照。好在目前已有学者认识到了这一点而对这个问题进行了讨论和争论，这就构成了第四章内容的由来。柯尔施把这种"消灭哲学"的立场界定为"反哲学"的立场："我把马克思和恩格斯在19世纪40年代的辩证唯物主义的、批判的革命理论描述

① 〔德〕卡尔·柯尔施：《马克思主义和哲学》，王南湜、荣新海译，重庆，重庆出版社1989年版，第3页。

成一种'反哲学'，尽管它实质上仍是属于哲学的。有必要对 1850—1890 年这 40 年做一个回顾性的分析，看看这种'反哲学'后来怎样朝着两个独立的方向发展。一方面，社会主义的'科学'成了'实证的'，并且逐渐地完全脱离哲学。另一方面，一种哲学的发展在与前者的表面冲突中出现了，但实际上它是对前者的补充。这最先见于 19 世纪 50 年代后期，在马克思和恩格斯本人的著作里，然后是更晚些时候在他们的最好的门徒——意大利的拉布里奥拉和俄国的普列汉诺夫——的著作中。它的理论特征或许可以规定为一种向黑格尔哲学的复归，而不只是向 19 世纪 40 年代狂飙与突进运动时期黑格尔左派的在本质上是批判的和革命的'反哲学'的复归。"① 在当代语境下，学界又把马克思"消灭哲学"思想与哲学的终结问题联系起来进行讨论，从而形成了马克思是不是哲学终结者的争论，第四章将对此问题进行详细的分析。同时，笔者注意到，柯尔施已经看到了马克思和恩格斯的思想存在着差异（这从柯尔施反对第三国际理论家对马克思主义哲学的解释就可以得到证明），但没有指明这种差异到底在哪里，从而影响了对马克思主义哲学的实质的理解，第四章将对马克思和恩格斯的哲学观和哲学终结观进行比较分析。笔者认为，对马克思"消灭哲学"的思想的分析是解答"柯尔施问题"的难点，其原因在于马克思本人对"消灭哲学"思想论述的较少，所以往往引起了人们的误解，而这一问题对于"柯尔施问题"的解决又至关重要，这就要从马克思文本的互文性中进行挖掘，以澄清马克思"消灭哲学"思想的本真内涵。

最后，"柯尔施问题"的旨归（即旨意和归宿）是要回答：如果马克思有哲学的话，那么，马克思哲学与马克思之前的哲学是一种什么关系？马克思哲学到底是什么？对于前面一个问题，第五章分别从"哲学的转向"、"哲学的终结"和"哲学的革命"三个视角进行思考，并着重阐述马克思所实现的哲学革命，因为柯尔施恰恰在这一点虽然有所意识但没有明确地标明出来。有趣的是，柯尔施把马克思的哲学观理解为革命的哲学，这里的革命是指无产阶级的社会革命，而马克思的哲学革命溢出了柯尔施的视线，当前中国学界在讨论马克思的哲学革命时，社会革命却溢出了论者的视线，他们都没有看到马克思的哲学革命和社会革命的内在关联，这是值得深思的。认为马克思没有哲学的西方学者大多是由

---

① 〔德〕卡尔·柯尔施：《马克思主义和哲学》，王南湜、荣新海译，重庆，重庆出版社 1989 年版，第 61 页。

于没有看到马克思所实现的哲学革命，当他们仍然用被马克思的革命掉的哲学来"观"马克思的思想时，当然看不出马克思的哲学内容了。对于马克思哲学革命的解释，学界已有众多成果，但大多是从马克思在什么层面上发动哲学革命去解释的，而没有深思马克思的哲学革命本身，比如，什么是真正意义上的哲学革命，马克思是如何发动这场哲学革命的？是从哲学内部还是从哲学外部进行的？相对于以前的所谓的哲学革命有何本质的不同？究竟应该如何看待马克思的哲学革命？这些问题还有待进一步清理。正是由于提出了这些问题，本书才对马克思从哲学内部发动哲学革命提出质疑，认为马克思是从哲学外部发动哲学革命的，所使用的武器主要有两个，一是"实践"，二是"科学"。对于马克思哲学到底是什么这个问题，学界通过多年的讨论，一个普遍认同的看法是：马克思哲学应该称为"实践的唯物主义"，但对"实践的唯物主义"的解释各不相同。本章分别从哲学观、"否定的辩证法"、哲学范式革命三个视角进行了新的解读。这是对"柯尔施问题"旨归的解答。

当然，"柯尔施问题"是不可能通过一本书就能解决的，我们还可以从各种不同的视角对这个问题进行思考。本书只期望起到抛砖引玉的作用，以期引起学界对这个问题的关注和深入研究。

第一章　"柯尔施问题"的提出
及其演变

本章主要分析"柯尔施问题"的由来、柯尔施本人的回答及其局限，同时分析其所撰《马克思主义和哲学》出版后所引起的争论以及在马克思早期文本发表之后所衍生的与"柯尔施问题"相关的问题及其解决情况，最后分析中国学界对"柯尔施问题"的讨论及其解答的局限。

第一节　"柯尔施问题"的提出及其解答

一、"柯尔施问题"提出的背景分析

所谓"柯尔施问题"就是柯尔施在 1923 年出版的《马克思主义和哲学》一书中提出的"马克思主义和哲学的关系"问题。柯尔施提出"柯尔施问题"的理论动机，是针对当时关于马克思主义和哲学的关系的三种理论倾向：第一种倾向是，资产阶级思想家惯于把马克思主义视作"黑格尔主义的余波"，并认为这是马克思主义的弱点："对于资产阶级教授们来说，马克思主义充其量不过是 19 世纪哲学史中一个相当不重要的分支，因而就把它当作'黑格尔主义的余波'而不予考虑。"① 第二种倾向是，第二国际的马克思主义理论家很少强调马克思主义理论的哲学方面，认为马克思主义从本性上说，与哲学没有什么关系，这也正是马克思主义的科学性的标志，是马克思主义的优点。第三种倾向是，用康德、狄慈根、马赫的哲学概念或别的哲学来"补充"马克思主义，其理论预设其实是马克思主义本来没有哲学，但又离不开哲学。这三种倾向虽然

---

① 〔德〕卡尔·柯尔施：《马克思主义和哲学》，王南湜、荣新海译，重庆，重庆出版社 1989 年版，第 1 页。

出发点不同,主观意图不同,但都认定马克思主义和哲学没有什么实质性的关系。这三种倾向的问题,不仅仅是理论上的问题,而且是直接牵涉当时的政治实践,因此,柯尔施抨击这三种理论倾向,也就不仅仅是出于"纯化"理论,重塑马克思主义本真面目的考虑。在柯尔施看来,马克思主义和哲学之间关系上的这种纯粹否定的观点,都是起因于对历史和逻辑的发展非常肤浅和不完整的理解。

那么,这种忽视马克思主义和哲学之间有实质性的关系,或者说认为马克思主义没有任何自己的哲学内容的思想倾向,会带来什么后果呢?柯尔施通过考察马克思主义理论发展的三个阶段的历史,证明了如果认为马克思主义没有任何自己的哲学内容,就会导致马克思主义理论的危机:正是由于德国社会民主党的纲领"没有包含哪怕一点真正唯物主义的和革命的马克思主义原则",所以到"19世纪末,这种情况导致了修正主义对正统马克思主义的冲击。最终,在20世纪初,将至的风暴的第一个迹象预报了一个冲突和革命斗争的新时期的来临,并由此而导致了我们在今天仍然卷入其中的决定性的马克思主义危机"①。

二、柯尔施的解答

对于"柯尔施问题",柯尔施本人在《马克思主义和哲学》中的态度是明确的,那就是对上述三方共同的观点即马克思主义没有任何它自己的哲学内容进行了批判:"马克思和恩格斯的辩证唯物主义按其基本性质来说,是彻头彻尾的哲学,就像在《关于费尔巴哈的提纲》的11条中和在其他出版过和没出版过的那个时期的著作中系统地阐述的那样。它是一种革命的哲学,它的任务是以一个特殊的领域——哲学——里的战斗来参加在社会的一切领域里进行的反对整个现存秩序的革命斗争。最后,它目的在于把消灭哲学作为消灭整个资产阶级社会现实的一个部分,哲学是这个现实的观念上的构成部分。"② 那么,柯尔施是从哪些方面来论证的呢?

(一)哲学与现实、理论与实践的关系

柯尔施在分析资产阶级学者和正统马克思主义者何以会忽视马克思主义的哲学内容时写道:"那时,人们将会清楚,尽管二者(指资产阶级

---

① 〔德〕卡尔·柯尔施:《马克思主义和哲学》,王南湜、荣新海译,重庆,重庆出版社1989年版,第28~29页。

② 〔德〕卡尔·柯尔施:《马克思主义和哲学》,王南湜、荣新海译,重庆,重庆出版社1989年版,第37~38页。

学者和第二国际马克思主义者。——引者注）的动机有很大的不同，但他们的原因在一个决定性的地方却是一致的。在 19 世纪后半期的资产阶级学者中，存在着对黑格尔哲学的极度漠视，这与完全不理解哲学对现实、理论对实践的关系相一致，但这种关系却构成了黑格尔时代的全部哲学和科学的生存原则。"① 柯尔施认为马克思主义成为革命、实践的学说基于对意识和对象关系问题的重新解释。在资产阶级哲学中，意识和对象都是二元的，庸俗社会主义的问题也在于"在意识和它的对象之间划了一条明显的分界线"②，但是在马克思主义看来，意识和对象不是二元的，"马克思和恩格斯决没有任何这样的关于意识与现实的关系的二元论的形而上学观"。③ 为什么呢？因为马克思的政治经济学批判不仅是对整个资产阶级意识形态的批判，也是对资本主义物质生活过程的批判，因而"意识和现实的一致，是每一种辩证法，包括马克思的辩证唯物主义的特征……没有这种意识和现实的一致，政治经济学的批判根本不可能成为社会革命理论的主要组成部分。"④ 当然，这并不是说可以用实践活动取代理论活动，柯尔施认为"理论上的批判和实践上的推翻在这里是不可分离的活动"，只有这样才是"科学社会主义的新唯物主义原则的最精确的表达"⑤。从这里可以看出，柯尔施的马克思主义观是一种革命的马克思主义观⑥。柯尔施还通过分析马克思主义的发展史来说明这一点，他把马克思主义的发展史分为三个阶段。在马克思主义发展的第一阶段（1843 年前后—1848 年），"这个理论的最初形态却是完完全全为哲学思想所渗透。它是一种把社会发展作为活的整体来理解和把握的理论；或者更确切地说，它是一种把社会革命作为活的整体来把握和实践的理

---

① 〔德〕卡尔·柯尔施：《马克思主义和哲学》，王南湜、荣新海译，重庆，重庆出版社 1989 年版，第 5 页。

② 〔德〕卡尔·柯尔施：《马克思主义和哲学》，王南湜、荣新海译，重庆，重庆出版社 1989 年版，第 46 页。

③ 〔德〕卡尔·柯尔施：《马克思主义和哲学》，王南湜、荣新海译，重庆，重庆出版社 1989 年版，第 47 页。

④ 〔德〕卡尔·柯尔施：《马克思主义和哲学》，王南湜、荣新海译，重庆，重庆出版社 1989 年版，第 47～48 页。

⑤ 〔德〕卡尔·柯尔施：《马克思主义和哲学》，王南湜、荣新海译，重庆，重庆出版社 1989 年版，第 53 页。

⑥ 参阅梁树发：《柯尔施的革命马克思主义观及其启示》，载《马克思主义研究》2003 年第 5 期。

论。"① 代表这一阶段思想的最好例子就是《共产党宣言》，它把所有的历史过程和有意识的社会行动都作为"革命的实践"的活的统一体："理论和实践的不可割断的相互联系，作为马克思的唯物主义的第一个共产主义类型的最独特的标志，在他的体系的较后期形式中，无论如何也没有被废除。"② 在马克思的所有著作中（包括在他后期的严密的经济分析著作中），都潜存着一种革命的意志，绝不能把马克思的著作看成纯粹的思辨理论。然而，在马克思、恩格斯的第二个发展阶段（1848 年—19 世纪末）中，马克思主义的这种革命的本性被抹杀了，它的实践的特征被忽略了，越来越多的人认为："科学社会主义是一些纯粹的科学观察，与政治的或其他阶级斗争实践没有任何直接的联系。"③ 鲁迈夫·希法亭的《金融资本》就代表了这种倾向，柯尔施认为"在希法亭看来，马克思主义是一种理论，这种理论在逻辑上是'科学的、客观的和自由的科学，并没有价值判断'"，④ 这样马克思主义成了一种"中性"的科学，一种专门化的理论研究，它与政治，与无产阶级，与推翻资本主义的革命的实践都全然脱节了，所以柯尔施指出："因此，革命的问题甚至在理论上对于大多数马克思主义者来说（不论是正统的还是修正主义的），已经不再作为现实世界的问题而存在了。"⑤ 正是在这个时代，"我们能够在许多国家看到发展的第三个时期的开始，这首先是由俄国的马克思主义者们所代表的，并经常由其主要代表描述为马克思主义的'重建'。"⑥ 列宁是这一时期的代表，他恢复了马克思主义的实践权威，因而，"在革命的马克思主义之中，理论和实践的内在联系已经被有意识地重建。"⑦ 在这种统一中，马克思主义显示出其价值性，它绝不是一种"中性"的实证

---

① 〔德〕卡尔·柯尔施：《马克思主义和哲学》，王南湜、荣新海译，重庆，重庆出版社 1989 年版，第 22～23 页。

② 〔德〕卡尔·柯尔施：《马克思主义和哲学》，王南湜、荣新海译，重庆，重庆出版社 1989 年版，第 25 页。

③ 〔德〕卡尔·柯尔施：《马克思主义和哲学》，王南湜、荣新海译，重庆，重庆出版社 1989 年版，第 25 页。

④ 〔德〕卡尔·柯尔施：《马克思主义和哲学》，王南湜、荣新海译，重庆，重庆出版社 1989 年版，第 26 页。

⑤ 〔德〕卡尔·柯尔施：《马克思主义和哲学》，王南湜、荣新海译，重庆，重庆出版社 1989 年版，第 30 页。

⑥ 〔德〕卡尔·柯尔施：《马克思主义和哲学》，王南湜、荣新海译，重庆，重庆出版社 1989 年版，第 30 页。

⑦ 〔德〕卡尔·柯尔施：《马克思主义和哲学》，王南湜、荣新海译，重庆，重庆出版社 1989 年版，第 31 页。

科学，它是与无产阶级的革命实践联在一起的，"科学社会主义是革命过程的理论表现"。① 在这个革命的过程中，无产阶级不仅要夺取政权，还要进行意识形态里的革命，废除资产阶级的意识形态和哲学。以列宁为代表的这一思想恢复了马克思主义革命的青春："马克思主义的科学理论必须再次成为《共产党宣言》的作者所描述的东西——不是作为一个简单的回复，而是作为一个辩证的发展：一种关于包括整个社会一切领域的社会革命的理论。"② 从柯尔施对马克思主义的历史的梳理中可以看出：什么时候我们坚持了哲学与现实、理论与实践的统一的这一马克思主义的根本原则，什么时候我们就能张扬马克思哲学的革命的、批判的、实践的本性；反之，什么时候我们背离了哲学与现实、理论与实践的统一的这一马克思主义的根本原则，什么时候我们就会忽视马克思主义哲学甚至认为马克思主义根本没有任何自己的哲学内容。这个教训是我们应该牢记的。

（二）马克思哲学与德国古典哲学尤其是黑格尔哲学的关系

柯尔施在分析资产阶级哲学家和历史学家忽视马克思主义的哲学内容时写道："甚至那些以最大的'客观性'试图忠实地考察'纯粹'真理的资产阶级哲学家和历史学家们，也必定要完全地忽视马克思主义的哲学内容，或者只能以一种不适当的和肤浅的方式来解释它。我们的任务就是要详细地表明这种现象的原委。对于我们的目的来说，最重要的原委无非是这一事实：自从19世纪中叶以来，全部资产阶级哲学，尤其是资产阶级的哲学史著作，出于社会经济的原因，已经抛弃了黑格尔哲学和辩证的方法。它已经返回到这样一种哲学的和写哲学史的方法，这种方法使得它几乎不可能从像马克思的科学社会主义这样的现象中得出任何'哲学的'东西来。"③ 也就是说，他们忽视马克思主义的哲学内容的一个重要原因就是他们割裂了马克思主义与黑格尔哲学特别是其辩证法的联系。其实，这还是极其表面的原因，更深层的原因是："这些历史学家们以一种完全观念形态的和无可救药的非辩证的方式，把哲学思想

---

① 〔德〕卡尔·柯尔施：《马克思主义和哲学》，王南湜、荣新海译，重庆，重庆出版社1989年版，第32页。

② 〔德〕卡尔·柯尔施：《马克思主义和哲学》，王南湜、荣新海译，重庆，重庆出版社1989年版，第33页。

③ 〔德〕卡尔·柯尔施：《马克思主义和哲学》，王南湜、荣新海译，重庆，重庆出版社1989年版，第7页。

的发展表述为纯粹的'观念的历史'的过程。"① 这才是问题的关键所在。他们是以纯粹观念的哲学观来看待马克思主义的,当然看不出马克思主义的哲学内容来了,因为马克思主义恰恰是反对纯粹观念的哲学的。柯尔施把这种哲学观看作是19世纪下半叶资产阶级哲学史的局限性之一:"19世纪下半叶资产阶级哲学史的三个局限性的第一个,可以表述为一个'纯粹哲学的'局限性。当时的理论家们没有看到,哲学中包含的那些观念,不仅能存活在哲学之中,而且能同样好地存活在实证科学和社会实践之中,而且这一过程在很大程度上就是从黑格尔哲学那里开始的。"② 而马克思正是由于批判地继承了黑格尔哲学尤其是他的辩证法,才使得马克思一方面解构了传统哲学,另一方面把哲学与现实、理论与实践辩证地统一起来,从而创建了自己的独特的哲学。柯尔施论述道,对黑格尔哲学不能作纯粹观念的理解,而必须紧紧抓住"思想运动"和同时代的"革命运动"之间的联系。从这个联系入手就可以看出德国古典哲学同资产阶级革命的关系,这种关系正如黑格尔所说的"革命是通过思想形式概括出来了、表达出来了"③,也就是说,这种哲学理论的表述是革命时代的体现,"是整个社会现实革命过程的一个客观的组成部分"④。这里柯尔施强调了以黑格尔为代表的德国古典哲学同资产阶级革命之间的关系,说明了黑格尔哲学对时代的概括、反映这一革命性的特征。可惜,黑格尔哲学的这一特征被19世纪中期的资产阶级哲学所抛弃了,他们把哲学转变成了一种抽象的思辨。然而,在资产阶级哲学抛弃黑格尔哲学这一优点的时候,却有人继承并发扬了这一特征:"这就是最早由马克思和恩格斯在40年代发现和系统论述的'科学社会主义'理论。"⑤ 就是说,正像黑格尔的哲学紧密地反映了资产阶级革命一样,马克思主义则反映了无产阶级的革命与实践:"马克思主义体系是无产阶级

---

① 〔德〕卡尔·柯尔施:《马克思主义和哲学》,王南湜、荣新海译,重庆,重庆出版社1989年版,第8页。

② 〔德〕卡尔·柯尔施:《马克思主义和哲学》,王南湜、荣新海译,重庆,重庆出版社1989年版,第8~9页。

③ 〔德〕卡尔·柯尔施:《马克思主义和哲学》,王南湜、荣新海译,重庆,重庆出版社1989年版,第10页。

④ 〔德〕卡尔·柯尔施:《马克思主义和哲学》,王南湜、荣新海译,重庆,重庆出版社1989年版,第10页。

⑤ 〔德〕卡尔·柯尔施:《马克思主义和哲学》,王南湜、荣新海译,重庆,重庆出版社1989年版,第13页。

革命运动的理论表现，德国唯心主义哲学是资产阶级革命运动的理论表现。"① 柯尔施在这里不仅充分肯定了黑格尔哲学的革命性，而且点明了马克思主义哲学和黑格尔哲学之间的继承关系。但是我们也不能夸大它们之间的继承关系，还要看到它们之间的断裂的方面，这一点将在第五章再作详细讨论。

（三）马克思"废除哲学"的内涵

众所周知，马克思和恩格斯在 19 世纪 40 年代以及后来许多场合都讲过"废除哲学"，但对于这些论述，决不能仅仅从字面上简单理解，而且哲学自身也不会由于只是废除它的名称而被废除。柯尔施对马克思的"废除哲学"思想进行了详细的分析："在什么意义上马克思（还有恩格斯，他在同一时期经历了同样的发展——就像他和马克思后来经常说明的那样）已经真正地超越了他在学生年代的纯粹哲学的观点，这是很清楚的；但是，人们也能够看到这个过程本身仍然如何具有哲学的特征。我们之所以可以谈论超越哲学观点，理由有三条。首先，马克思在这里的理论观点，不是部分地反对全部现存德国哲学的结论，而是完全反对它的前提（对马克思和恩格斯两个人来说，这种哲学总是最充分地为黑格尔所代表的）。其次，马克思反对的恰恰不是仅仅作为现存世界的头脑或者观念上的补充的哲学，而是整个现存世界。再次，最重要的，这个反对不仅是在理论上的，而且也是实践上和行动上的。'哲学家们只是用不同的方式解释世界，而问题在于改变世界。'《关于费尔巴哈的提纲》的最后一条就是这样宣告的。然而，这个对纯粹哲学观点的一般超越，自然混合着哲学的特征。"② 从这里可以看出柯尔施对马克思"废除哲学"思想的理解：马克思要废除的是以黑格尔哲学为代表的"全部现存德国哲学"，而不是哲学一般。柯尔施还指出："作为科学社会主义创始人的马克思和恩格斯，远非要建造一个新的哲学……至少从 1845 年以来，马克思和恩格斯不再把他们的新唯物主义和科学的见解表述为哲学的见解。"③ 这里我们也可以看出柯尔施的哲学观是存在着矛盾的，他一方面把"哲学"理解为纯粹观念的哲学和资产阶级哲学，所以他才说马克思

---

① 〔德〕卡尔·柯尔施：《马克思主义和哲学》，王南湜、荣新海译，重庆，重庆出版社 1989 年版，第 13 页。

② 〔德〕卡尔·柯尔施：《马克思主义和哲学》，王南湜、荣新海译，重庆，重庆出版社 1989 年版，第 36 页。

③ 〔德〕卡尔·柯尔施：《马克思主义和哲学》，王南湜、荣新海译，重庆，重庆出版社 1989 年版，第 15 页。

和恩格斯"不再把他们的新唯物主义和科学的见解表述为哲学的见解",并且把哲学与整个资产阶级哲学相等同,而马克思、恩格斯对资产阶级的意识形态,例如宗教、哲学都是采取否定的态度,反对那种抽象的思辨,而"总是把意识形态——包括哲学——当作具体的现实而不是空洞的幻想来对待的"①。正是在这种理解的基础上,柯尔施才把马克思的"废除哲学"解释成废除资产阶级哲学的。同时,难能可贵的是,柯尔施又跳出了这种哲学观的束缚,而认为马克思主义有自己的哲学内容:"仅仅因为马克思的唯物主义理论具有不只是理论的,而且也是实践的和革命的目的,就说它不再是哲学,这是不正确的。相反地,马克思和恩格斯的辩证唯物主义按其基本性质来说,是彻头彻尾的哲学。"② 这说明柯尔施已直觉到马克思哲学本质上不再是传统意义上的纯观念形态的哲学,但由于还受当时强势的理性形而上学哲学观的影响,不能指认马克思其实已经实现了哲学上的革命,所以,他虽然反复强调"马克思和恩格斯的辩证唯物主义按其基本性质来说,是彻头彻尾的哲学",但仅仅局限于认为马克思主义哲学是一种"革命的哲学",还不能标明马克思实现了哲学上的革命以及这种哲学革命的意义。

柯尔施从以上三个方面论证了马克思主义有自己的哲学内容,认为马克思主义只是消灭了以往那种在意识和对象二分基础上的抽象哲学,使哲学成为"革命的哲学"、实践的哲学,这是柯尔施的不可磨灭的理论贡献,但是,"柯尔施问题"是不是已经被柯尔施本人一劳永逸地解决了呢?也不是,下面就简要分析一下柯尔施在解答这一问题时的局限。

三、柯尔施解答的局限

"柯尔施问题"的重要意义在于它的提出,而不在于柯尔施本人的回答,虽然柯尔施本人对这个问题作了富有启发意义的回答,但问题本身远没有解决,这从柯尔施本人的思想发展和后来马克思主义哲学发展史中就可以看出来。那么,柯尔施对这个问题解答的局限在哪呢?

第一,柯尔施注意到了应该从马克思和恩格斯的文本出发来理解他们的哲学:"任何对'马克思主义和哲学'之间关系的彻底阐述,必须从

---

① 〔德〕卡尔·柯尔施:《马克思主义和哲学》,王南湜、荣新海译,重庆,重庆出版社1989年版,第35页。

② 〔德〕卡尔·柯尔施:《马克思主义和哲学》,王南湜、荣新海译,重庆,重庆出版社1989年版,第37页。

马克思和恩格斯他们自己的明确论述出发。"① 但这一点在柯尔施那里是微弱的，当然，这里有着客观的历史原因，因为在柯尔施写作《马克思主义和哲学》时，马克思的一些早期文本还没有出版。所以，从经典作家的文本出发，分析他们自己对哲学的看法（即哲学观）及其演变历程是解答"柯尔施问题"的一个基础性工作，这正是本书第三章要做的工作。难能可贵的是，柯尔施突破了传统理性形而上学的哲学观（即认为哲学只能是纯粹观念形态的哲学）的限制，而认为马克思主义有自己的哲学，柯尔施主要强调的是科学社会主义理论所具有的哲学内容，并指认这种哲学是"革命的哲学"，这是对正统马克思主义思想的一种反动，这种哲学观是否切中马克思的哲学观，还要做进一步的分析。同时，我们今天反思"柯尔施问题"，一个重要的方面就是挖掘产生它的原因及其实质，这正是第二章所要讨论的。

第二，柯尔施注意到了马克思"废除哲学"（即"消灭哲学"）的思想，并做了独到的分析，但仍感觉没有把这个问题说透。马克思"消灭哲学"中的哲学是不是仅指作为意识形态的资产阶级哲学？我们对哲学究竟可以从哪些层面来理解？"消灭哲学"能否从哲学的终结的视角去解读？在哲学的终结问题上，马克思和恩格斯的观点有没有差异？所有这些问题都有待于进一步澄清，这正是第四章所要做的工作，这是"柯尔施问题"的难点。在《马克思主义和哲学》中柯尔施虽然意识到了马克思和恩格斯思想上的差别，但没有做更仔细的甄别，从而在某些论述上出现了前后矛盾的地方。哈贝马斯对此曾指出："科尔什（即柯尔施，引者注）对第二国际的理论家们所说的话，也适用于恩格斯。他说：'一方面按照正确的唯物主义历史观，即理论上是辩证的，实践上是革命的观点，孤立的、相互独立并存的部门科学是没有的，就像脱离了革命实践的、缺乏科学前提的纯理论研究是不存在的一样；另一方面后来的马克思主义者，事实上越来越多地把科学社会主义理解成为同阶级斗争的政治实践和其他实践没有直接关系的纯科学知识的总和。'"② 对马克思和恩格斯的哲学观还要做进一步的比较分析。

第三，从柯尔施前后期马克思主义观的变化来看。如前所述，柯尔

---

① 〔德〕卡尔·柯尔施：《马克思主义和哲学》，王南湜、荣新海译，重庆，重庆出版社1989年版，第16页。

② 〔德〕尤尔根·哈贝马斯：《重建历史唯物主义》，郭官义译，北京，社会科学文献出版社2000年版，第47页。

施在早期著作《马克思主义和哲学》中主要强调的是马克思主义的"哲学"的方面，而在其后期著作《卡尔·马克思——马克思主义的理论与阶级运动》中，柯尔施通过对马克思的社会科学、"政治经济学"、"历史"理论与资产阶级社会学、古典政治经济学与历史理论的比较分析，彰显了与资产阶级的"科学"之不同的特质，强调了马克思主义理论的"科学"性。从柯尔施前后期马克思主义观的变化可以看出其马克思主义观的内在逻辑悖论，也是对马克思主义理论的复杂性和内在的悖论性认识不足的表现。

最后，柯尔施虽然从多个方面论证了马克思主义有自己的哲学内容，并对这种哲学的本质标明为"革命的哲学"，但我们要进一步追问：马克思主义哲学仅仅是"革命的哲学"吗？马克思主义哲学到底是什么呢？如果更进一步，还要追问：马克思本人所建构的哲学是什么？第三国际所理解的马克思主义哲学是不是就是马克思的哲学？更致命的是，柯尔施所理解的马克思主义哲学是不是切中马克思本人的思想旨趣？这些问题都有待于进一步澄清，这就是第五章所要做的工作，这是对"柯尔施问题"旨归的解答。

第二节 "柯尔施问题"衍生的相关问题

"柯尔施问题"（"马克思主义和哲学的关系问题"）提出后，在马克思主义哲学发展史上衍生了一系列相关的问题，比如，如何理解马克思主义哲学，马克思有没有自己的哲学，如何理解马克思的哲学，如何理解马克思和恩格斯的关系，等等。下面就这些相关问题的形成及其解决情况作一简要分析，以阐明本书的论题的由来。

一、马克思有没有哲学以及如何理解马克思哲学

对马克思主义哲学的不同理解，在很大程度上来源于对马克思的哲学的不同理解，这在"柯尔施问题"提出时已初露端倪，表现在：因为对马克思的"废除哲学"思想的不同理解，造成了对马克思主义有没有哲学的不同理解。这在柯尔施思想的转变中看得更清楚。在《马克思主义和哲学》中柯尔施强调的是马克思主义的"哲学"方面，而在《卡尔·马克思》中柯尔施强调是马克思主义的"科学"方面，这其中的原因值得我们深思。也正是在这个意义上，笔者把"马克思有没有哲学以

及如何理解马克思哲学"作为"柯尔施问题"的核心来看待的。

1924—1932 年，当包括《德意志意识形态》在内的一大批 1845 年以前的马克思早期论著（《青年在选择职业时的考虑》、《博士论文》及其材料、《波恩笔记》、《柏林笔记》和《克罗茨纳赫笔记》、《黑格尔法哲学批判》手稿与《1844 年经济学哲学手稿》等）公开问世后，在西方掀起了一股重新解释马克思的浪潮，这样"柯尔施问题"又由"如何理解马克思主义哲学"演变成了"如何理解马克思哲学"，这就是现在所说的马克思哲学观问题。这里有两个方面的问题：

（一）马克思有没有自己的哲学

这表现在对马克思的学术身份的争论上，其中最大的争论就是马克思是不是一个哲学家。有许多西方学者片面地强调马克思是经济学家和社会学家，不是哲学家，或至少认为他在西方哲学史上是没有地位的。比如，库诺·费舍在他的九卷本《近代哲学史》论述黑格尔哲学的两卷中，只用一页的篇幅论述黑格尔哲学同俾斯麦的"国家社会主义"和"共产主义"的关系。他认为，这两种主义各自的创始人是拉萨尔和马克思。关于后者，只用了两句话便很快了结了。在宇伯威格的《19 世纪初到现代的哲学史概论》一书中，只有两页论述马克思恩格斯的生平著作，只用了几行字提及唯物主义的历史观，说它对于哲学史是重要的，并把它定义为"黑格尔的唯心主义观的完全颠倒"。F. A. 朗格在他的《唯物主义史》中，仅仅在一些历史的注脚中提到了马克思，他把马克思描述为"现存的最伟大的政治经济史专家"；他没有注意到作为理论家的马克思和恩格斯。甚至在那些对于马克思主义的哲学内容写有专著的作者那里，这种态度也是典型的①。罗素虽在其《西方哲学史》中对马克思的思想作了非常概要的介绍，但怀疑马克思学说之科学性："从主观方面讲，每一个哲学家都自以为在从事追求某种可称作'真理'的东西。……假使谁认为全部哲学仅仅是不合理的偏见的表现，他便不会从事哲学的研究。然而一切哲学家会一致认为有不少其他哲学家一向受到了偏见的激使，为他们的许多见解持有一些他们通常不自觉的超乎理性以外的理由。马克思和其余人一样，相信自己的学说是真实的；他不认为它无非是十

---

① 参阅〔德〕卡尔·柯尔施：《马克思主义和哲学》，王南湜、荣新海译，重庆，重庆出版社 1989 年版，第 1 页注释。

九世纪中叶一个性喜反抗的德国中产阶级犹太人特有的情绪的表现。"①
从这些叙述中，不难看出罗素对马克思思想的"偏见"，在罗素看来：
"把马克思纯粹当一个哲学家来看，他有严重的缺点。他过于尚实际，过
分全神贯注在他那个时代的问题上。他的眼界局限于我们的这个星球，
在这个星球范围之内，又局限于人类。自哥白尼以来已经很显然，人类
并没有从前人类自许的那种宇宙重要地位。凡是没彻底领会这个事实的
人，谁也无资格把自己的哲学称作科学的哲学。"② 这表明罗素的哲学观
还是传统理性形而上学的哲学观，而没有看到马克思哲学恰恰是要回归
现实生活世界，实现了哲学观上的革命，他甚至指出："概括地说，马克
思的哲学里由黑格尔得来的一切成分都是不科学的，意思是说没有任何
理由认为这些成分是正确的。"③ 弗雷德里克·詹姆逊也指出："马克思主
义不是哲学，我会（在我同意阿尔都塞的范围内）证明：它更像精神分
析而不像其他任何当代的思想方式，我宁愿称之为理论与实践的统一体。
这意味着它虽有概念，但那些概念同时也是实践的形式，因此人们不能
只用某种与利益无关的哲学方式来讨论它们，而不在实践立场和承诺方
面进行令人不安的干预。但是这也意味着当时的各种各样的哲学潮流总
是能够利用那些概念，并把它们改造成形形色色貌似自主的哲学：于是
我们有了实证主义的马克思主义（恩格斯）、康德式的马克思主义（第二
国际）、黑格尔式的马克思主义（卢卡契）、实用主义的马克思主义（西
德尼·胡克）等等，直到战后时期各种现象学的、存在主义的、宗教的，
当然还有后结构主义和后现代的马克思主义。在我看来，这些'哲学'
中的每一个都对我们有所教益，都揭示出了那个原先的理论与实践统一
体（即马克思主义本身）的一个新的方面；但马克思主义与所有这些
'哲学'却永远是不同的。"④ 詹姆逊看到了马克思主义的实质是"理论
与实践的统一体"，却否定马克思主义有哲学，这是值得商榷的。当然，
这种观点对于苏俄马克思主义者来说简直是荒谬之至，他们当然认为马

---

① 〔英〕罗素：《西方哲学史》（下卷），何兆武、李约瑟译，北京，商务印书馆1976年
版，第340页。
② 〔英〕罗素：《西方哲学史》（下卷），何兆武、李约瑟译，北京，商务印书馆1976年
版，第343页。
③ 〔英〕罗素：《西方哲学史》（下卷），何兆武、李约瑟译，北京，商务印书馆1976年
版，第344页。
④ 〔法〕路易·阿尔都塞：《哲学与政治：阿尔都塞读本》，陈越编，长春，吉林人民出版
社2003年版，第517~518页。

克思有哲学，是一个哲学家，这以列宁的观点为典型，他在《马克思主义的三个来源和三个组成部分》中明确指出了马克思主义哲学的存在。这虽然并不是对马克思有哲学的直接证明，不过其中蕴涵马克思有哲学的结论是显然的。

南斯拉夫著名哲学家米·坎格尔卡已认识到在解释马克思思想时的两难困境，他指出："马克思主义哲学的历史不仅为我们揭示了对于马克思哲学思想的千差万别的解释，不仅揭示了这种哲学思想的实际运用（无论是在工人运动中的一般运用，还是在社会主义'建设'中的特殊运用），而且也揭示了许多理论论点，这些论点的或明或暗的目的，都在于指出并断定根本就不存在什么马克思哲学，即：马克思根本就不是哲学家而只是个科学家，譬如是个经济学家、社会学家等等；他从来就没有建立过自己的任何哲学；他根本就一点儿也不重视哲学；他否认哲学并把哲学排除于自己的学说体系之外；他对哲学家采取讥讽和嘲弄的态度；在他的思想范围里和思想前提下不可能有什么哲学，如此等等，不一而足。……我们看到，这里形成了两个相距很远的极端：一曰何谓马克思哲学已是众所周知，一曰根本就没有马克思哲学。两种主张都是从马克思的立场出发的（至少是被说成这个样子的），或者起码都自称如此便是对马克思的思想观点作出了'正确的'解释。"①

（二）如果马克思有哲学，那么我们应该如何理解马克思的哲学

这又形成了理解马克思哲学的几种不同模式，有学者把它们概括为五种解读模式②，现简述如下：

1. 第一种解读模式，是西方马克思学的两个马克思的神话。所谓"马克思学"，是指并不信仰马克思主义，而只是将马克思的文献作为"客观的"历史文本对象来对待。20 世纪 20 年代以前，这一解读模式的先驱提出了青年马克思（《共产党宣言》）与老年马克思（《资本论》）的区别。在1932 年，马克思的《1844 年经济学哲学手稿》发表之后，他们转而提出，人道主义的马克思是马克思学说中的最高峰，而《资本论》时期以后的马克思则是"停滞"与"衰退"的马克思。他们认为，这两个马克思是相互反对的，而他们是相当推崇前一个马克思的。

①　中国社会科学院哲学研究所马克思主义哲学史研究室、《哲学译丛》编辑部编译：《马克思哲学思想研究译文集》，北京，人民出版社 1983 年版，第 275 页。

②　参阅张一兵、蒙木桂：《神会马克思——马克思哲学原生态的当代阐释》，北京，中国人民大学出版社 2004 年版，第 9～13 页。

2. 第二种模式是人本学的马克思主义，与第一种模式相关但又有根本区别。他们同样采用了以马克思的早期著作来诠释其后期著作的做法。不同的是，他们认为，只有一个马克思，这就是人本主义的马克思，也只有一个马克思主义，这就是以消除异化来获得人的解放为最高目的的马克思主义。这是一群富有人道主义精神的左派知识分子，从青年卢卡奇、葛兰西、柯尔施到萨特、列菲伏尔以及早期的弗罗姆和马尔库塞，他们都自认为是真正的马克思主义者。他们从根本上不赞同恩格斯特别是第二国际以后的僵化的马克思主义的那种“无人”的经济决定论。后来南斯拉夫的“实践派”和东欧其他的异端思想家所承袭的正是这一学统，在中国则有“实践的人本主义”一类的追随者。

3. 第三种解读模式，是西方马克思主义科学方法学派的所谓“断裂说”，也就是在马克思的哲学思想中的意识形态与科学的异质论的解读模式。其主要代表是法国共产党的理论家路易·阿尔都塞。他认为，存在着以 1845 年《关于费尔巴哈的提纲》为分界线的两个马克思，即处于人本主义意识形态逻辑统摄之下的青年马克思与创立了全新科学世界观的马克思主义者的马克思。他也只承认一个马克思主义，但这是科学的（恰恰是关于“无主体”的客观历史运动的）历史唯物主义。他认为，在马克思的深层哲学逻辑上，马克思主义恰恰是拒绝理论上的人本主义的。与此种观点相接近的还有日本的马克思主义哲学家广松涉的论点，即认为 1845 年之后马克思从异化逻辑转向了物象化论的逻辑。

4. 第四种解读模式，是苏联和东欧传统马克思主义哲学史研究中较为普遍的量变“进化说”。这是苏联（戈尔巴乔夫以前）特别是 20 世纪七八十年代初苏联学者解读马克思哲学的理论观点。由于他们拘泥于列宁对马克思思想发展分期观点的框架（列宁没有看到后来发表的马克思早期论著），主张一种在理论逻辑上并不彻底的含糊其辞的观点。他们指认 1844 年巴黎笔记以前的马克思“仍然是受黑格尔唯心主义影响的”青年马克思，而宣称 1843 年夏天马克思已经开始了向马克思主义的新唯物主义和共产主义的转变（但他们不敢确证这一转变并不是转向马克思主义）过程，这一进程一直到 1845 年 4 月的《关于费尔巴哈的提纲》并持续到 1846 年秋的《德意志意识形态》才告完成。这样，马克思主义的创立成了一个量的渐进过程，其中至多存在一种不断清除黑格尔和费尔巴哈哲学影响进而走向成熟的理论表述的因素。这一解读模式的真正支撑物正是那个僵化的传统教科书体系（它的两个逻辑构架分别是作为史学构件的斯大林的《联共（布）党史》和作为世界观主线的《辩证唯物主义和历史唯物主义》）。

5. 第五种模式与前述第三种模式相似，是在对长期的传统教科书思维的反拨中脱颖而出的马克思、恩格斯思想中的两次转变论和在《1844年经济学哲学手稿》中的两种理论逻辑相互消长的观点。所谓两次转变，就是指马克思在《莱茵报》时期的第一次思想危机中，在"下流的唯物主义"的冲击之下，不得不承认现实生活中"物质利益总是占上风的"。具体表现为从大学毕业后充斥着黑格尔式的自我精神的唯心主义的《博士论文》（1841 年）转向了费尔巴哈式的人本学唯物主义的《神圣家族》（1844 年）；然后是在 1845 年的《关于费尔巴哈的提纲》中，通过批判费尔巴哈，马克思走出了人本主义的逻辑，同时也走出了传统本体论和哲学体系的建构模式，创立了新的实践唯物主义的哲学视界。这并不是教科书所说的那物质第一性（当然也不是实践第一性）的本体论哲学和体系哲学，二者都是对马克思的极大误解。而马克思的这次思想转变，作为一种格式塔式的整体转换，先验的人本主义异化逻辑与从客观历史现实出发的理论逻辑（这两种逻辑共存正是《1844 年经济学哲学手稿》的理论特点）在以实践为基点的历史唯物主义中被彻底重构了。这也正是主体向度与客体向度辩证统一的历史辩证法。这种模式的首倡者是南京大学的孙伯鍨教授。

那么，我们了解国内外马克思哲学研究概况有什么作用呢？有学者指出："面对我们国内的理论界，我感到十分遗憾的是，我们的一些论者在并没有充分地了解马克思主义哲学史研究中国内外已有的基本成果的情况下，仓促入阵，在无意识地重复坠入上述某一种理解模式的时候，却还自以为是学术创新。显然，他们最大的失误，就是在没有弄清该接着什么往下说的时候盲目自说自话，其实际发生的结果自然是可想而知的。"① 这是学术研究最大的忌讳。

我们该如何接着"柯尔施问题"往下讲呢？这里要追问这样一个问题：对于同样的文本，何以产生如此众多不同的解释呢？这就启示我们要进一步深思其中的原因，"柯尔施问题"到底是由于马克思哲学本身内在的原因造成的还是外在的原因造成的呢？而学界对这个更根本的问题却忽视了，这就是第二章"柯尔施问题"产生的原因及其实质所要回答的。

---

① 张一兵：《回到马克思——经济学语境中的哲学话语》，南京，江苏人民出版社 1999 年版，第 11 ~ 12 页。

二、如何理解马克思主义哲学

柯尔施写于 1930 年的《关于"马克思主义和哲学"问题的现状——一个反批判》对由"柯尔施问题"引起的争论做了自己的分析,这其实把"柯尔施问题"从"马克思主义和哲学的关系"问题延伸到了如何理解马克思主义哲学这一问题,这就是现在所说的马克思主义哲学观问题,这通过柯尔施对列宁的批评可以看出来。一方面,柯尔施批评了列宁没有看到马克思所实现的哲学思维方式上的革命(当然柯尔施本人没有明确指认出来),仍然用传统哲学的思维方式来理解马克思的辩证唯物主义:"列宁把从黑格尔的唯心主义辩证法到马克思和恩格斯的辩证唯物主义的转变仅仅看作这样一种转变:由不再是'唯心主义的'而是'唯物主义的'新的哲学世界观取代植根于黑格尔辩证法的唯心主义世界观。他看来并没有意识到,对黑格尔唯心主义哲学的这种'唯物主义的颠倒'至多只涉及一种术语上的变化,用所谓'物质'的绝对存在取代所谓'精神'的绝对存在。然而,列宁的唯物主义甚至有一个更严重的缺点。因为他不仅取消了马克思和恩格斯对黑格尔辩证法的唯物主义的颠倒;而且他把唯物主义和唯心主义的全部争论拖回到从康德到黑格尔的德国唯心主义已经超越了的历史阶段。……马克思和恩格斯对黑格尔唯心辩证法的唯物主义颠倒只不过在于把这种辩证法从它的最后的神秘外壳中解放出来。在'观念'辩证的'自我运动'下面发现了历史的现实的运动,并把这一历史的革命运动宣布为唯一'绝对的'存在。"[1] 也就是说,我们不能用"思维"和"存在"、"精神"和"物质"的绝对对立的哲学思维方式来理解马克思主义哲学,这种哲学思维方式已经被马克思超越了,甚至"黑格尔已经辩证地超越了这些流派"[2]。另一方面,柯尔施还批评了列宁和他的追随者对马克思主义哲学的认识论或"知识论"的解释路向:"他们(指列宁和他的追随者,引者注)还放弃了历史存在的整体和所有在历史上流行的意识形式之间的关系这个问题。这个问题是黑格尔的辩证法首先提出来的,然后由马克思和恩格斯的辩证唯物主义作了更明白易懂的详尽阐述。列宁和像他一样的那些人以一种倒退的

---

① 〔德〕卡尔·柯尔施:《马克思主义和哲学》,王南湜、荣新海译,重庆,重庆出版社 1989 年版,第 81 页。

② 〔德〕卡尔·柯尔施:《马克思主义和哲学》,王南湜、荣新海译,重庆,重庆出版社 1989 年版,第 82 页。

形式通过把这个问题变成主体和认识客体之间的关系这样一个更狭义的认识论或'知识论'的问题而修正了它。这还不算，他们还把认识说成是一种根本协调的进化过程，一种趋向绝对真理的无限上升。"① 柯尔施认为这种理论上的倒退的根源在于："列宁和他的追随者片面地把辩证法变成了客体、自然和历史，他们把认识仅仅描绘成主观意识对这种客观存在的被动的镜子式的反映。这样一来，他们既破坏了存在和意识的辩证的相互关系，而且作为一个必然的结果，又破坏了理论和实践的辩证的相互关系。"② 柯尔施已意识到"理论和实践的辩证的相互关系"在马克思哲学那里的重要意义，但这一问题没有从马克思的文本方面进行系统的清理，以澄清"理论和实践的辩证的相互关系"这一问题何以成为马克思哲学的基本问题，这正是本书第三章第三节所要解决的问题。

正是在如何理解马克思主义哲学的争论中，形成了苏俄马克思主义哲学与西方马克思主义哲学两种传统。"西方马克思主义"这一概念也正是柯尔施在这篇论文中提出来的，有学者指出："综观苏俄马克思主义哲学与西方马克思主义哲学的论争，苏俄马克思主义者创造了科学的马克思主义哲学，阐发了马克思主义哲学的科学精神和传统，而西方马克思主义者则创造了批判的马克思主义哲学，阐发了马克思主义哲学的批判精神和传统，它们中的任何一个都不是马克思哲学的'原本'，而是马克思主义哲学的再创造，分别展示了全球化时代马克思主义哲学在发展中国家和发达资本主义国家的发展风貌，反映了马克思主义哲学在世界化进程中必然走向多样化的趋向。"③ 也就是说苏俄马克思主义哲学与西方马克思主义哲学都是依据马克思和恩格斯的经典文本，并根据各自面临的现实问题作出的对马克思主义哲学的理解，都具有自身的合法性，不能用一种解释模式完全否定另一种解释模式；而产生这种情形的一个重要原因就是马克思哲学本身的内在张力。关于这一点本书第二章再作详细讨论。而这一关键点往往没有被有些研究者意识到，还是采用单向度的思维模式去理解马克思哲学和马克思主义哲学，就造成了对立而不是对话。遗憾的是，中国学界有些学者由于不熟悉这段历史，在解读马克

---

①〔德〕卡尔·柯尔施：《马克思主义和哲学》，王南湜、荣新海译，重庆，重庆出版社1989 年版，第 82～83 页。

②〔德〕卡尔·柯尔施：《马克思主义和哲学》，王南湜、荣新海译，重庆，重庆出版社1989 年版，第 82 页。

③ 何萍：《20 世纪马克思主义哲学中的两种传统——从 20 世纪初的一场马克思主义哲学论争谈起》，载《哲学研究》2003 年第 8 期。

思的文本中也紧紧抓其中一点大做文章，自以为是新的发现和创新，殊不知这早已被西方学者讨论过了。

我们现在反思苏俄马克思主义哲学与西方马克思主义哲学的论争，一个很重要的方面就是要追问它的原因，也就是为什么面对同样的文本，会有不同的解释？在回答这一问题时，论者大多从外部寻找原因，主要归因于俄国和西欧无产阶级革命所面临的任务不同，这固然是很重要的方面。但通过仔细的研究，笔者发现马克思思想内部的原因也是不能忽视的，这从"柯尔施问题"不断地被重提以及相关的问题不断地产生就可以看出来。

此外，德国著名哲学家哈贝马斯还提出了如何理解哲学在马克思主义中的作用这一重要问题，哈贝马斯在《哲学在马克思主义中的作用》[①]中把"柯尔施问题"引申为哲学在马克思主义中的作用问题："哲学的作用问题，过去是，现在仍然是马克思主义内部争论不休的问题；卢卡奇（G. Lukacs）的《历史与阶级意识》，特别是 K. 科尔什（K. Korcsh）的《马克思主义和哲学》，在 20 世纪 20 年代里，无论在社会民主派，如考茨基中，还是在列宁派，如德波林（Deborin）中所引起的反响，都说明了这一点。第二次世界大战以后，这场关于哲学作用的争论仍在继续：在法国是萨特（P. Sartre）所掀起的关于实存主义和马克思主义的关系的讨论；在捷克斯洛伐克和南斯拉夫是实践派的哲学家们对辩证唯物主义的批评；在德意志联邦共和国则是由于把批判理论同 20 年代的那场争论相联系而引起的。"[②] 并提出："我要研究的问题，一言以蔽之，就是这样一个尖锐的问题：哲学究竟首先是生产力或者首先是虚伪的意识？"[③] 其实，在柯尔施那里，哲学在马克思主义中的作用问题也有阐述，这就是前面所提到的，如果忽视了马克思主义中的哲学内容，就会导致马克思主义理论的危机。

三、如何理解马克思和恩格斯的关系

柯尔施虽然意识到了马克思和恩格斯思想上的差异，但并没有深思

---

① 〔德〕尤尔根·哈贝马斯：《重建历史唯物主义》，郭官义译，北京，社会科学文献出版社 2000 年版，第 44~56 页。

② 〔德〕尤尔根·哈贝马斯：《重建历史唯物主义》，郭官义译，北京，社会科学文献出版社 2000 年版，第 44~45 页。

③ 〔德〕尤尔根·哈贝马斯：《重建历史唯物主义》，郭官义译，北京，社会科学文献出版社 2000 年版，第 45 页。

这种差异，更多的时候是没有区分马克思和恩格斯的思想，所以有时产生了理解上的偏差。同时，在理解马克思主义哲学问题上的分歧，也有这方面的原因。

对如何理解马克思哲学这一问题的深入探讨，又衍生出了如何理解马克思和恩格斯的关系这一问题，把马克思与恩格斯进行比较，研究二人的思想关系、文本关系和生平交往关系，成为国际马克思主义研究的一种新动向。经过"西方马克思主义"的理论阐释，马克思和恩格斯比较研究成为当代西方"马克思学"的一个中心课题。中国学界在这方面也取得了一些成果①。

在内外的比较研究中，形成了关于马克思与恩格斯思想关系的五种基本范式，这就是"一致论"、"修正论"、"误解论"、"对立论"和"同质论"②，现简述如下：

"一致论"是以考茨基、普列汉诺夫为代表的第二国际"正统马克思主义"在马克思和恩格斯思想关系问题上的基本立场。其基本观点是：马克思和恩格斯是科学社会主义的共同创始人，他们在理论研究和革命实践中分工合作，优势互补，每一个重要理论观点的提出都是经过两人充分讨论的，因而表达了他们的"共同见解"。正如考茨基所说："我们讲马克思的时候，也一定要讲恩格斯。他们二人是高度合作的，因而这一位的著作也就是那一位的著作。"③

"修正论"是伯恩施坦关于马克思和恩格斯思想关系的一个基本观点。其要义是：恩格斯修正了马克思，应该回到恩格斯。伯恩施坦认为，马克思在《〈政治经济学批判〉序言》中对唯物史观的经典概括使用的是"独断的措辞"，把意识与存在截然对立了起来，"以致几乎可以得出这样的结论，就是说把人仅仅看成历史力量的活的代理人，他几乎是违反着自己的意志而执行历史力量的任务。"④

"误解论"是早期"西方马克思主义"者对马克思与恩格斯思想关系

---

① 朱传启等著：《马克思恩格斯哲学思想比较研究》，郑州，河南人民出版社1995年版。

② 参阅杨学功：《超越哲学同质性神话：马克思哲学革命的当代解读》，北京，北京大学出版社2010年版，第107页；吴家华：《国外学者关于马克思恩格斯比较研究范式简评》，载《高校理论战线》2004年第10期。

③ 〔德〕考茨基：《唯物主义历史观》第一分册，上海，上海人民出版社1964年版，第1页。

④ 〔德〕爱德华·伯恩施坦：《社会主义的前提和社会民主党的任务》，殷叙彝译，北京，生活·读书·新知三联书店1965年版，第51页。

性质的基本定位。其要旨是：恩格斯误解了马克思，应该回归马克思。早期"西方马克思主义"者在整体上肯定恩格斯与马克思思想的一致性，但在一些重要问题上仍然对恩格斯提出了有时直率、有时含蓄的批评。卢卡奇批评恩格斯误解了马克思，错误地把辩证法运用于自然界，忽视了最重要的主体与客体之间的关系辩证法、实践辩证法。

"对立论"是西方"马克思学"学者在马克思与恩格斯关系问题上的基本立场。其核心观点是：恩格斯背离了马克思，应该回归马克思。利希特海姆1961年出版的《马克思主义：一种历史的和批判的研究》从比较恩格斯起草的《共产主义原理》和马克思定稿的《共产党宣言》的差别开始，指出了他们二人从自然到历史到共产主义等所有领域的对立，这本书也因此被看作马克思与恩格斯"对立论"正式确立并成为西方学术界主导性观点的标志。

"同质论"是以古德纳尔、亨勒、利各比为代表的部分西方"马克思学"学者对马克思与恩格斯思想关系问题的最新解读。其基本立场是：马克思与恩格斯的思想具有同质性，都包含有内在矛盾，都应该被解构。美国学者阿尔温·古德纳尔在《两种马克思主义：理论发展中的矛盾和异例》一书中批判了马克思与恩格斯"对立论"，认为马克思和恩格斯的思想虽然有重要差别，但他们在技术观、社会发展道路、实证主义和科学主义、实践概念等重要方面的观点本质上是一致的。

上述五种范式是国际学术界关于马克思与恩格斯思想关系的主要理论立场，集中反映了国际马克思、恩格斯比较研究的现状和水平。他们具有不同的思想倾向、学术地位和方法论特征，所持的政治立场也庞杂多样，但彼此之间又有一定的共同点和思想联系。我们发现这些大都是马克思、恩格斯的具体思想方面的比较，我们要进一步追问：造成马克思和恩格斯思想的统一与差异的原因何在呢？笔者认为：除了思想历程、教育背景、语言风格和个性等方面的原因之外，哲学观也是一个重要原因，因为作为哲学家从事哲学研究的本体论承诺，哲学观往往决定着哲学家研究的领域和致思取向。所以马克思、恩格斯的学术思想的比较研究不能仅仅停留在具体哲学思想上的比较，还要进一步比较研究他们的哲学观，这就是本书第四章第三节所要详细讨论的。

可能有人会问："柯尔施问题"提出后又衍生了相关的一系列的问题，那么，"柯尔施问题"有没有一个核心呢？就笔者的理解而言，"柯尔施问题"有一个核心，如果用一句话来概括的话，这就是：马克思有没有哲学？如果有，马克思的哲学到底是什么，该如何理解马克思的哲学？正是这个根本问题才派生了其他一系列的相关的问题，本书主要就是围绕这个核心问题展开讨论的。

第三节　学界关于"柯尔施问题"的争论

"柯尔施问题"在柯尔施那里没有解决，反而衍生出了一系列相关的问题，这说明解答"柯尔施问题"的复杂性。有趣的是，这一问题提出八十多年后，在中国学界引发了一场关于"柯尔施问题"的争论，这就是由徐长福在《哲学研究》2004 年第 6 期上发表的一篇题为《求解"柯尔施问题"——论马克思学说跟哲学和科学的关系》的论文引起的，在这篇论文里他提出了自己对"柯尔施问题"的理解，做出了自己的解答，时隔不久，邓晓芒在《哲学研究》2005 年第 2 期上发表了题为《"柯尔施问题"的现象学解——兼与徐长福先生商讨》的文章，对这一问题提出了不同的看法，那么这一争论的具体内容是什么呢？这场争论对解答"柯尔施问题"有哪些推进，又有什么局限呢？

一、争论的主要内容和焦点

徐长福把"柯尔施问题"理解为"马克思主义跟哲学和科学的关系"问题，但从整个的论证来看，谈的是马克思学说跟哲学和科学的关系，也就是说，他把对马克思学说的理解放在马克思的哲学观与科学观的关系上进行考察。

徐长福对马克思的哲学与科学的关系作了系统的历史文本的考证之后，得出的结论为："在马克思学说的纵向发展中，有一个从哲学到科学的过程；在其横向结构中，有一个显性科学和隐性哲学的关联。"徐长福认为，自从马克思的思想成熟以后（以《德意志意识形态》为标志），"马克思就不再把自己看成哲学家了"，因为他本人"对哲学的局限的看法"促使他离开哲学而"去开辟科学的道路"，以至于他用"科学"超越了"哲学"；但科学与哲学的"紧张关系"仍然"潜藏在马克思的学说中"形成一种"巨大的内在张力"。似乎马克思自己并没有意识到他的"科学"仍然有"隐性的哲学"作基础这一"横向结构"。邓晓芒指出：这里值得推敲的是，马克思从青年黑格尔派到成熟期的发展过程中是否真有一个从肯定哲学到离开哲学而转向科学的过程，以至于后来"不再把自己看成哲学家了"？此外，马克思是否在成熟阶段或"科学阶段"

没有意识到自己学说中哲学和科学的"张力"？下面分别从这两个方面来看他们争论的具体内容。

（一）马克思是否经历了从哲学到科学的"三阶段"

这涉及思想的"纵向"的方面。徐长福把马克思早期思想的发展分为三个阶段，即《德法年鉴》以前坚持"哲学—知识"观阶段，《德意志意识形态》以前的"过渡阶段"（包括《1844年经济学哲学手稿》、《神圣家族》、《关于费尔巴哈的提纲》等），以及此后的"科学—知识"观阶段。

徐长福在第一阶段举了《第179号〈科伦日报〉社论》、《法的历史学派的哲学宣言》、《〈黑格尔法哲学批判〉导言》和《博士论文》中的一些赞扬哲学的话，以表明马克思这时对哲学"一直是信任的，相信哲学能够提供真理和知识"，如主张"哲学是自己时代的精神上的精华"的说法所体现的。针对徐长福的这些主张，邓晓芒认为：即使在"第一阶段"中，马克思对哲学也并不是一味地"颂扬"而是指出了哲学本身的自相矛盾性，这种自相矛盾性必将导致"消灭哲学"。如《博士论文》中在说到"世界的哲学化"和"哲学的世界化"（这是徐长福作为马克思在"第一阶段""颂扬"哲学的证据之一提出来的）之后，紧接着就说："哲学的实现同时也就是它的丧失，哲学在其外部所反对的东西就是它自己内在的缺点。"① 在《〈黑格尔法哲学批判〉导言》中则提出："你们不使哲学成为现实，就不能够消灭哲学。"② 由此可见，马克思对哲学本身的限度一开始就是意识到了的，但他仍然对哲学作了高度的"颂扬"，这反过来证明，马克思这时的颂扬不是无条件的，而是对哲学的这种自相矛盾性、自我否定性的激赏，哲学的这种"缺陷"恰好蕴涵着哲学否定自身而投身于外部世界的动力，它使自己成为了烧向外部世界的"火焰"。对于青年马克思这样一种带有吊诡性质的态度，如果不紧贴黑格尔"否定的辩证法"的内在精神，而只从外在的用语和概念辨析上作知性的解读，是无法把握到位的。马克思在具体的哲学观点上前后当然经历了巨大的变革，但在对哲学的这种看法上，他是前后一贯的，没有什么"三阶段"。

其实这里遇到了一个解释学上的难题：研究者本人是带着一定的哲学观（解释学上所说的"前见"）来反观马克思的哲学观的，所以，即使

① 《马克思恩格斯全集》第1卷，北京，人民出版社1995年版，第76页。
② 《马克思恩格斯选集》第1卷，北京，人民出版社1995年版，第8页。

面对同样的文本，不同的哲学观会得出截然不同乃至截然相反的结论，这是解释文本时经常出现的情况，这也是研究马克思的哲学观的困难之所在。在这里，关键的是，如果研究者把自己的哲学观误认为是马克思本人的或强加给马克思本人，那就会误解马克思的哲学观，而研究者本人可能还不自觉，而认为是与马克思本人达到了"视界融合"。徐长福有这样的一段话："在后面的分析中我们将会看到，在马克思形成自己学说的过程中，他对自己学说的性质及其跟哲学和科学的关系有过一个较为明晰的看法：哲学是一种抽象的思辨的学问，科学才是真正的知识；哲学随着黑格尔哲学的瓦解而终结了，他所创立的学说是科学而不是哲学。"在这里，徐长福没有对"哲学"进行具体区分，"哲学是一种抽象的思辨的学问"恰恰是马克思批判的哲学，所要扬弃掉的哲学，而不是马克思自己对哲学的看法，同时，"随着黑格尔哲学的瓦解而终结"的哲学仅仅是这种作为"抽象的思辨的学问"的哲学。这在邓晓芒对"第三阶段"的分析中也提到了，邓晓芒认为：至于"第三阶段"即从《德意志意识形态》开始的阶段，在徐长福的先入之见的描述下也成了马克思离开哲学而转入"实证科学"的"新的知识观的基点"。但按照徐长福在这里的所有引文，马克思所抛弃的只是"思辨哲学"、"独立哲学"、打引号的"哲学"、"旧的哲学良心"、德国著作家们"自己的哲学观点"和"自己的哲学辞令"、"德国哲学思想体系"等等，而并没有直接否定一般的哲学。徐长福凭借马克思所说的"把我们从前的哲学信仰清算一下"这句话就得出："马克思……清算了自己对'哲学'的信仰"，这至少有偷换概念之嫌。

（二）马克思的科学与哲学是否有"显性与隐性"的关联

徐长福认为，在其横向结构中，有一个显性科学和隐性哲学的关联，认为马克思从思辨（或"哲学"）中得来的观点"在马克思后来'科学'地研究问题的时期并没有被抛弃，而是被整合进了'科学'的理论体系之中"。这就构成了马克思后期思想中的"横向的"矛盾，即一方面承认"理论的客观性"，这种辩证法就"应是从经验中归纳出来的"；另一方面又要保证"理论的革命性"，这种辩证法又必须是"一种主观的认识框架"即一种思辨哲学或"一种先验概念关系的系统"。并认为对于这两方面究竟如何区分，"马克思并没有提供具体的操作办法"，认为马克思学说在"横向结构"中的"显性科学与隐性哲学的关联"是一个"一直缠绕着他的理论思考"而未获解决的问题。邓晓芒主要根据"逻辑与历史相一致"的辩证法原理进行了批驳：徐长福在这里忽略了马克思（包括恩格斯）非常强调和看重的"逻辑和历史相一致"这一著名的辩证方法论原理。徐长福只提到马克思的"从抽象上升到具体"的"综合法"并对此质疑道："若无本体（ousia，Substance）观念的支撑，许多规定性如何刚好综合成一个整体而不是多个整体呢？这种综合的背后是否已然假定了这些规定性都是同属一个整体的呢？"认为徐长福不是从逻辑和历史相一致的层次来理解"从抽象上升到具体"的方法，因此他会把"从柏拉图、亚里士多德直到康德、黑格尔以至当代哲学都在讨论"的思辨性的"本体论问题"以及现代科学哲学中的实证性的"休谟问题"（"归纳的科学性问题"），都放进马克思这一原则中来，构成所谓马克思的"悖论式的说法"。但在逻辑和历史相一致的理解下，这些问题其实都不成其为问题。因为马克思的"本体论"并非抽象的概念本体论，而是作为"对本质（自然）的真正本体论的肯定"的"人的感觉、情欲等等"，是"通过发达的工业"而形成的"人的情欲的本体论的本质"，因而并不是躲在什么东西的"背后"而是本身直接显现为感性的、经验的和"实证的"；马克思的"科学规律"也不是脱离人的自然规律，不是通过被动归纳现有事实而总结出来的规律，而是人的自由行动及其异化的规律，因而本身就是人学本体论的规律。

这里又遇到了上面所提到的解释学上的难题，在这里主要是各自不同的科学观的"前见"影响了对马克思文本的理解。徐长福关于马克思对"科学"一词的用法进行了详细的考证，认为情况比较复杂，其中主要有三种。第一，广义的科学，即典型的德语中的科学。在《第179号〈科伦日报〉社论》中，马克思大量使用了"科学研究"一词；在《〈资本论〉法文版序言》中有"在科学上没有平坦的大道"的名言，其中的"科学"显然是广义的。这种意义上的"科学"跟我们所讨论的"柯尔施问题"没有直接的关系。第二，狭义的科学。在《德意志意识形态》的手稿中，马克思（和恩格斯）写道："我们仅仅知道一门唯一的科学，即历史科学。历史可以从两方面来考察，可以把它划分为自然史和人类史。……自然史，即所谓自然科学"①，这里面的"科学"显然是对德语"科学"的外延大大限定之后的概念，基本上同于英语的"科学"（science）。如果考虑到该著作对这种"科学"的经验性、实证性的强调，就更不难确认这一点。马克思在使用狭义的"科学"时，往往同狭义的"哲学"对举，而这正是我们关注的焦点。第三，狭义科学的引申义，近

---

① 《马克思恩格斯选集》第1卷，北京，人民出版社1995年版，第66页。

似于"真理性的"的意思。比如，在《〈政治经济学批判〉序言》中，马克思说："我们见解中有决定意义的论点，在我的 1847 年出版的为反对蒲鲁东而写的著作《哲学的贫困》中第一次作了科学的、虽然只是论战性的概述。"① 其中，"科学的"首先是指"非哲学的"，其次是指"真理性的"。徐长福在考证之后认为第二种狭义的科学是考察的重点，认为经验性、实证性的科学是马克思的科学观。而邓晓芒强调的是不同于这种实证科学的人文社会科学的科学观："马克思在这里所说的只是人文社会科学（如政治经济学）所适用的方法，而不是一切科学例如天文学或分析化学所适用的方法。在后面这些科学中，经验的材料是死的，并无所谓'生命'运动的规律只能归纳地得来（尽管也需要假设），它们都是传统意义上的'实证科学'。相反，政治经济学所研究的则是另外一类事实，这类事实不是物（因而不是自然科学的'经验事实'），而是'作为物出现'的'人和人之间的关系'。因此这类科学作为'实证科学'只能是自然科学和人的科学的统一体，它们需要哲学的维度才能运作起来。"在马克思的科学观上，徐长福恰恰没有提及马克思的科学观中"一门科学"的核心理念，而这正是邓晓芒所着重强调的。马克思针对当时自然科学与哲学之间疏远的关系时说："自然科学展开了大规模的活动并且占有了不断增多的材料。而哲学对自然科学始终是疏远的，正像自然科学对哲学也始终是疏远的一样。过去把它们暂时结合起来，不过是离奇的幻想。存在着结合的意志，但缺乏结合的能力。"② 但现在，自然科学通过现代工业以"异化"的形式从实践上强行介入了人的多方面的生活，它由于使人陷入痛苦的片面化、异化，而迫使人意识到自己的生活应当有全面丰富的基础，从而"为人的解放作准备"。这样，"自然科学将失去它的抽象物质的方向或者不如说是唯心主义的方向，并且将成为人的科学的基础，正像它现在已经——尽管以异化的形式——成了真正人的生活的基础一样。"③ 正是在这种意义上，马克思提出了"感性必须是一切科学的基础"的著名命题，即提出了把"自然科学"和"人的科学"（又称"心理学"）通过感性统一为"一门科学"的伟大设想。当然，这时马克思还没有明确将自己的感性（感性活动、实践）与费尔巴哈的感性（感性直观）区别开来，这种区别是在《关于费尔巴哈的提纲》

---

① 《马克思恩格斯选集》第 2 卷，北京，人民出版社 1995 年版，第 34 页。
② 《马克思恩格斯全集》第 3 卷，北京，人民出版社 2002 年版，第 307 页。
③ 《马克思恩格斯全集》第 3 卷，北京，人民出版社 2002 年版，第 307 页。

中才作出的。但必须建立一门融合自然科学和人的科学的感性科学则是明确的，这门科学显然也就是马克思所说的自然科学和哲学的真正的结合。正是这一至关重要的思想溢出了徐长福的视线，所以得出了和阿尔都塞大致相当的结论，即认定马克思后来用科学超越了哲学，并在文章结尾写道："厘清了马克思学说跟哲学和科学的关系，我们就可以找到探究马克思学说的哲学意义和科学意义的合理进路。比如，对于马克思研究经验事实的属于科学范畴的理论观点，包括阐述资本主义经济事实并预测其演变趋势的观点，有关社会发展的事实和趋势的观点，以及东方社会理论等，我们就可以按照当今各种经验实证的具体规范来加以考量，放弃那些与新颖性事实相冲突的命题，维护那些仍然合乎事实的论断，发挥那些具有发展潜力的观点。"这种要在马克思理论中严格区分出"研究经验事实的属于科学范畴的理论观点"和"哲学思想"的观点往往是做不到的，也违背了马克思"一门科学"的学术理念和整体性思维方式的特点。

与之相反，邓晓芒强调："政治经济学本质上是人文科学，但是由于其对象发生了异化的缘故，使得它只能以抽象的'自然科学'的形式出现，例如国民经济学家就'把工人只当作劳动的动物，当作仅仅有最必要的肉体需要的牲畜'，他们哪怕掌握了大量的经验数据，却仍然不是彻底'实证'的；马克思的政治经济学'批判'则是要从这种片面的、抽象的（即抽掉了人的感性的）'科学'底下挖掘出'人'的内容，使之成为真正'实证'的，即能够被每一个人，尤其是劳动者的亲身体验所证实的科学，成为能够与人的异化、人的美感的丧失、商品拜物教对人性的扭曲等等相印证、因而能够体现出经济学事实的内部规律性（自由人的关系的规律性）的科学，这就是一种植根于人的感性之上并能激发和指导人去'改变世界'的自由实践的人学。"正是在这种不同的科学观的支配下，两个研究者对马克思的文本做出了不同的理解，徐长福认为马克思是以科学超越了哲学，而邓晓芒认为"马克思的确有自己一贯的哲学，尽管没有以体系的形式表达出来，但却以方法的形式渗透在他的一切'实证的'科学中。马克思的方法论早已成熟到形成了一个体系（据说他曾有意写一本'辩证法'小册子），只是他后来为这种方法在政治经济学中的'应用'耗尽了毕生精力，而没有时间写出专门哲学体系的著作，但不能因此就否认他有成体系的哲学。其实，就连黑格尔的哲学体系即《逻辑学》，在某种意义上也就是一种方法论（所以称之为'逻辑'），其他的具体哲学部门则是他的'应用逻辑学'。我们总不能说黑格尔在研究自然科学和人文科学问题（由此形成他的自然哲学、法哲学、历史哲学、艺术哲学等等）时，用这些科学'超越了哲学'。同样，不能因为马克思后期没有专门讨论哲学问题，而是研究'经济学—哲学'（'政治经济学批判'），就说他用实证科学超越了哲学。在哲学及其应用之间既不存在这样的'超越'关系，也不存在结构上的'显性'和'隐性'的关系（当然，不同的人、从不同的视角也许可以把这一部分或那一部分看作更加'显性的'），而是有一种互相促进、互相印证的关系。"

二、争论的启示

这场争论重新提起"柯尔施问题"，并在考察马克思整个思想发展中去解决"柯尔施问题"，这就为解答"柯尔施问题"提供了一条新的思路，因为以往在解释形成不同马克思主义哲学传统的原因时，大多是从外部原因上去分析，而这场争论通过文本解读从马克思哲学本身内在的张力关系中去寻找原因。这就启示我们要从马克思哲学内部去寻找形成"柯尔施问题"的深层根源，其中之一就是要对马克思的哲学观的发展演变进行梳理。

这场争论围绕马克思思想中的"哲学"方面和"科学"方面去思考"柯尔施问题"，这是解答"柯尔施问题"的深化，因为马克思的哲学观与科学观是紧密相连的，这就为马克思学说的界定带来困难，往往是一件尴尬的事情，对此，有学者指出："这样，恩格斯在'墓前讲话'中所概括的'两大发现'，似乎就构成了作为'哲学家'和'科学家'的马克思，以及作为'哲学家'的马克思所创建的'哲学'和作为'科学家'的马克思所创建的'科学'（经济学）。然而，在把马克思的'两大发现'作为学术对象而展开的研究过程中，人们一方面是质疑'历史唯物主义的''哲学性'而力图论证其为'科学'，另一方面则是质疑马克思的'政治经济学'的'科学性'而力图论证其为'哲学'。这样，由'两大发现'而构成的'哲学家'与'科学家'的马克思，似乎又模糊了他的'哲学家'与'科学家'的双重身份，因而由'两大发现'而构成的'哲学'与'科学'的马克思思想也就模糊了其'哲学'性与'科学'性。"[①] 这说明：在马克思那里，哲学与科学的界限逐渐变得模糊了，哲学在不断地科学化，科学也不断地哲学化，这是同一件事情的两个方

---

① 参阅孙正聿：《怎样理解马克思的哲学革命》，载《吉林大学社会科学学报》2005 年第 3 期。

面，因为科学理性与价值理性在马克思那里是始终存在的①。其实，这根源于马克思的一个学术理念，这就是马克思在《1844年经济学哲学手稿》中说的："自然科学往后将包括关于人的科学，正像关于人的科学包括自然科学一样：这将是一门科学。"② 按笔者的理解，在这里，哲学应该包括在"人的科学"里面的，所以，打通"哲学"与"科学"的传统界限而把它们"结合"起来可以说是马克思的一个学术理想。在这方面，恩格斯也有相似的看法："因为，我们不仅生活在自然界中，而且生活在人类社会中，人类社会同自然界一样也有自己的发展史和自己的科学。因此，问题在于使关于社会的科学，即所谓历史科学和哲学科学的总和，同唯物主义的基础协调起来，并在这个基础上加以改造。"③ 这里，恩格斯直接把哲学称之为"哲学科学"，这是恩格斯把哲学实证化的、科学化的哲学观的反映。这就启示我们，要进一步挖掘马克思哲学思想中的哲学性和科学性之间的关系，这正是第二章第二节所要讨论的。

三、争论对"柯尔施问题"解答的推进及局限

这场争论主要从文本解读的视角来探讨"柯尔施问题"，而没有把它放在马克思主义哲学发展史的大背景下进行讨论，没有梳理前人在解答"柯尔施问题"时已经解决了哪些问题，还有哪些问题没有解决，所以有时得出了前人已经得出的结论，而没有对这个结论进行反思。那么，这场争论对"柯尔施问题"解答的推进及局限表现在哪些方面呢？

第一，这场争论把对"柯尔施问题"的解答建立在文本解读的基础上，从而向前推进了"柯尔施问题"的解答。但是由于论文篇幅所限和论战的性质，所以对马克思的哲学观和科学观的发展演变过程还缺少细致的梳理，这是本书第三章要详细讨论的。

第二，对马克思哲学本身的"哲学"方面和"科学"方面的内在张力进行了分析，但对这种关系对"柯尔施问题"的形成和对理解马克思哲学的意义还没有进一步展开，这也是本书第二章所要做进一步讨论的。

第三，徐长福把"柯尔施问题"（在柯尔施那里是指"马克思主义和哲学的关系"问题）引申为"马克思主义跟哲学和科学的关系"问题，

---

① 参阅黄浩：《马克思的共产主义思想：科学理性和价值理性的辩证统一》，载《东南学术》2005年第6期。

② 马克思：《1844年经济学哲学手稿》，北京，人民出版社2000年版，第90页。

③ 《马克思恩格斯选集》第4卷，北京，人民出版社1995年版，第230页。

也就是把对马克思哲学的理解放在马克思的哲学观与科学观的关系上来考察，这是一个重大的进展，因为这一视角在柯尔施那里被忽视了，邓晓芒也正是在这个视角的基础上提出了具有启发意义的"柯尔施问题"的现象学解的。但是争论中对马克思和恩格斯的哲学观和科学观的比较还是欠缺的，对马克思的"消灭哲学"思想的内涵也没有展开讨论。这是本书第四章要详细讨论的。

第二章　"柯尔施问题"产生的
原因及其实质

通过第一章的分析，我们看到，"柯尔施问题"提出后不但没有解决，反而衍生出一系列相关的问题，那么我们就要深思："柯尔施问题"产生的原因何在？是马克思哲学本身的内在原因造成的还是外在的原因造成的呢？在论及这个问题时，以前学者大多把注意力集中在后者，笔者认为除了外在原因①之外，更深层的原因还在于马克思哲学本身的内在原因，这就要求回到马克思的文本，看马克思本人是如何看待哲学的，也就是要对马克思的哲学观进行剖析，在此基础上，对马克思哲学的本性进行澄清。对于"柯尔施问题"产生的内在方面的原因，笔者一是把它归结为马克思的哲学观的独特性，二是把它归结为马克思哲学本身的内在张力，另外，马克思与恩格斯的哲学观上的差异也是一个重要原因，这一点将放在第四章进行讨论。对于"柯尔施问题"的实质，笔者把它界定为由于马克思的哲学观的独特性以及马克思哲学本身的内在张力等原因所引起的在理解马克思哲学以及马克思主义哲学上的悖论性。

第一节　马克思的哲学观的独特性

"柯尔施问题"产生的一个重要的原因在于马克思的哲学观的独特性：第一是动态性或历史性，指马克思的哲学观在他一生中有一个发展变化的过程；第二是辩证性，指马克思是从理论与实践的辩证关系中去理解哲学的；第三是实践性，指马克思的哲学观异质于传统的哲学观，这就是"理论与实践的辩证统一"的哲学观，柯尔施已注意到了哲学与

① 参阅何萍：《20 世纪马克思主义哲学中的两种传统——从 20 世纪初的一场马克思主义哲学论争谈起》，载《哲学研究》2003 年第 8 期。

现实、理论与实践的统一是马克思哲学的特质，但没有对此进行细致的
梳理。

一、动态性或历史性

动态性或历史性是指马克思的哲学观不是一以贯之的，而是在不同
的历史时期马克思对哲学有不同的认知和态度，这里的哲学不仅仅指类
似黑格尔哲学的作为某种哲学形态的哲学，还指对作为哲学的哲学即一
般哲学。正如有学者指出的："大致讲，在《第 179 号〈科伦日报〉社
论》和《〈黑格尔法哲学批判〉导言》中，马克思是在肯定的意义上使
用'哲学'概念，意指一种以直接干预现实和改变世界为目标的新哲学；
而在《1844 年经济学哲学手稿》和《德意志意识形态》中，'哲学'一
词是在否定的意义上被使用的，特指以抽象思辨为特征的整个旧哲学。
这种否定性用法一直持续到《共产党宣言》甚至更晚。"① 不过，我们有
时发现在马克思的文本中严格区分出哲学是个别的哲学还是一般的哲学
有很大的难度，这需要我们认真甄别，这部分内容将在本书第四章做详
细的分析。

综观马克思哲学观的演变，大致经历了浪漫主义的哲学观、理性主
义的哲学观、理论与实践统一的哲学观三个阶段。②

浪漫主义的哲学观。马克思大学期间，受当时浪漫主义文学思潮的
影响③，在从事浪漫主义的诗歌创作的同时，马克思对哲学也产生了浪漫
的想象，这个时期的哲学观也有学者称之为"反讽哲学观"④，此时马克
思对哲学寄予很高的希望，在《给父亲的信》（写于 1837 年）中写道：
"这又一次使我明白了，没有哲学我就不能前进。这样我就必须怀着我的
良知重新投入她的怀抱，并写了一个新的形而上学原则的体系，但在这
个体系的结尾我又一次不得不承认它和我以前的全部努力都是不恰当

---

① 张盾：《怎样理解马克思哲学变革规划的总问题——评徐长福教授对马克思哲学观的解
读》，载《文史哲》2005 年第 6 期。

② 关于马克思从理性主义哲学观到人本主义哲学观到实践唯物主义哲学观的嬗变，可参阅
聂锦芳：《哲学原论——经典哲学观的现代阐释》，北京，中国广播电视出版社 1998 年版，第
28～54 页相关内容。

③ 关于马克思的思想与浪漫主义的关系的详细考察可参阅〔美〕维塞尔：《马克思与浪漫
派的反讽——论马克思主义神话诗学的本源》，陈开华译，上海，华东师范大学出版社 2008
年版。

④ 刘聪：《反讽哲学观下的马克思阶级理论重释》，载《江海学刊》2013 年第 2 期。

的。"① 虽然这里可以隐约看出马克思对体系化的形而上学的怀疑，但他对哲学还是充满信心的，这与青年马克思的理想主义是分不开的，有学者指出："青年马克思此时的哲学世界观与'浪漫主义哲学'的方向恰恰是一致的，因此，我们完全有理由相信，在波恩，在奥·施莱格尔等浪漫派精神的激发下，马克思确曾树立了一种与浪漫派哲学相类似的伦理主观主义哲学信念（尽管马克思并没有对它进行系统的理论表述），并在实践中'以浪漫主义情感来确定他的活动方向'。"② 在柏林的第一个学期，马克思便试图构建一个庞大的法哲学体系，他先后以康德—费希特哲学、谢林哲学为理论前提进行了两次尝试，均以失败告终，其"浪漫主义"哲学世界观最终坍塌了。

理性主义的哲学观。正如马克思在《〈黑格尔法哲学批判〉导言》中所说的"对宗教的批判是其他一切批判的前提"，马克思的批判理论也是从宗教批判开始的，通过宗教批判，马克思使哲学与宗教相分离。马克思在《博士论文》序言中写道，哲学反对"不承认人的自我意识是最高的神性的一切天上的和地上的神。不应该有任何神同人的自我意识相并列。"③ 马克思的《博士论文》表现了彻底的战斗的无神论精神，此时哲学在马克思的心目中的地位是崇高的："对于那些以为哲学在社会中的地位似乎已经恶化因而感到欢欣鼓舞的可怜的懦夫们，哲学又以普罗米修斯对众神的侍者海尔梅斯所说的话来回答他们：

'我绝不愿意像你那样甘受役使，来改变自己悲惨的命运，

你好好听着，我永不愿意！

是的，宁可被缚在崖石上，

也不为父亲宙斯效忠，

充当他的信使。'

普罗米修斯是哲学历书上最高尚的圣者和殉道者。"④

这充分说明了马克思此时仍受浪漫主义的哲学观的影响，对哲学是高度信任的，在序言中他还写道："只要哲学还有一滴血在自己那颗要征服世界的、绝对自由的心脏里跳动着，它就将永远用伊壁鸠鲁的话向它的反对者宣称：'渎神的并不是那抛弃众人所崇拜的众神的人，而是把众

① 《马克思恩格斯全集》第 40 卷，北京，人民出版社 1982 年版，第 13~14 页。

② 张一兵：《马克思哲学的历史原像》，北京，人民出版社 2009 年版，第 68 页。

③ 《马克思恩格斯全集》第 1 卷，北京，人民出版社 1995 年版，第 12 页。

④ 《马克思恩格斯全集》第 1 卷，北京，人民出版社 1995 年版，第 12 页。

人的意见强加于众神的人。'"① 在这里，马克思显然是用哲学反对神学，"哲学并不隐瞒这一点。普罗米修斯的自白'总而言之，我痛恨所有的神'就是哲学自己的自白，是哲学自己的格言。"② 同时，马克思还借用伊壁鸠鲁对哲学的评价来说明这一点："伊壁鸠鲁在哲学中感到满足和幸福。他说：'要得到真正的自由，你就必须为哲学服务。凡是倾心降志地献身于哲学的人，用不着久等，他立即就会获得解放，因为服务于哲学本身就是自由。'因此，他教导说：'青年人不应该耽误了对哲学的研究，老年人也不应该放弃对哲学的研究。因为谁要使心灵健康，都不会为时尚早或者为时已晚。谁如果说研究哲学的时间尚未到来或者已经过去，那么他就像那个说享受幸福的时间尚未到来或者已经过去的人一样。'"③ 在撰写《博士论文》和编辑《莱茵报》期间，特别是写于1842年六七月间的《第179号〈科伦日报〉社论》中，马克思提出过一系列有关哲学的本质的理解和命题："哲学的实践本身是理论的"；哲学作为现实的批判是"从本质上衡量个别存在，从观念上衡量特殊的现实"；"任何真正的哲学都是自己时代的精神上的精华"；"哲学是文明的活的灵魂"；等等。与宗教相反，哲学与科学一样，是人类理性的产物，"哲学已成为世界的哲学，而世界也成为哲学的世界"，这些命题充分说明了马克思此时已经形成了理性主义的哲学观。

可是马克思步入社会接触到现实特别是开始研究政治经济学以后，情况有了显著的变化。这集中体现在马克思对以黑格尔的思辨的理性形而上学为代表的旧哲学形态的极端厌恶之情，有时马克思在运用"哲学"一语时往往带有贬义、嘲讽之意，如：在《1844年经济学哲学手稿》中批判黑格尔时指出："在它们（指私法、道德、家庭、市民社会、国家等。——引者注）的现实存在中它们的运动的本质是隐蔽的。这种本质只是在思维中、在哲学中才表露、显示出来；因此，我的真正的宗教存在是我的宗教哲学的存在，我的真正的政治存在是我的法哲学的存在，我的真正的自然存在是自然哲学的存在，我的真正的艺术存在是艺术哲学的存在，我的真正的人的存在是我的哲学的存在。同样，宗教、国家、自然界、艺术的真正存在 = 宗教哲学、自然哲学、国家哲学、艺术哲学。"④

---

① 《马克思恩格斯全集》第1卷，北京，人民出版社1995年版，第12页。
② 《马克思恩格斯全集》第1卷，北京，人民出版社1995年版，第12页。
③ 《马克思恩格斯全集》第1卷，北京，人民出版社1995年版，第24页。
④ 马克思：《1844年经济学哲学手稿》，北京，人民出版社2000年版，第110~111页。

在《德意志意识形态》中评价费尔哈尔时指出："他希望确立对这一事实的理解，也就是说，和其他的理论家一样，只是希望确立对存在的事实的正确理解，然而一个真正的共产主义者的任务却在于推翻这种存在的东西。不过，我们完全承认，费尔巴哈在力图理解这一事实的时候，达到了理论家一般所能达到的地步，他还是一位理论家和哲学家。"① 这种对哲学的"厌恶"之情的最极端表现就是"消灭哲学"思想的提出，马克思此时之所以改变对"哲学"的态度，是由于马克思此时对思辨哲学的秘密的揭示，认识到了思辨哲学在解决理论的对立时的局限性："我们看到，理论的对立本身的解决，只有通过实践方式，只有借助于人的实践力量，才是可能的；因此，这种对立的解决绝对不只是认识的任务，而是现实生活的任务，而哲学未能解决这个任务，正是因为哲学把这仅仅看作理论的任务。"② 这表明马克思此时的哲学观已发生了重大的改变，其重要原因就在于马克思对理论与实践的关系有了进一步深入的理解，对理论哲学范式所固有的缺陷的认识越来越深刻了："主观主义和客观主义"、"唯灵主义和唯物主义"、"活动和受动"等等对立的解决在理论哲学范式内是不能够解决的，在这里，哲学与现实生活相结合的意向越来越强烈了。

理论与实践统一的哲学观。1844 年以后，马克思通过对资本主义市民社会的批判和对古典政治经济学的批判，随着对其哲学基本问题"理论与实践的关系"认识的深化，马克思逐渐摆脱了黑格尔和费尔巴哈哲学的影响，更主要的是，马克思实现了与传统哲学观的彻底决裂，形成了自己新的哲学观即"理论与实践的辩证统一"的哲学观，并且，哲学在马克思心目中的地位也不像在《博士论文》时期那样崇高了，对哲学和科学的态度有了改变，这在《关于费尔巴哈的提纲》（以下简称《提纲》）和《德意志意识形态》（以下简称《形态》）中得到了系统的阐发。

所谓"理论与实践的辩证统一"的哲学观是指马克思通过对理性形而上学的批判，认识到了它的根本弊病在于理论与实践的脱节，这时在马克思的心目中，形成了这样一种哲学理念：真正的哲学应该是"理论与实践的辩证统一"的哲学，这是马克思"任何真正的哲学都是自己时代的精神上的精华"的哲学观的具体化，这是马克思在批判当时占主导地位的事实性哲学观（就是被当时人们所普遍认可和接受的理性形而上

① 《马克思恩格斯选集》第 1 卷，北京，人民出版社 1995 年版，第 96~97 页。

② 马克思：《1844 年经济学哲学手稿》，北京，人民出版社 2000 年版，第 88 页。

学的哲学观，其最大的弊病恰恰在于理论与实践、哲学与现实的脱节）的基础上，提出的自己的规范性的哲学观即马克思对自己所要建构的哲学的看法①，正是在这种"理论与实践的辩证统一"的崭新哲学观的本体论承诺下，马克思的"实践的唯物主义"的创建才是可能的，并且我们只有从哲学观的视角来理解马克思的"实践的唯物主义"的内涵才是到位的。

　　通过以上的梳理，我们发现，马克思对哲学的态度是沿着不断下降的路径变化的，具体地可概括为：浪漫主义→理性主义→理论与实践的统一→政治经济学批判（批判性的科学），可以说，科学是最后的退路了，马克思对"哲学"的态度的变化与对"科学"的态度的变化具有同步性，这在下面的论述中表现得最充分："在思辨终止的地方，在现实生活面前，正是描述人们实践活动和实际发展过程的真正的实证科学开始的地方。关于意识的空话将终止，它们一定会被真正的知识所代替。"②但是马克思的政治经济学研究又不是纯粹的科学研究，而是带有批判性哲学意味的科学研究，正是这一点才使马克思的政治经济学（严格地说，应加上"批判"两字）区别于古典政治经济学。也就是说，马克思虽然对哲学和科学的态度前后有变化，但没有用一个完全取代另一个的意思，而是要把它们"结合"为"一门科学"，这才是马克思的学术理念。

二、辩证性

　　马克思哲学观的辩证性最突出的表现是：由于马克思"一门科学"的学术理念，在马克思文本中存在着大量的"哲学"话语与"科学"话语重叠的情形，这就使得马克思哲学既具有哲学性，又具有科学性，由此形成了马克思的哲学观独特的张力结构。由于这部分内容将在第二节中专门讨论，这里仅从马克思是如何以理论与实践的辩证关系的独特视角去理解哲学的进行简要的分析。

　　在马克思的哲学观的发展演变过程中，理论与实践的关系问题始终是马克思关注的一个核心问题，在《博士论文》是以哲学与世界的关系形式表现出来的，在《〈黑格尔法哲学批判〉导言》是以批判"实践政治派"和"理论政治派"以及"消灭哲学"与实现哲学的辩证法的形式

_____

① 关于哲学的描述性定义与规范性定义的区分，参阅杨学功：《哲学观的批判和重建》，载《吉首大学学报》（社会科学版）2002 年第 1 期。

② 《马克思恩格斯选集》第 1 卷，北京，人民出版社 1995 年版，第 73 页。

表现出来的，在《关于费尔巴哈的提纲》和《德意志意识形态》中则以更加明确的形式显示出来了。

其实，早在马克思中学考试德语作文《青年在选择职业时的考虑》中，就写出了这样的话："那些主要不是干预生活本身，而是从事抽象真理的研究的职业，对于还没有确立坚定的原则和牢固的、不可动摇的信念的青年是最危险的。"①　马克思这种对理论研究职业与生活的关系的思考，为后来理论与实践的关系的思考埋下了伏笔。正是由于马克思对人的生存意义的关切，马克思在《博士论文》中提出了哲学与世界的关系问题（这是理论与实践的关系的最初表述方式）：

"当哲学作为意志面向现象世界的时候，体系便被降低为一个抽象的总体，就是说，它成为世界的一个方面，世界的另一个方面与它相对立。体系同世界的关系是一种反思的关系。体系为实现自己的欲望所鼓舞，就同他物发生紧张的关系。它的内在的自我满足和完整性被打破了。本来是内在之光的东西，变成转向外部的吞噬一切的火焰。于是，得出这样的结论：世界的哲学化同时也就是哲学的世界化，哲学的实现同时也就是它的丧失，哲学在外部所反对的东西就是它自己内在的缺点，正是在斗争中它本身陷入了它所反对的缺陷之中。""在哲学的实现中有一种关系同世界相对立，从这种关系中可以得出一个结论：这些个别的自我意识始终具有一个双刃的要求：其中一面针对着世界，另一面针对着哲学本身。因为在事物中表现为一个本身被颠倒了的关系的东西，在这些自我意识中表现为二重的、自相矛盾的要求和行为。这些自我意识把世界从非哲学中解放出来，同时也就是把它们自己从作为一定的体系束缚它们的哲学中解放出来。"②

马克思的这些论述虽然是在思辨的语言中进行的，却是马克思实践哲学思想的重要发生地，因为，马克思在这里提出了哲学与世界的关系问题。这是马克思以前哲学家往往忽视的，或者说没有意识到这是一个问题，因为它们都是在纯粹思想领域里进行思辨，而忘记了哲学还应该有一个外部世界，更没有提出哲学与世界的关系问题。奥伊则尔曼对此评述说："由此可见（强调指出这个结论是特别重要的），哲学（自我意识）不依赖于人们的日常实践生活只是一种假象，当哲学一与生活发生冲突，这种假象就消失不见了，因为这时发现，哲学远远没有免除它要

---

① 《马克思恩格斯全集》第 1 卷，北京，人民出版社 1995 年版，第 458～459 页。
② 《马克思恩格斯全集》第 1 卷，北京，人民出版社 1995 年版，第 75～76 页。

消除的那些缺点，并且只有克服它自己的缺点，尤其是自己与世界的脱离、自己的思辨的系统性等等缺点，哲学才能克服生活的缺点。"① 自我意识、哲学在其发展的一定阶段上达到了一定的完整性（成为本身自由的理论的精神），它们就必然会面向外部世界，以便使外部世界成为哲学的、合理的，即"世界的哲学化"。哲学，只有当它同生活有机地联系，同生活结合成为统一的整体时，才能达到对于现实的完整理解，即"哲学的世界化"。但是，这种结合一方面是把纷争、矛盾带到与哲学完全无关的生活领域中去，另一方面则是哲学的自我否定②。对此，科尔纽指出："按照马克思的见解，哲学和世界、自我意识和具体现实之间的关系，乍看似乎是对立的关系，而深入考察起来却是相互作用的关系。不应该把这两个对立的因素形而上学地看成是两个凝固的本质，而应该看到它们的辩证的统一。哲学从世界分离出来之后，它重新进入世界，同时改变世界；然后它再一次作为抽象的整体而同世界分裂，并且通过批判把自己同它对立起来而重新决定它的进一步发展。"③

在这里，马克思还提出了一个重要思想"哲学的实现同时也就是它的丧失"，这说明马克思研究哲学是为了实现哲学，而不是纯思辨的研究，而青年黑格尔派把理论同实践对立起来，以此作为自己拒绝同封建浪漫主义反动思想进行实际政治斗争的根据。他们倾向于把革命归入这样一种经验的现实之内，仿佛自我意识永远凌驾于这种现实之上④。同时，这一思想的提出对我们理解马克思的"消灭哲学"的思想极具启发意义，也就是说，如果可以把马克思所说的"哲学的丧失"理解为"哲学的终结"的话，那么马克思的哲学终结观是从辩证法的角度切入的，也就是说，马克思始终强调的是"哲学的实现"与"哲学的终结"的辩证法。

马克思《〈黑格尔法哲学批判〉导言》中针对当时德国的"实践政治派"和"理论政治派"的哲学观各自的片面性写道：

---

① 〔苏〕捷·伊·奥伊则尔曼：《马克思主义哲学的形成》，潘培新等译，北京，生活·读书·新知三联书店 1964 年版，第 57 页。

② 参阅〔苏〕捷·伊·奥伊则尔曼：《马克思主义哲学的形成》，潘培新等译，北京，生活·读书·新知三联书店 1964 年版，第 56 页。

③ 〔法〕奥古斯特·科尔纽：《马克思恩格斯传》，王以铸、刘丕坤、杨静远译，北京，生活·读书·新知三联书店 1963 年版，第 201 页。

④ 参阅〔苏〕捷·伊·奥伊则尔曼：《马克思主义哲学的形成》，潘培新等译，北京，生活·读书·新知三联书店 1964 年版，第 60 页。

"德国的实践政治派要求对哲学的否定是正当的。该派的错误不在于提出了这个要求,而在于停留于这个要求——没有认真实现它,也不可能实现它。该派以为,只要背对着哲学,并且扭过头去对哲学嘟囔几句陈腐的气话,对哲学的否定就实现了。……一句话,你们不使哲学成为现实,就不能消灭哲学。

起源于哲学的理论政治派犯了同样的错误,只不过错误的因素是相反的。

该派认为目前的斗争只是哲学同德国世界的批判性斗争,它没有想到迄今为止的哲学本身就属于这个世界,而且是这个世界的补充,虽然只是观念的补充。……该派的根本缺陷可以归结如下:它认为,不消灭哲学,就能够使哲学成为现实。"①

从这里可以看出"实践政治派"和"理论政治派"的哲学观的片面性就是割裂理论与实践的辩证统一关系,所以马克思才在《关于费尔巴哈的提纲》最后一条写下著名的话:"哲学家们只是用不同的方式解释世界,问题在于改变世界。"②

三、实践性

实践性是指马克思的哲学观不同于西方传统占主导地位的理论哲学,而属于实践哲学的范畴。

在《博士论文》中,马克思不仅通过分析哲学与科学的思维方式的不同从而把它们区别开来,而且在哲学思维方式方面也开始显露出自己的特点,这就是马克思实践哲学范式的萌芽③。马克思实践哲学范式的初步确立主要表现在哲学与世界关系的确立和实践观念的初步显露上。

在《博士论文》中马克思的实践观念已初显露:"在自身中变得自由的理论精神成为实践力量,作为意志走出阿门塞斯冥国,面向那存在于理论精神之外的尘世的现实,——这是一条心理学规律。"④ 马克思认为理论变成实践的力量,并作为主体的意志活动起来,面向客观现实,并同它打交道,这不是一种偶然的现象,而是一条规律,因此,作为理论之一的哲学也就转化为意志,转化为主体的个别自我意识而与世界相对

① 《马克思恩格斯选集》第1卷,北京,人民出版社1995年版,第8页。
② 《马克思恩格斯选集》第1卷,北京,人民出版社1995年版,第57页。
③ 参阅何萍:《生存与评价》,北京,东方出版社1998年版,第32~48页。
④ 《马克思恩格斯全集》第1卷,北京,人民出版社1995年版,第75页。

立，它的体系本身的圆满性也就被打破了。然而，这并不意味着哲学的衰落，不如说，是它的直接的实现，是哲学的世界化。那本来是哲学的内在之光的东西现在成为转向外面燃烧着的火焰。因此哲学的丧失同时也就是它的实现。哲学为了消除自己内在的缺陷——主观普遍性，只有进入客观世界，转化为实践力量，陷入它所反对的错误——客观现实性，才能消除自己的这个缺陷。只有这样，哲学才能具有真理性，才能做到哲学与它所反对的东西的统一，使两者成为形式不同内容相同的东西。"哲学的实践本身是理论的。正是批判根据本质来衡量个别的存在，根据观念来衡量特殊的现实。"① 正是通过实践范畴的中介，建立起自我意识与尘世现实的关系，并提出了世界的哲学化和哲学的世界化的问题，正是在这里，马克思的实践哲学范式开始萌生。

马克思大学毕业在《莱茵报》工作期间，深深地感受到了现实社会物质利益关系与黑格尔法哲学理念的强烈冲突，这里表面上是理论哲学与现实的冲突，其实是理论哲学与处于萌芽状态的实践哲学理念的冲突，随后在受到费尔巴哈唯物主义的影响特别是研究政治经济学之后，马克思形成了自己独特的"理论与实践辩证统一"的哲学观，创立了"实践的唯物主义"的哲学新形态。

从哲学范式上来看，理性形而上学的终结只是意味着理论哲学范式的终结，马克思开创了哲学的另一范式即实践哲学范式，所以"实践的唯物主义"也应该从哲学范式革命的视角来理解。由于这一部分内容将在第五章第三节中详细探讨，这里就省略了。

第二节　马克思哲学的内在张力

在对马克思哲学的解读中，产生了不同的解读模式，而主要的就是科学主义的和人本主义的解读模式的对立，更有甚者，有的还提出了马克思哲学思想的意识形态与科学的异质论解读模式。所有这些，都凸显了这样的一个问题：这是偶然的巧合还是具有一定的必然性呢？通过研读马克思的哲学文本，我们发现，由于马克思"一门科学"（"自然科学往后将包括关于人的科学，正像关于人的科学包括自然科学一样：这将是一门科学"）的学术理念，在这些文本中存在着大量的哲学话语与科学

---

① 《马克思恩格斯全集》第 1 卷，北京，人民出版社 1995 年版，第 75 页。

话语重叠的情形，这就使得马克思哲学既具有哲学性，又具有科学性，正是这种张力的存在为后来的研究者解读马克思的哲学文本时留下了巨大的空间，这也正是"柯尔施问题"产生的重要原因。

马克思哲学的"哲学性"就是使马克思哲学成为哲学的内在的方面，是哲学区别于非哲学文化形态的东西，在这里主要是指哲学与科学相区分的本质方面（虽然马克思有"一门科学"的学术理念并表现在文本写作之中，但在哲学与科学还没有融合为"一门科学"之前，对它们进行区分还是必要的），这种哲学性就使马克思哲学与实证科学区分开来，主要表现为超验性、价值性和特殊性。"科学性"主要是指马克思哲学不同于传统理性形而上学的方面，即由马克思和恩格斯所创立的实践的唯物主义和历史唯物主义对人类社会发展规律的正确揭示和所蕴涵的科学精神，这在正统马克思主义传统中得到了很好的强调，但由于片面地强调了这一点，而遮蔽乃至排斥了马克思哲学的"哲学性"的一面，马克思哲学的"科学性"主要表现为经验性、实证性和一般性①。"科学性"到底是马克思哲学所独有的性质还是一切哲学都具有的呢？如果说凡是真正的哲学都致力于"求真"这一旨趣而言，都具有科学性或曰科学精神，否则西方典型的哲学形态形而上学也不可能孕育出科学的。但这种科学性并不是马克思哲学所具有的科学性，马克思哲学的科学性是马克思在反思并努力克服传统形而上学的缺陷，甚至可以说是在有意识地终结形而上学，回归生活世界的过程中产生的科学性，所以有人甚至说马克思的唯物史观就是科学（历史科学），正是这种科学性使得马克思哲学与传统哲学区分开来。马克思哲学的哲学性与科学性的张力主要表现在以下三个方面：

一、马克思哲学的超验性与经验性

"超验性"这个词本身容易引起误解，但又没有更合适的词来指称马克思哲学超越经验的性质，只好沿用这个带有宗教色彩的词语，马克思本人也是在这个意义上使用的："宗教从一开始就是超验性的意识，这种意识是从现实的力量中产生的。"② 但在这里借用"超验性"这个语词时没有宗教意思在内，因为马克思是主张消灭作为意识形态的宗教的，在

---

① 参阅陶德麟、汪信砚：《马克思主义哲学的当代论域》，北京，人民出版社2005年版，第738～742页。

② 《马克思恩格斯选集》第1卷，北京，人民出版社1995年版，第135页。

马克思的思想里，已经没有此岸与彼岸的对立，所以，有谁想用神学来补充或解释马克思的思想（尤其是其科学共产主义思想），或者把马克思历史唯物主义说成是"国民经济学语言"中的"救赎史"等此类思想都是错误的①。超验性作为哲学成为哲学的某种内在的东西，可以在不同哲学形态中以不同的方式表现出来，在理性形而上学那里，往往是在思辨体系的建构过程中以幻想的联系代替现实的联系表现出来，这种超验性是建立在此岸与彼岸分离的基础上的，在这一点上，与基督教的超验性是一致的。而马克思哲学的超验性是建立在实践、生产劳动等现实生活世界的基础上的，正如马克思所说的共产主义是"那种消灭现存状况的现实的运动"。从这里可以看出来，我们不能把超验性作狭义的宗教意义上的理解，它可以以不同的方式表现出来，甚至在人们现实生活中以理想、信念的形式表现出来。

那么，马克思哲学的超验性是指什么呢？马克思哲学的超验性主要是指立足于经验而又超越于经验的对无产阶级乃至全人类的自由和解放的形而上的追求，这是马克思在扬弃形而上学时保留下来的东西，具体表现在马克思哲学的"否定的辩证法"和共产主义思想上，这种超验性来自于人的超越性，诚如马克思所说："要使作为人的人成为他自己的唯一现实的客体，他就必须在他自身中打破他的相对的定在，即欲望的力量和纯粹自然的力量。"② 同时，马克思的超验性维度是奠基于现实生活世界之中的，是与经验保持着一种张力关系的（我们也只能在与"经验性"相对的意义上来理解马克思哲学的"超验性"的内涵，并把"超验性"与"价值性"区分开来），而不是与经验世界处于二分之上的，因为马克思已经扬弃了主体与客体、此岸与彼岸二分的立场，所以马克思的超验与康德的先验不同，康德对自我和主体性作了系统的论述和发挥，力图除去主体或自我的个体心理成分，代之以先验性，把主体性引向先验主义③。马克思高出于其他哲学家的地方，是他立足于现实世界，科学地思考了应有与现有的哲学关系，从现实的个人出发，以人的自由而全面发展为最高价值诉求，开启了一条超验性与经验性相统一的崭新路径。马克思哲学的超验性与经验性的张力主要表现在马克思对应有和现有的

---

① 参阅张文喜：《历史唯物主义岂能谋取神学的支持——对洛维特〈世界历史与救赎历史〉的批评》，载《学术月刊》2004 年第 7 期。

② 《马克思恩格斯全集》第 1 卷，北京，人民出版社 1995 年版，第 37 页。

③ 黄颂杰：《论西方哲学的转向》，载《浙江学刊》2004 年第 1 期。

关系的哲学思考上①，这方面已有学者进行了考察，这里就不赘述了。

对于马克思哲学的超验性的理解，最敏感的就是马克思的共产主义思想有没有超验性的问题，正如前面一开始就强调的那样，人们很容易把超验性和宗教救赎思想联系起来，所以有人反对马克思的共产主义思想有超验性的维度②，因为马克思反复强调："共产主义本身并不是人的发展的目标，并不是人的社会的形式。"③"共产主义对我们来说不是应当确立的状况，不是现实应当与之相适应的理想。我们所称为共产主义的是那种消灭现存状况的现实的运动。"④但马克思也有过这样论述："共产主义是最近将来的必然的形式和有效的原则"⑤，也就是说，马克思虽然强调共产主义是"那种消灭现存状况的现实的运动"，但这种运动毕竟需要一个过程，共产主义毕竟有一个未来的维度，如果否定这一点也是不符合事实的，甚至在某种意义上说，如果没有一种超验的维度，共产主义思想就不可能产生。我们知道，马克思正是在异化劳动批判中提出自己的共产主义思想的，在马克思那里，作为谋生手段的劳动同人的异化之间具有内在的必然的联系，他指出："在谋生的劳动中包含着：（1）劳动对劳动主体的异化和偶然联系；（2）劳动对劳动对象的异化和偶然联系；（3）工人的使命决定于社会需要，但是社会需要对他来说是异己的，是一种强制，他由于利己的需要、由于穷困而不得不服从这种强制，而且对他来说，社会需要的意义只在于它是满足他的直接需要的来源，正如同对社会来说，他的意义只在于他是社会需要的奴隶一样；（4）对工人来说，维持工人的个人生存表现为他的活动的目的，而他的现实的行动只具有手段的意义；他活着只是为了谋取生活资料。"⑥共产主义作为对人的异化的扬弃，就必须超越那种作为谋生手段的劳动，在马克思看来，那种为了满足人的肉体生存需要的物质生产劳动，作为人与自然界打交道的有效方式，它必须符合自然规律的要求，因此它属于"自然必然性［支配］的王国"。这个必然王国就表现为那种"由必需和外在目的

---

① 参阅顾玉平：《马克思超验性与经验性统一的哲学思路》，载《云南社会科学》2004 年第 1 期。

② 参阅王留昌：《超验性是"共产主义"的一个特征吗？》，载《山东社会科学》2003 年第 4 期。

③ 马克思：《1844 年经济学哲学手稿》，北京，人民出版社 2000 年版，第 93 页。

④ 《马克思恩格斯选集》第 1 卷，北京，人民出版社 1995 年版，第 87 页。

⑤ 马克思：《1844 年经济学哲学手稿》，北京，人民出版社 2000 年版，第 93 页。

⑥ 马克思：《1844 年经济学哲学手稿》，北京，人民出版社 2000 年版，第 175 页。

的规定要做的劳动"的领域，这种性质的劳动就是作为谋生手段的劳动。"这个领域始终是一个必然王国"，而"共产主义是私有财产即人的自我异化的积极的扬弃，因而是通过人并且为了人而对人的本质的真正占有；因此，它是人向自身、向社会的即合乎人性的人的复归，这种复归是完全的、自觉的和在以往发展的全部财富的范围内生成的。这种共产主义，作为完成了的自然主义 = 人道主义，而作为完成了的人道主义 = 自然主义，它是人和自然界之间、人和人之间的矛盾的真正解决"①。很难想象，马克思如果没有超验性思维的向度，竟能写出这样的话来，实现对经济必然性王国的历史扬弃的自由王国，即实现人的历史主体性与自我解放，这是人类历史的最终目标，也是马克思哲学的"终极关怀"。

那么，是不是在所谓的成熟时期的马克思那里就完全放弃超验性的维度了呢？也不是，马克思在《1857—1858 年经济学手稿》中谈到人的发展时写道："人的依赖关系（起初完全是自然发生的），是最初的社会形式，在这种形式下，人的生产能力只是在狭小的范围内和孤立的地点上发展着。以物的依赖性为基础的人的独立性，是第二大形式，在这种形式下，才形成普遍的社会物质变换、全面的关系、多方面的需要以及全面的能力的体系。建立在个人全面发展和他们共同的、社会的生产能力成为从属于他们的社会财富这一基础上的自由个性，是第三个阶段。第二个阶段为第三个阶段创造条件。"② 人的自由而全面发展是人的发展的最高目标，也是马克思对超验性与经验性统一的哲学思考的最终答案，尽管这一目标在共产主义社会到来之前是不可能实现的，或者说是超验的，但马克思是一个执着的超越性与经验性的统一论者，马克思一生的奋斗，就是为了这样的"以每个人的自由发展是一切人的自由发展的条件"的共产主义社会。马克思在《资本论》中谈到"自由王国"时说："事实上，自由王国只是在必要性和外在目的规定要做的劳动终止的地方才开始；因而按照事物的本性来说，它存在于真正物质生产领域的彼岸。像野蛮人为了满足自己的需要，为了维持和再生产自己的生命，必须与自然搏斗一样，文明人也必须这样做；而且在一切社会形式中，在一切可能的生产方式中，他都必须这样做。这个自然必然性的王国会随着人的发展而扩大，因为需要会扩大；但是，满足这种需要的生产力同时也

① 马克思：《1844 年经济学哲学手稿》，北京，人民出版社 2000 年版，第 81 页。
② 《马克思恩格斯全集》第 30 卷，北京，人民出版社 1995 年版，第 107～108 页。

会扩大。这个领域内的自由只能是：社会化的人，联合起来的生产者，将合理地调节他们和自然之间的物质变换，把它置于他们的共同控制之下，而不让它作为一种盲目的力量来统治自己；靠消耗最小的力量，在最无愧于和最适合于他们的人类本性的条件下来进行这种物质变换。但是，这个领域始终是一个必然王国。在这个必然王国的彼岸，作为目的本身的人类能力的发挥，真正的自由王国，就开始了。但是，这个自由王国只有建立在必然王国的基础上，才能繁荣起来。工作日的缩短是根本条件。"① 这是对早期在《1844 年经济学哲学手稿》中"自由自觉劳动"观点的具体化和深化，这表明马克思后期思想中依然保持着超验性的维度。施密特把马克思的这个思想解读成"乌托邦"问题是不妥的②，因为他完全没有看到马克思的"自由王国"思想是建立对人类社会的发展规律的科学分析基础之上，不能因为马克思在这里使用了"彼岸"一词，就认为马克思的共产主义思想是乌托邦或者是基督教的"救赎史"思想，这些都是由于只看到了"超验性"的一面，而完全忽视了"经验性"的一面。正是因为马克思的共产主义思想中有超验性向度，所以西方的一些像洛维特这样的思想家把马克思的共产主义思想解读成西方的救赎主义思想的延续，其实，这仅仅抓住了马克思共产主义思想的某一方面（即使在这一点也与西方救赎主义思想有着本质上的差异）而当作了其全部。

马克思哲学的超验性不同于宗教思想的超验性，而是与经验性保持着一种张力关系，对此，伯尔基指出："从表面上看，它（马克思主义，引者注）在一个天衣无缝的网罗中联合了天堂与人间、超越与世俗、空想与科学、唯心主义与现实主义的视角——这就是我为什么觉得采用分析分离来呈现这两种根本视角（超越性和理解性。——引者注）是明智的原因，如此一来，它突出的将不光是它们的潜在互补，也包括了它们之间的张力。"③ 马克思在《1844 年经济学哲学手稿》序言中说："我用不着向熟悉国民经济学的读者保证，我的结论是通过完全经验的、以对国民经济学进行认真的批判研究为基础的分析得出的。"④ 手稿紧接着删

① 《马克思恩格斯全集》第 46 卷，北京，人民出版社 2003 年版，第 928～929 页。

② 参阅〔联邦德国〕A. 施密特：《马克思的自然概念》，欧力同、吴仲译，北京，商务印书馆 1988 年版，第 145～147 页。

③ 〔英〕伯尔基：《马克思主义的起源》，伍庆、王文扬译，上海，华东师范大学出版社 2007 年版，第 39 页。

④ 马克思：《1844 年经济学哲学手稿》，北京，人民出版社 2000 年版，第 3 页。

去下面一句话：“与此相反，不学无术的评论家则企图用'乌托邦的词句'或者还用'完全纯粹的、完全决定性的、完全批判的批判'、'不单单是法的，而且是社会的、完全社会的社会'、'密集的大批群众'、'代大批群众发言的发言人'等等一类空话，来非难实证的批判者，以掩饰自己的极端无知和思想贫乏。这个评论家还应当首先提供证据，证明他除了神学的家务以外还有权过问世俗的事务。”在“异化劳动和私有财产”一节还有“我们且从当前的经验事实出发”① 的提法。这在《德意志意识形态》中以更加明确的语言表达出来了：“我们开始要谈的前提不是任意提出的，不是教条，而是一些只有在想象中才能撇开的现实前提。这是一些现实的个人，是他们的活动和他们的物质生活条件，包括他们已有的和由他们自己的活动创造出来的物质生活条件。因此，这些前提可以用纯粹经验的方法来确认。”② 作为对“理性”的反动，在强调“经验”这一点上，在具有回归现实生活世界倾向的现代哲学家那里都存在，在马克思这里主要是对人的异化的经验，在海德格尔那里主要是无家可归的经验，在尼采那里主要是“上帝死了”的经验。与此相应，他们特别强调感觉的作用。如果我们看不到马克思哲学自身的这种超验性与经验性的张力关系，就会在理解马克思哲学时出现偏差。由于阿尔都塞认为马克思是“反经验主义”的，所以提出了一个不伦不类的“理论实践的理论”的概念：“阿尔都塞在《保卫马克思》、《读〈资本论〉》等著作中，为了反对经验主义，给马克思主义哲学所下的定义是'理论实践的理论'。”③

二、马克思哲学的价值性与实证性

马克思哲学的价值性是指马克思哲学中蕴涵的价值诉求，这就是无产阶级和全人类的自由和解放，这是马克思为之奋斗一生的价值诉求，所以恩格斯在《在马克思墓前的讲话》中才称马克思首先是一个“革命家”，而实证性是指马克思哲学中直面现实、按照世界的本来面目如实地说明世界的科学诉求，所以恩格斯同时称马克思是“科学家”。这两者内在地统一于马克思哲学中，但在后来解释者中往往有的只看到了价值性而排斥实证性的一面，而有的只抓住其中的实证性而排斥价值性的一面。

---

① 马克思：《1844 年经济学哲学手稿》，北京，人民出版社 2000 年版，第 51 页。
② 《马克思恩格斯选集》第 1 卷，北京，人民出版社 1995 年版，第 66～67 页。
③ 黄楠森等主编：《马克思主义哲学史》第八卷，北京，北京出版社 1996 年版，第 342 页。

遗憾的是，中国学界在 80 年代还曾就这个早已被西方争论过的问题又争论不休，各执一端①。

其实，这里涉及这样一个问题：马克思哲学（包括整个马克思理论）有没有一个伦理学的向度？20 世纪 30 年代马克思《1844 年经济学哲学手稿》出版之后，在西方学者对马克思学说的研究热潮中，对于马克思学说究竟是一种关于人类命运的伦理理想，还是一种对资本主义的纯客观的科学分析，曾经有过极大的分歧和争论②。一个再简单不过的事实是，如果马克思哲学中没有价值性维度，那么马克思的宗教批判、哲学批判和实践批判何以可能呢？所以说，从马克思的现代性③批判立场来看，马克思哲学存在价值性维度是不容置疑的；再从马克思世界观转变的角度来看，也是如此，马克思从理想主义到人本主义再到共产主义的世界观的转变历程，如果不同时伴随着马克思的价值理念的转变，那是很难想象的，这种价值性维度更突出地表现在马克思的共产主义思想中④；再者，如果马克思哲学没有价值性维度，那么马克思主义哲学的意识形态性也就不可理解了⑤。阿尔都塞也注意到了马克思思想的价值性维度："马克思的理想'人道主义'的各种提法是费尔巴哈的提法。当然，马克思并不仅仅引证、借用或重复费尔巴哈的提法；正如这些宣言所表明的，费尔巴哈始终考虑政治，但很少谈论它。在他看来，问题的关键在于对宗教和神学的批判，在于思辨哲学这块神学的世俗遮羞布。相反，青年马克思的著作则经常谈到政治，谈到异化的人的具体生活（政治无非是这一生活的'天窗'）。但在《论犹太人问题》、《黑格尔法哲学批判》等著作中，甚至有时在《神圣家族》中，青年马克思只是一个用伦理总问题去理解人类历史的费尔巴哈派先进分子。换句话说，马克思在

① 参阅丛大川：《是唯物主义的科学实证还是人道主义的价值评价——有关马克思哲学本性的几个问题》，载《东方论坛》1998 年第 2 期。

② 参阅张盾：《反现代性：马克思哲学革命的真实意义》，载《长白学刊》2004 年第 1 期。

③ 所谓现代性，是指这样一个复杂历史过程，在此过程中，由一套新制度和新世界观组合而成的新秩序，取代并摧毁了由旧制度和旧世界观组合成的传统秩序。这个新秩序就是资本主义世界体系。对于今天学术界的几乎所有学科领域来说，现代性已成各种各样的问题争论所共享的一个基本问题背景，在此背景中凸显出来的一个总问题，便是如何看待主宰着现代世界的资本主义制度。围绕这一问题有三种基本立场，即：自由主义、保守主义和马克思主义。参阅张盾：《反现代性：马克思哲学革命的真实意义》，载《长白学刊》2004 年第 1 期。

④ 参阅黄浩：《马克思的共产主义思想：科学理性和价值理性的辩证统一》，发表于《东南学术》2005 年第 6 期。

⑤ 陶德麟、汪信砚主编：《马克思主义哲学的当代论域》，北京，人民出版社 2005 年版，第 742～745 页。

当时只是把异化理论，即费尔巴哈的'人性'论，运用于政治和人的具体活动，他只是后来才在《1844年经济学哲学手稿》里把这种理论（大部分）推广到政治经济学。"① 尽管阿尔都塞把马克思的价值性维度归结为费尔巴哈的"人性"论，我们是不能同意的，但他看到了马克思思想的价值性维度及其对马克思后来思想发展的影响，还是有见地的。有学者指出："第二国际的理论家所谈论的'经济决定论'，不仅表明他们对理智形而上学的因果观念完全缺乏批判能力，并循着这样一种无批判的方向把唯物史观弄成这种或那种形式的'知性科学'，而且表明他们实际上只可能在经验实证主义的主题上来理解马克思的哲学'唯物主义'。"② 这是片面强调马克思哲学的实证性而排斥价值性的必然结果，但我们也不能片面夸大这种"伦理总问题"在马克思思想发展中的作用。

西方大多数学者把恩格斯看成实证主义者而把马克思看做反实证主义者。利各比反对这种观点③，利各比指出："很难明白马克思的上述观点与强调社会进化的可预测性和必然性这一常常被概括为恩格斯和第二国际对马克思的实证主义歪曲的观点有何区别，也难以明白他们关于社会发展是一个经历某些必然阶段的一定规律的机体过程的观点与早期的实证主义者孔德和圣西门的观点有何区别，也不明白为什么对适合社会研究的自然科学方法论研究唯一地怪罪于恩格斯而不牵涉到马克思。"④ 利各比过分强调了马克思的实证倾向，并把马克思的历史唯物主义混同于孔德和圣西门的思想，这是我们完全不能同意的，但他指出了马克思思想中的实证性维度是有道理的。在马克思思想发展过程中，有一种现象值得我们注意，在马克思写作《博士论文》时期，马克思显然对德谟克利特式的实证思维方式是反感的，但随着对黑格尔的思辨哲学的批判的深入，马克思对实证科学思维方式的态度有所改变："在思辨终止的地方，在现实生活面前，正是描述人们实践活动和实际发展过程的真正的实证科学开始的地方。"⑤ 对于终其一生都在努力寻求历史真相的马克思

---

① 〔法〕路易·阿尔都塞：《保卫马克思》，顾良译，北京，商务印书馆1984年版，第26页。

② 吴晓明：《马克思的哲学革命与全部形而上学的终结》，载《江苏社会科学》2000年第6期。

③ 参阅吴家华：《"马克思—恩格斯问题"论析》，载《中国人民大学学报》2002年第6期。

④ S. H. Rigby. Engels and the Formation of Marxism: History, Dialectics and Revolution. Manchester: Manchester University Press, 1992, p. 147.

⑤ 《马克思恩格斯选集》第1卷，北京，人民出版社1995年版，第73页。

来说，他相信着一个简单的道理："只要这样按照事物的真实面目及其产生情况来理解事物，任何深奥的哲学问题——后面将对这一点作更清楚的说明——都可以十分简单地归结为某种经验的事实。"① 就这一点来说，马克思哲学思想的前提是理性的，英国科学家 J. D. 贝尔纳指出："马克思主义的伟大贡献是：它在人的问题上扩大了理性所能达到的范围，把崭新事物出现的可能性也包括进去。"② 正如有学者指出的："在今天的马克思哲学研究中，很多人似乎都不愿意承认这一点，而希望凭着紧紧抓住马克思特有的'批判'或辩证法中的'否定性'来尽可能地淡化理性的和肯定的因素。这种艰难的努力是时代造成的产物，正如当初截然相反的情形——苏联的正统马克思主义将马克思主义解说成完全的理性主义和科学主义——也是历史的一样。"③ 有学者在考察马克思在使用"唯物主义"一语时指出："而在肯定意义上，应用唯物主义这一术语时，通常是指从客观实际尤其是从经济存在出发来解释各类社会现象，反对从概念和范畴出发来构造社会存在，这是一种实证性认知求是的科学方法，以至马克思把'真正的唯物主义'和'现实的科学'即'实证的科学'并列起来，如《巴黎手稿》。再如在《资本论》序言中，所讲的他的与黑格尔的唯心主义辩证法相反的方法，指的也是从实际出发的科学研究和表述方法，前面谈及这是政治经济学的实证性认知方法，而不是批判性哲学方法。"④ 当然，把马克思的政治经济学研究的方法仅仅解读成"实证性认知方法"是值得商榷的，这也是没有看到在马克思的政治经济学研究中"实证性认知方法"和"批判性哲学方法"是内在统一（也就是存在着张力关系）的表现。

同时，我们要看到，马克思对纯粹的实证性的科学思维还是持谨慎态度的，马克思《资本论》的副标题"政治经济学批判"本身就标明了马克思绝不是纯粹实证的"科学家"，因为仅仅从事实出发还不够，正如马克思评价国民经济学时所说的那样："国民经济学从私有财产的事实出发。它没有给我们说明这个事实。它把私有财产在现实中所经历的物质过程，放进一般的、抽象的公式，然后把这些公式当作规律。它不理解

---

① 《马克思恩格斯选集》第 1 卷，北京，人民出版社 1995 年版，第 76 页。
② 〔英〕J. D. 贝尔纳：《科学的社会功能》，陈体芳译，北京，商务印书馆 1982 年版，第 549 页。
③ 参阅徐志宏：《马克思科学观初探》，复旦大学博士论文，2005 年，第 14 页。
④ 丛大川：《是唯物主义的科学实证还是人道主义的价值评价——有关马克思哲学本性的几个问题》，载《东方论坛》1998 年第 2 期。

这些规律，就是说，它没有指明这些规律是怎样从私有财产的本质中产生出来的。国民经济学没有向我们说明劳动和资本分离以及资本和土地分离的原因。例如，当它确定工资和资本利润之间的关系时，它把资本家的利益当作最终原因；就是说，它把应当加以阐明的东西当作前提。"①也就是说，仅仅有实证的态度和方法还是不够的，还要有一种对现实的批判精神和价值判断能力，否则就会出现像马克思所说的那种情形："我们举出《未来哲学》中的一个地方作为例子说明既承认存在的东西同时又不了解存在的东西——这也还是费尔巴哈和我们的对手的共同之点。"②从某种意义上说，正是马克思哲学的价值维度构成了马克思批判理论的前提，否则对国民经济学的批判以及整个实证的批判就是不可能的，马克思本人在谈到对青年黑格尔派的评价时就说过："为了正确地评价这种甚至在可敬的德国市民心中唤起怡然自得的民族感情的哲学叫卖，为了清楚地表明这整个青年黑格尔派运动的渺小卑微、地域局限性，特别是为了揭示这些英雄们的真正业绩和关于这些业绩的幻想之间的令人啼笑皆非的显著差异，就必须站在德国以外的立场上来考察一下这些喧嚣吵嚷。"③ 也就是说，为了正确评价青年黑格尔派哲学，就必须站在它之外的立场上进行评价。在《资本论》中马克思进一步发挥了这种思想："资产阶级在法国和英国夺得了政权。从那时起，阶级斗争在实践方面和理论方面采取了日益鲜明的和带有威胁性的形式。它敲响了科学的资产阶级经济学的丧钟。现在问题不再是这个或那个原理是否正确，而是它对资本有利还是有害，方便还是不方便，违背警章还是不违背警章。不偏不倚的研究让位于豢养的文丐的争斗，公正无私的科学探讨让位于辩护士的坏心恶意。"④ "科学的资产阶级经济学"的破产就是因为割裂了价值性与实证性的辩证关系，正如马克思所说的："人们对《资本论》中应用的方法理解得很差，这已经由对这一方法的各种互相矛盾的评论所证明。例如，巴黎的《实证论者评论》一方面责备我形而上学地研究经济学，另一方面责备我——你们猜猜看！——只限于批判地分析既成的事实，而没有为未来的食堂开出调味单（孔德主义的吗？）。"⑤ 从这一点上看柯尔施的如下见解是颇有见地的："理论和实践不可割断的相互联系，

① 　马克思：《1844 年经济学哲学手稿》，北京，人民出版社 2000 年版，第 50 页。
② 　《马克思恩格斯选集》第 1 卷，北京，人民出版社 1995 年版，第 97 页。
③ 　《马克思恩格斯选集》第 1 卷，北京，人民出版社 1995 年版，第 63 页。
④ 　《马克思恩格斯选集》第 2 卷，北京，人民出版社 1995 年版，第 107 页。
⑤ 　《马克思恩格斯选集》第 2 卷，北京，人民出版社 1995 年版，第 109 页。

作为马克思的唯物主义的第一个共产主义类型的最独特的标志，在他的体系的较后期形式中，无论如何也没有被废除。认为一个纯粹思想的理论似乎已经取代了革命意志的实践，这不过是肤浅的一瞥。这种革命意志在马克思著作的每一个句子之中都是潜在的——然而是存在的，潜在于每一决定性的章节中，尤其是在《资本论》第一卷中一再地喷发出来。人们只须想一下著名的第二十四章第七节关于资本积累的历史趋势的论述，就足以证明这一点。"①

正是由于马克思哲学的价值性与实证性之间的张力，这就可以解释马克思学说为什么会被意识形态化了，尽管马克思本人从来没有认为自己的理论是政治意识形态，而认为是科学②。但是，马克思学说还是被意识形态化了，阿尔都塞对此做了说明："如果有人要我对我的哲学论文所坚持的基本论点用几句话作个概括，我就说：马克思创立了一门新科学，即历史的科学。我还补充说：这一科学发现是人类历史上空前的理论事件和政治事件。我要明确指出：这一事件是不可逆转的"，"马克思的科学发现历来是并将越来越是一场激烈和无情的阶级斗争的对象和焦点。马克思证明，人类历史是阶级社会的历史，是阶级统治和阶级压迫的历史，因而归根到底是阶级斗争的历史。"③ 同一种科学理论却在不同阶级那里激起了截然不同的反应："统治阶级的思想家以十倍、百倍的怒火猛烈地攻击马克思。相反，被剥削者、首先是无产者，则认识到马克思的科学理论是'他们的'的真理，他们接受了这个真理，并把它当作他们在革命的阶级斗争中的一件武器。这一认识在历史上有个名称，叫做工人运动与马克思主义理论相结合（或列宁所说的融合）。"④ 这里就会出现这样一个问题：是马克思的科学理论本身就具有价值性维度还是不同的解释者附加给马克思的科学理论上面的呢？笔者认为马克思理论本身就有价值性维度。马克思哲学是人类生存（创造历史）以求解放的理性自觉，马克思在《巴黎手稿》、《德意志意识形态》及至《资本论》等著

① 〔德〕卡尔·柯尔施：《马克思主义和哲学》，王南湜、荣新海译，重庆，重庆出版社1989年版，第25页。

② 如柯尔施所说："我们已经提到过，马克思和恩格斯他们自己总是否认科学社会主义还是哲学。"参阅卡尔·柯尔施：《马克思主义和哲学》，王南湜、荣新海译，重庆，重庆出版社1989年版，第32页。

③ 〔法〕路易·阿尔都塞：《保卫马克思》，顾良译，北京，商务印书馆1984年版，第258～259页。

④ 〔法〕路易·阿尔都塞：《保卫马克思》，顾良译，北京，商务印书馆1984年版，第259页。

作中以"自由王国"、"共产主义"诸观念确立了人类生存规范基础的哲学论说，它不是纯粹经验陈述，而且还包含着"应该"的价值断定①，这从马克思把自己的哲学称为无产阶级的"精神武器"中就很明显地看出。

柯尔施在《马克思主义和哲学》中对希法亭把马克思主义看作是一种在逻辑上是"科学的、客观的和自由的科学，并没有价值判断"的理论的观点进行了批判："在理论上以辩证的方式，在实践上以革命的方式理解唯物史观，与那些孤立的、自发的各个知识分支，与作为脱离革命实践的科学上的目标的纯理论考察，都是不相容的。然而，后来的马克思主义者却越来越认为科学社会主义是一些纯粹的科学观察，与政治的或其他阶级斗争实践没有任何直接的联系。这方面的充分的证据是一位作者关于马克思主义的科学与政治之间关系的叙述；这位作者在最适当的意义上是第二国际一位有代表性的马克思主义理论家（就是指鲁道夫·希法亭，引者注）。"② 一个简单的事实是，如果马克思哲学（包括政治经济学批判）仅仅是"科学的、客观的和自由的科学，没有价值判断"，那么，马克思的批判何以能够进行呢？这充分说明了如果没有认识到马克思哲学的价值性与实证性之间的张力，只抓住其中的一点而当作了全部，就会误解马克思的思想，这是我们在研究马克思哲学时要特别警惕的。

伯尔基在追溯马克思主义的起源时，把马克思哲学的价值性与实证性之间的张力归结到西方文化中两个核心要素"自由"和"理性"上面："自由和理性这两者是欧洲文化文明中的最高价值也可以说'永久'价值，所有进路的有效条款都值得贴上这一社会和政治哲学的标签，并且连同运动及斗争的思想（正如我们前面提到的那样）一起，它们构成了欧洲思想在此特定范围内的独特身份。"③ "我首先提出马克思主义有一种理想因素，即暗含着价值设定和终极目标；在具体情况中，这可以被定义成自由、幸福、美好社会、共产主义。并且，马克思主义里面还有一种认知因素，这指的是关于世界的知识或理解；具体来说，这牵涉到马克思主义关于历史、政治经济学、社会阶级、国家、意识形态和革命的诸多理论。……其次，我想要证明：欧洲政治、社会思想的主流传统不

---

① 参阅陈波：《解读马克思》，载《四川大学学报》（哲学社会科学版）2002 年第 3 期。

② 〔德〕卡尔·柯尔施：《马克思主义和哲学》，王南湜、荣新海译，重庆，重庆出版社 1989 年版，第 25 页。

③ 〔英〕伯尔基：《马克思主义的起源》，伍庆、王文扬译，上海，华东师范大学出版社 2007 年版，第 12 页。

应当仅仅被定义为一个关乎自由与理性两种角色的谱系,它还——原初性和分析性地——展示了两种根本视角之间的分裂。换句话说,我认为在欧洲传统的深处,超越、价值的视角和知识、理解的视角是对立分歧的。"① 从这里可以看出,马克思哲学的张力和内在悖论有其深层的根源,即根源于"超越、价值的视角"和"知识、理解的视角"在马克思哲学文本中的辩证统一。

三、马克思哲学的特殊性与一般性

特殊性与一般性问题是西方马克思主义哲学与苏俄马克思主义哲学争论的一个焦点,也就是说,马克思主义哲学是对特定的资本主义形态的批判性研究,即特殊性的哲学学说,还是具有某种揭示人类社会发展一般规律的科学学说,即具有普遍性的科学,对此有学者指出:"在这场论争中,马克思主义哲学的一般性和特殊性问题是作为马克思主义哲学的本质规定被提出的。马克思主义哲学有没有一个独立于特殊性的一般理论?如果有,它是一种什么样的理论?它与特殊性的理论之间是什么关系?如果没有,它又是一种什么样的学说?这些问题是马克思主义哲学的一般性和特殊性论争的焦点。苏俄马克思主义者与西方马克思主义者从他们对马克思主义哲学本质的不同理解出发,对这些问题做出了不同的解答。苏俄马克思主义者肯定马克思主义哲学中有一个独立于特殊性的一般理论。在他们看来,马克思主义哲学本质上是科学的理论,其科学性就在于它揭示了自然界和人类历史的一般规律。……与之相反,西方马克思主义者坚决否定马克思主义哲学中有一个独立于特殊性的一般理论,反对谈论'一般马克思主义'。"② 这里虽然谈的是马克思主义哲学的特殊性与一般性,其实它也适用于马克思哲学。马克思哲学的特殊性与一般性的张力在马克思的唯物史观中表现得格外明显,具体体现在马克思的世界历史理论与民族历史理论之间的关系上。

马克思在《1844年经济学哲学手稿》中就提出了"整个所谓世界历史不外是人通过人的劳动而诞生的过程"③ 的思想,看到了劳动实践对世界历史的形成的作用。在《德意志意识形态》中明确提出了"历史向世

---

① 〔英〕伯尔基:《马克思主义的起源》,伍庆、王文扬译,上海,华东师范大学出版社2007年版,第13页。

② 何萍:《20世纪马克思主义哲学中的两种传统——从20世纪初的一场马克思主义哲学论争谈起》,载《哲学研究》2003年第8期。

③ 马克思:《1844年经济学哲学手稿》,北京,人民出版社2000年版,第92页。

界历史转变"的著名命题:"各个相互影响的活动范围在这个发展进程中越是扩大,各民族的原始封闭状态由于日益完善的生产方式、交往以及因交往而自然形成的不同民族之间的分工消灭得越是彻底,历史也就越是成为世界历史。"① 马克思认为,由于资本主义生产方式的发展,"人们的世界历史性的而不是地域性的存在同时已经是经验的存在了"②,《共产党宣言》对此做了进一步的说明:"不断扩大产品销路的需要,驱使资产阶级奔走于全球各地。它必须到处落户,到处开发,到处建立联系。资产阶级,由于开拓了世界市场,使一切国家的生产和消费都成为世界性的了。……过去那种地方的和民族的自给自足和闭关自守状态,被各民族的各方面的互相往来和各方面的互相依赖所代替了。物质的生产是如此,精神的生产也是如此。"③

从马克思的以上论述中我们可以看出:马克思的世界历史理论的内核是指各民族、国家通过普遍交往,人类进入全面相互影响、相互渗透、相互制约、相互依存的状态,世界变得越来越小了,用现在的话语来说就是经济的全球化和社会交往的全球化,主要不是指所谓的政治和文化的全球化(虽然提到了精神的生产),更不是指社会制度的单一化。历史向世界历史的转化是由历史发展的一般规律决定的,是由资本的本性决定的,是不可抗拒的历史发展趋势,体现了唯物史观的一般性。

但这是否意味着马克思创立了"世界历史理论",就否定了各个民族、国家的民族历史了呢?答案显然是否定的。而有些论者往往只看到了马克思的"历史向世界历史的转变"这一论题,而忽视了马克思对"民族历史"的论述。其实,马克思在1848年革命之后,更多的关注的是殖民地国家的民族解放运动,这从马克思写的大量的政论性文章中可以看出,如《不列颠在印度的统治》、《新的对华战争》、《中国革命和欧洲革命》等,还有马克思晚年的东方社会理论和"跨越资本主义卡夫丁峡谷"的设想,都是在"民族历史"的视域内进行的理论创新,所以马克思的世界历史理论不是一个抽象的存在物,不能抽掉民族历史去谈论所谓的世界历史,也就是说马克思的世界历史理论并没有否认民族历史。离开这一点,我们就不能明白今天的全球化何以是一个悖论的深层原

---

①　《马克思恩格斯选集》第 1 卷,北京,人民出版社 1995 年版,第 88 页。

②　《马克思恩格斯选集》第 1 卷,北京,人民出版社 1995 年版,第 86 页。

③　《马克思恩格斯选集》第 1 卷,北京,人民出版社 1995 年版,第 276 页。

因①。马克思在分析世界历史时代资本主义全球扩张的趋势时，并不否定世界历史过程中各民族发展道路的特殊性，相反，民族国家是马克思分析国际关系的基本单位。马克思在《资本论》中把世界分为"机器生产中心"区和为中心区发展工业服务的"主要从事农业的生产地区"："一种与机器生产中心相适应的新的国际分工产生了，它使地球的一部分转变为主要从事农业的生产地区，以服务于另一部分主要从事工业的生产地区。"② 这说明了马克思的世界历史理论不是脱离民族历史的空洞的理论，他始终关注各民族、国家历史发展的特殊性。马克思在有人把他仅仅适用于西欧的社会形态更替理论用于东方社会时指出："他一定要把我关于西欧资本主义起源的历史概述彻底变成一般发展道路的历史哲学理论，一切民族，不管它们所处的历史环境如何，都注定要走这条道路，——以便最后都达到在保证社会劳动生产力极高度发展的同时又保证每个生产者个人最全面的发展的这样一种经济形态。但是我要请他原谅。他这样做，会给我过多的荣誉，同时也会给我过多的侮辱。"③ 这充分说明了，马克思不是在脱离各民族、国家的历史的情况下，抽象地谈论世界历史理论的。马克思认为，在资本主义时代，由于生产力和交往的普遍发展，世界各民族才被卷入到"一体化"的洪流之中，这就打破了前资本主义时代的地方局限性，但这并不排除各个民族国家自身发展的特殊性，这体现了唯物史观的特殊性。正是由于马克思唯物史观的一般性和特殊性之间的这种张力才引起了全球化的悖论。另外，马克思主义世界理论的决定论和非决定论中也存在这种情况④。

那么，为什么会出现马克思哲学的这种张力结构呢？一方面，马克思认识到了哲学和科学都具有各自不足和片面性，于是马克思产生了这样一种学术理念：要把关于人的科学（当然包括哲学在内）和自然科学结合为"一门科学"，所以就会在马克思的文本中出现"哲学"话语与"科学"话语重叠的情况，这在《1844年经济学哲学手稿》中就有体现，更明显的体现在《德意志意识形态》和《资本论》中；但另一方面，哲学与科学的区分还是存在的，这两个概念并没有整合成一个新的概念出来，于是张力结构的形成就在所难免了。有学者对此指出："至于今天的

---

① 参阅黄浩：《全球化的悖论》，载《重庆社会科学》2005 年第 8 期。
② 《马克思恩格斯全集》第 44 卷，北京，人民出版社 2001 年版，第 519～520 页。
③ 《马克思恩格斯选集》第 3 卷，北京，人民出版社 1995 年版，第 341～342 页。
④ 参阅何萍：《马克思罗莎·卢森堡列宁——马克思主义世界历史理论中的决定论与非决定论》，载《卢森堡国际会议论文集》（2006 年）。

研究，不管是依据马克思学说中的哲学性内容而将马克思解释为自觉发动了哲学革命的哲学家，还是依据他终结哲学并推崇科学的言论而将他塑造成旨在发现铁的规律的科学家，都是对哲学和科学在马克思学说中相互交织的复杂性程度认识不足的表现。"① 在哲学与科学还不能彼此取代而又相互融合的情况下，在马克思那里出现这种张力结构的情况也是在情理之中的事。正是这种张力结构的存在造成了对马克思哲学的不同理解，这是"柯尔施问题"产生的重要的内在根源。

第三节　"柯尔施问题"的实质

通过前面两节对"柯尔施问题"产生的原因的分析，这样就可以得出对"柯尔施问题"实质的一种理解："柯尔施问题"其实就是由马克思的哲学观的独特性和马克思哲学的内在张力等原因引起的理解马克思哲学和马克思主义哲学上的悖论性。英文"paradox"一词意指具有相反性质且内在关联的并列存在的两种现象，这是由某种事物本身的自反性决定的，如全球化②、现代性③、启蒙④等，它与矛盾的区别在于：矛盾在事物的否定之否定的发展过程中是可以被克服掉的，而悖论往往是不可克服的，从这种意义上来说，"柯尔施问题"也是不能最终给出确定答案的，但我们可以讨论和解释带有悖论性的问题，这正是"柯尔施问题"会不断地被重新讨论的原因所在，这正是"柯尔施问题"的魅力，也是马克思哲学的魅力。下面分别从三个方面对"柯尔施问题"的实质展开分析。

一、理解马克思有没有哲学上的悖论性

目前，在我国马克思主义哲学界，越来越多的人宁愿提"马克思哲学"而不愿提"马克思主义哲学"，这一现象值得关注。其实，就用语

① 徐长福：《求解"柯尔施问题"——论马克思学说跟哲学和科学的关系》，载《哲学研究》2004 年第 6 期。

② 参阅黄浩：《全球化的悖论》，载《重庆社会科学》2005 年第 8 期。

③ 参阅王晓华：《现代性的悖论与后现代主义的真谛》，载《探索》2002 年第 3 期。

④ 参阅〔德〕马克斯·霍克海默、西奥多·阿道尔诺：《启蒙辩证法：哲学断片》，渠敬东、曹卫东译，上海，上海人民出版社 2003 年版；张宝明：《启蒙的悖论（1911—1921）：20 世纪思想史上的困惑》，载《人文杂志》2003 年第 4 期。

而言，提"马克思主义哲学"反倒不会有什么问题，因为确实存在叫作"马克思主义哲学"的理论形态，如那套已风行大半个世纪的马克思主义哲学教科书体系。但是，提"马克思哲学"就不一样了——马克思有没有或者有何种意义上的哲学？他本人对哲学究竟持何看法？他认为自己的学说是哲学吗？他的思想跟哲学这门古老的学问究竟是什么关系？这些问题至今悬而未决①，其实这一问题就是"柯尔施问题"的根本，柯尔施提出这个问题也是根源于这方面的原因，因为资产阶级哲学教授和第二国际马克思主义者尽管在其他方面极不相同，但都一致认为马克思主义没有任何它自己的哲学内容，但我们要进一步追问：对马克思主义有没有哲学的不同解释的根源何在呢？显然，对马克思主义哲学的不同解释根源于对马克思哲学（当然还包括恩格斯的哲学）的不同理解。

如前面在第一章第二节所述的，像西方的哲学史家库诺·费舍、宇伯威格、罗素等人都是忽视马克思的哲学的，要么认为马克思没有哲学，要么认为即使马克思有哲学，也是不重要的，而柯尔施是极力反对的。否定马克思有自己的哲学这种观点对于苏俄马克思主义者来说简直是荒谬之至，他们当然认为马克思有哲学，他是一个哲学家。这以列宁的观点为典型，他在《马克思主义的三个来源和三个组成部分》中明确指出了马克思主义哲学的存在，也就间接指认了马克思有哲学。在中国学术界，提出马克思是不是哲学家这样的问题可能被认为是对马克思的诬蔑，因为一方面存在着马克思主义哲学的教科书和各种有关马克思哲学和马克思主义哲学的书籍，另一方面存在着大量从事马克思哲学和马克思主义哲学研究的学者和科研人员，如果马克思不是哲学家，那么，这么多大量的事实存在怎么解释呢？其实，任何一个学术问题的提出并不像人们想象的那么简单和突兀。在西方，对于马克思是否是哲学家以及在何种意义上是一个哲学家并不是自明的，并且存在着十分激烈的争论。在这里，关键是对"哲学"做何种意义上的理解。因为马克思的哲学著作如果按照传统理性形而上学的标准，的确很难归入哲学著作一类。如果我们否认马克思是哲学家，那么马克思早期写的有关哲学方面的著作（虽然大多是论战性的）将如何理解呢？如果马克思是哲学家，那么为什么西方哲学史家如此忽略马克思呢？看来，这并不是一个简单的理论问

①　参阅徐长福：《求解"柯尔施问题"——论马克思学说跟哲学和科学的关系》，载《哲学研究》2004 年第 6 期。

题或意识形态问题，而是有待进一步深究的问题。

　　其实，这里涉及一个深层次的元哲学问题：如何理解哲学？哲学是单数还是复数，也就是说哲学是"一"还是"多"？为了讨论的需要，这里引入"哲学形态"的概念。近来学界频频使用"哲学形态"一词，但往往没有反思它的合法性。哲学是什么这个问题困扰了一代又一代的哲学家，连搞了一辈子的哲学家当他临死前问他这个问题时，他可能会说"不知道"，从这种意义上讲，哲学可以说是一个幽灵，是不可见的存在者，是"一"。好在我们可以通过学习哲学史来认识什么是哲学，怎样进行真正的哲学思考，黑格尔也正是在这个意义上说哲学就是哲学史的。而哲学形态是指在不同民族、不同国别以及在不同时代等条件下所形成的具有自身特色的并可以称之为哲学的样态。哲学形态恰恰是"哲学"这个幽灵的显现，不同的民族都会出现一个可以称之为"哲学"的这种文化样式，虽然它的具体表现形态即哲学形态具有很大的差异性，这恰恰说明了幽灵式的"哲学"存在的必然性与合法性。虽然"哲学"本身是"一"，但它可以通过"多"样的方式显现出来，正如有学者指出："哲学的本质是一，是逻辑的东西；个别哲学派别和哲学形态是多，是历史的东西。"① 其实，我们平时所称的"中国哲学"、"西方哲学"等名称也只是在"哲学形态"的意义上来理解，所以，引进了哲学形态的概念，有关中国有没有哲学或者中国哲学合法性的争论就是一种无谓的争论，甚至可以说是一个假问题。纵观西方哲学的历史发展，我们发现西方哲学也是奠基在后来的哲学形态不断否定以前的哲学形态的基础上的，诸如形而上学对自然哲学的否定，近代认识论的转向，还有现代和后现代的所谓的各种各样的"哲学的转向"，都应该在哲学形态的视角来加以理解，既然我们不能用产生最早的自然哲学来否定后来的宗教哲学、认识论哲学是哲学，我们凭什么可以用西方哲学来否定中国哲学是哲学呢？俞吾金指出："众所周知，哲学是相对于伦理学、政治学、经济学、美学等其他学科而言的，作为一门学科，哲学是唯一的。人们通常说：'存在着许多不同的哲学。'其实，这个说法是有语病的，尽管存在着许多迥然各异的哲学类型、流派或体系，但哲学却是唯一的。在这个意义上可以说，'一切哲学'、'全部哲学'或'所有的哲学'这样的提法也是有语病的，因为这样的提法暗含着下面的意思，即存在着许多不同的哲学。

---

　　① 何萍：《20 世纪马克思主义哲学：东方与西方》，北京，人民出版社 2012 年版，第82 页。

由于哲学是单一的，所以在这里，像'一切哲学类型'、'全部哲学体系'或'所有的哲学流派'这样的表述才是比较确切的。仔细地分析起来，连'西方哲学'、'东方哲学'、'中国哲学'、'德国哲学'这样的提法也是不确切的。比如，物理学作为一门学科也是唯一的，如果谁使用'西方物理学'、'东方物理学'、'中国物理学'或'德国物理学'一类概念，听起来一定是很滑稽的。当然，哲学与物理学不同，它在不同的民族和国家中会受到不同的文化背景的影响，从而表现出不同的风格和特征，但无论如何也不能说，在不同的国家或地域存在着不同的哲学。严格地说来，我们应该把上述提法改为'哲学的西方模式'、'哲学的东方模式'、'哲学的中国类型'、'哲学的德国类型'等等，然而，这样的表达方式又显得有点别扭。所以，我们不妨沿用'西方哲学'、'东方哲学'、'中国哲学'、'德国哲学'这样的习惯的提法，但切不可把它们理解为各种哲学，而应该理解为哲学的各种类型。"[①] 虽然俞吾金没有提到"哲学形态"这个概念，但这里所说的其实就是哲学与哲学形态的区分，这说明区分这两个概念的必要性和重要性。

"哲学形态"有广义和狭义两层含义，广义的"哲学形态"就是任何可以称得上"哲学"的具体的样态，在这个意义上说，任何一个特定哲学家的哲学都可以称为"哲学形态"，这是与特定哲学家所拥有的哲学观分不开的，正是通过对"什么是哲学"的哲学观问题的自觉意识，哲学家们创立了某种类型的哲学或使自己的思想从属于某种类型的哲学。狭义的"哲学形态"是大尺度上的，杨学功把这种狭义上的"哲学形态"界定为："我们把'哲学形态'理解为具有高度概括性的'大尺度'的哲学历史形式，是这个尺度内具体的哲学学说和哲学流派的本质抽象。如同对'社会转型'的把握，不能把同一社会形态内部的任何变化都看作社会形态的变化，而必须考察社会根本性质的变化一样；对于'哲学形态'的变化，也必须考察历史的'长时段'，才能把握到哲学的整体性转变。区别在于：对社会转型的考察所依据的是社会根本性质的变化；而对哲学形态转变的把握，依据的则是哲学理念（idea of philosophy）的变更。例如，人们通常把西方哲学的发展演变史概括为古代的本体论哲学、近代的认识论哲学和现代的语言哲学，这种概括就是从哲学形态上着眼的。人们因此而把近代哲学的变革称作'认识论转向'（epistemolog-

---

① 俞吾金：《关于哲学基本问题的再认识》，载《北京大学学报》（哲学社会科学版）1997年第2期。

ical turn），把现代哲学的变革称作'语言学转向'（linguistic turn）。"①
在这里，杨学功没有把"哲学的转向"与"哲学的革命"明确地区别开
来，这一点本书将在第四章再讨论。从历时性的角度来看，不同时代孕
育出了称之为"哲学"的东西，这就是不同的哲学形态，如西方从最早
的自然哲学的本体论，到中世纪的宗教哲学，再到近代的认识论哲学等。
从共时性的角度来看，不同民族由于自身的条件的不同，也会产生不同
的哲学形态，如人们常说的西方哲学、印度哲学和中国哲学等。

从以上的分析可以看出，哲学虽然是"一"，但哲学形态是"多"。
阿尔都塞的失误恰恰在这一点上，他把哲学形态看做"一"即把哲学仅
仅理解为理性形而上学这种唯一的哲学形态，"我把那种形式（"古典的
哲学存在形式"。——引者注）定义为作为'哲学'的哲学生产"②，而
完全排斥非形而上学的哲学形态的存在，阿尔都塞反复强调马克思的思
想与传统哲学（即所谓的被当作"哲学"来生产的哲学）的本质上的不
同，这当然是正确的，其不当之处是对于"哲学"本身的狭隘理解，把
哲学形态仅仅理解为"一"而不可能是"多"，从而在根本上否认了马克
思哲学（当然还包括马克思主义哲学）的存在，这也是西方学者往往否
定中国有哲学的重要原因。正由于此，他也就不会看到马克思实现了哲
学上的革命，虽然他反复提到马克思对传统哲学的发难。如果按照马克
思哲学革命前的哲学去理解马克思的理论，那么马克思的理论就不像
"哲学"，马克思也就称不上是哲学家，阿尔都塞就是以这样的哲学观来
"观"马克思的理论的。但如果我们把哲学形态看作是复数，而不是单
数，那么，我们完全可以说马克思是另外一种类型的哲学家。

综上所述，对于马克思有没有哲学这一问题，我们不能笼统地来说
"有"或"没有"，关键是要看是在何种意义上来理解"哲学"的，正是
由于对"哲学"本身不同的理解，造成了理解马克思有没有哲学上的悖
论性。

二、理解马克思哲学上的悖论性

熟悉马克思主义哲学发展史的人都知道，对马克思哲学的解释可谓

---

① 杨学功：《超越哲学同质性神话——从哲学形态转变的视角看马克思的哲学革命》，载
《复旦学报》（社会科学版）2005 年第 2 期。

② 〔法〕路易·阿尔都塞：《哲学与政治：阿尔都塞读本》，陈越编，长春，吉林人民出版
社 2003 年版，第 228 页。

五花八门，如前面所介绍的张一兵概括的理解马克思哲学的五种模式。对此，法国哲学家勒菲夫尔也说过："对马克思哲学所作的解释五花八门，这种混乱引起许多误解。赞成第一种解释（认为马克思哲学是哲学的终结）的人，倾向于把第二种解释（马克思哲学是哲学的发展）和第三种解释（马克思哲学是哲学的扬弃）融合在一起。"① 其中有影响的解释有两种：一种是片面强调马克思哲学的科学性、理论性的一面，如第二国际和第三国际对马克思主义的教条化、实证化、科学化的解释，这种解释背后的哲学观仍然是传统的理论哲学的哲学观，即认为作为哲学的哲学就应该是理论性的，南斯拉夫著名哲学家坎格尔卡称之为实证主义的解释："不管这种进行马克思主义的、非马克思主义的或反马克思主义的解释的企图抱有何种意愿或者追求何种利益，却都在这堵'无法逾越的'高墙面前失败了，并且都跌到了这样一种立场，这种立场的一切形式在此种情况下证明它们都具有一个唯一的观点，我们可以给这种观点起个唯一的名字——实证主义。"② 其主要立场是"仅仅滞留在过去和今天的已有事物、现存事物、事实和实际状态的框框与基本前提之内，即在于证实现存事物就是自在的真实事物和可能事物。"③ 可以看出，如何理解马克思哲学与实证主义的关系，这是一个重大的理论问题。另一种作为对第一种解释的反动，西方马克思主义④开创了人本主义的理解马克思哲学的思潮，这种解释侧重于强调马克思哲学的批判性、实践性的一面，这种解释背后的哲学观是实践哲学的哲学观，即认为马克思哲学实现了哲学范式的转变，终结了传统纯思辨的、理论形态的哲学，这就是西方马克思主义的创始人卢卡奇、葛兰西和柯尔施把马克思哲学分别理解成社会存在本体论、实践哲学、革命的哲学的深层原因。这个问题也是与马克思的学说究竟是哲学还是科学这个问题相关的，这两种解释都忽视了马克思哲学恰恰是以科学性和价值性的悖论性统一为特点的。

---

① 中国社会科学院哲学研究所马克思主义哲学史研究室、《哲学译丛》编辑部编译：《马克思哲学思想研究译文集》，北京，人民出版社1983年版，第261页。

② 中国社会科学院哲学研究所马克思主义哲学史研究室、《哲学译丛》编辑部编译：《马克思哲学思想研究译文集》，北京，人民出版社1983年版，第276页。

③ 中国社会科学院哲学研究所马克思主义哲学史研究室、《哲学译丛》编辑部编译：《马克思哲学思想研究译文集》，北京，人民出版社1983年版，第277页。

④ 所谓西方马克思主义是指卢卡奇、柯尔施、葛兰西等对马克思主义的解释及其理论倾向所引发的一种西方激进社会思潮，这种思潮既反对第二国际的马克思主义，又不同于第三国际的列宁主义。参阅吴德勤：《永远的马克思：马克思哲学的当代性》，上海，上海大学出版社2004年版，第78页。

对于马克思哲学理解上的这种矛盾，雷蒙·阿隆指出："使我感兴趣的东西是，除了极端主义，马克思的思想一开始就包含两种矛盾的解释。在一个极，马克思主义被当作一个历史时代，人类在自己的冒险中形成的一个知识时代，马克思主义者表现出对导师的忠诚，但不重复导师所说的东西，而是加以更新，在不同的形势下致力于把握正在发展中的历史整体。在另一个极，作为社会学家和经济学家的马克思分析资本主义生产方式的结构和功能，这是一个本质上科学的分析，而不是处在历史中的观察者对历史的透视。在第一个极的马克思有继承者、信徒或叛徒，卢卡奇，曼海姆，知识社会学。在第二个极的马克思有各种各样的继承者，因为马克思主义者和历史学家，马克斯·韦伯及其信徒，结构主义者，都认为自己是马克思的继承者。"①

理解马克思哲学上的悖论性也可以从一些西方学者对马克思哲学的矛盾态度中看出来。卢卡奇、阿尔都塞都曾写过自我批评材料的事实说明对于具有巨大张力的马克思哲学的理解是一个复杂的思想历程，不是一蹴而就的事情。柯尔施也是这样，他早期在《马克思主义和哲学》中认为马克思主义有哲学，强调马克思主义的"哲学"的一面，可是晚期在《卡尔·马克思——马克思主义的理论与阶级运动》中，他却强调马克思主义的"科学"的一面。同时，我们注意到，即使在《马克思主义和哲学》中，柯尔施的态度也是矛盾的，一方面，柯尔施旗帜鲜明地反对资产阶级哲学教授和正统马克思主义理论家对马克思主义中没有任何自己的哲学内容的观点："现在很容易表明，在马克思主义和哲学之间关系上的这种纯粹否定的观点——我们已经证明这种观点是资产阶级学者和正统马克思主义者们显然一致的看法——都是起因于对历史和逻辑的发展非常肤浅和不完整的分析。"② 另一方面，他又把马克思的理论解读成科学："这样便使我们能够理解由马克思和恩格斯在理论上系统阐述的新科学的真正本质，这一科学构成了无产阶级独立的革命运动的一般表现形式。"③ 这说明了西方学者在理解马克思思想时的两难处境，那么它是如何造成的呢？这主要就是前面分析过的由于马克思哲学自身的哲学

---

① 〔法〕雷蒙·阿隆：《想象的马克思主义：从一个神圣家族到另一个神圣家族》，姜志辉译，上海，上海译文出版社2012年版，第236～237页。

② 〔德〕卡尔·柯尔施：《马克思主义和哲学》，王南湜、荣新海译，重庆，重庆出版社1989年版，第5页。

③ 〔德〕卡尔·柯尔施：《马克思主义和哲学》，王南湜、荣新海译，重庆，重庆出版社1989年版，第13～14页。

性与科学性的张力造成的。从某种意义上说，马克思是哲学终结的实践家，恩格斯则是哲学终结的理论家。马克思通过不再从事专门哲学写作的实践行动来终结哲学，但他又要用哲学去思考，去哲学式地写作《资本论》，对此，阿尔都塞指出："基本上说来，马克思的整个悖论就在于此。他接受了哲学的塑造，却又拒绝从事哲学写作。他几乎从不谈论哲学（只是在费尔巴哈提纲第 1 条中写下'实践'一词时就已动摇了全部传统哲学的根基），却依然在《资本论》的写作中实践了他从未写过的哲学。"① 这正是马克思的政治经济学批判区别于古典政治经济学的本质之所在。本书第一章第三节关于"柯尔施问题"的争论，在对马克思的学术阶段的划分上的分歧，即马克思有没有一个从哲学阶段到科学阶段的断裂过程的分歧，其深层的根源就在于此。其实，虽然马克思前后期思想关注的主题的确发生了很大的变化，但如果说发生了"断裂"又很难说，只能说在某一阶段是哲学还是科学占据着马克思思想的主导地位，哲学和科学在马克思前后期没有绝对地出现过一个否定另外一个的情况。同时，我们注意到，在这方面，马克思比恩格斯要谨慎一些，恩格斯似乎有用科学取代哲学的思想倾向，这一点我们在第四章再做详细讨论。

　　下面再看阿尔都塞对马克思理论的解释前后不一致的地方。阿尔都塞在《保卫马克思》中提出了意识形态阶段的青年马克思和科学阶段的成熟马克思的对立："这种'认识论断裂'把马克思的思想分成两个大阶段：1845 年断裂前是'意识形态'阶段，1845 年断裂后是'科学'阶段。第二阶段本身又可以分成两个小阶段，即马克思的理论成长阶段和理论成熟阶段。"② 在这种对马克思的思想理解的基础上，他在《保卫马克思》中偏重于对马克思的理论进行了"科学"的解读，他在《保卫马克思》"自我批评材料"第二部分"论青年马克思的演变"中一开始就写道："如果有人要我对我的哲学论文所坚持的基本论点用几句话作个概括，我就说：马克思创立了一门新科学，即历史的科学。我还补充说：这一科学发现是人类历史上空前的理论事件和政治事件。我要明确指出：这一事件是不可逆转的。"③ 但在《读〈资本论〉》中却又提出了"哲学

---

　　① 〔法〕路易·阿尔都塞：《哲学与政治：阿尔都塞读本》，陈越编，长春，吉林人民出版社 2003 年版，第 244～245 页。

　　② 〔法〕路易·阿尔都塞：《保卫马克思》，顾良译，北京，商务印书馆 1984 年版，第 14 页。

　　③ 〔法〕路易·阿尔都塞：《保卫马克思》，顾良译，北京，商务印书馆 1984 年版，第 258 页。

地"阅读《资本论》的要求，他从我们如何阅读它并从而构成我们所理解的《资本论》入手，讨论了他对问题的理解："毫无疑问，我们都读过《资本论》，而且仍在继续阅读这部著作。近一个世纪以来，我们每天都可以透过人类历史的灾难和理想，论战和冲突，透过我们唯一的希望和命运所系的工人运动的失败和胜利，十分清楚地阅读它。可以说，自从我们'来到这个世界上'，我们从未停止透过那些为我们阅读《资本论》的人的著作和演说来阅读《资本论》。他们为我们所作的阅读有好有坏，他们中间有些人已经死去，有些人还活着。这些人有恩格斯、考茨基、普列汉诺夫、列宁、罗莎·卢森堡、托洛茨基、斯大林、葛兰西、各工人组织的领导人、他们的追随者或者他们的论敌：哲学家、经济学家和政治家。我们阅读了形势为我们'选择'的《资本论》的片断和章节。"① 在阿尔都塞看来，作为"哲学家"、"经济学家"或"逻辑学家"来阅读《资本论》，是大不一样的，而"我们都是哲学家"，"我们是作为哲学家来阅读《资本论》的"②，而"我们在对《资本论》进行哲学的阅读时所犯的错误是，我们用马克思阅读古典政治经济学时给予我们深刻印象的那种方法来阅读马克思的著作。我们要承认的错误就是，固执地囿于这些方法，在这些方法中停滞不前，死死地抓住它们并希望有朝一日完全依靠这些方法来认识马克思著作的狭小的空间中所包含的无限领域即马克思的哲学领域。"③ 阿尔都塞指出，"如果认为整个马克思的哲学包含在《关于费尔巴哈的提纲》中的几个短短的命题中，或者包含在《德意志意识形态》的否定的论述中，也就是包含在断裂的著作中，那么就严重误解了一个全新的理论思想生长所必不可少的条件，而这种思想的成熟、界定和发展是需要一定时间的。"④ 阿尔都塞引证恩格斯的话说："我们这一世界观，首先在马克思的《哲学的贫困》和《共产党宣言》中问世，经过了二十余年的潜伏时间，到《资本论》出版以后……"因此阿尔都塞指出，"我们可以读到马克思真正哲学的地方是他的主要著作

---

① 〔法〕路易·阿尔都塞、艾蒂安·巴里巴尔：《读〈资本论〉》，李其庆、冯文光译，北京，中央编译出版社2001年版，第1～2页。

② 〔法〕路易·阿尔都塞、艾蒂安·巴里巴尔：《读〈资本论〉》，李其庆、冯文光译，北京，中央编译出版社2001年版，第3页。

③ 〔法〕路易·阿尔都塞、艾蒂安·巴里巴尔：《读〈资本论〉》，李其庆、冯文光译，北京，中央编译出版社2001年版，第23页。

④ 〔法〕路易·阿尔都塞、艾蒂安·巴里巴尔：《读〈资本论〉》，李其庆、冯文光译，北京，中央编译出版社2001年版，第24页。

《资本论》"①，关于对《资本论》的"哲学阅读"，阿尔都塞还耐人寻味地提出另一个问题："只有应用马克思的哲学才能对《资本论》进行哲学的阅读，而马克思的哲学又是我们的研究对象本身。这个循环之所以可能，只是因为马克思的哲学存在于马克思主义的著作之中。"② 在这里，阿尔都塞自己反对了自己，因为在《保卫马克思》那里，《资本论》是作为马克思成熟时期的"科学"阶段的作品来看待的，而在这里，他又把《资本论》当作意识形态的哲学作品来看待，阿尔都塞在解释马克思的文本时的内在悖论性是不难看出来的。这也说明了阿尔都塞所谓的"认识论断裂"观点是不能成立的。《资本论》不是一部纯粹的科学著作，这从它的副标题是"政治经济学批判"就可以看出来。从这方面来说，阿尔都塞提出哲学地阅读《资本论》是完全对的。有学者指出："《资本论》已经构成马克思的哲学与科学、哲学反思与科学研究的水乳交融。就此而言，我同意阿尔都塞所说的对《资本论》的'哲学阅读'或'经济学阅读'，但我更倾向于认为，阅读《资本论》，乃至阅读马克思的全部著作，都只能是一种我称之为'双重化'的阅读，即哲学阅读与科学阅读的统一，因为马克思首先是作为'革命家'的'哲学家'和'科学家'，马克思的思想是把哲学反思和科学研究融为一体的关于人类解放的学说。"③

其实，这种理解某种哲学上的悖论性并不仅仅表现在马克思身上，在对黑格尔哲学的理解上也存在，恩格斯指出："黑格尔的整个学说，如我们所看到的，为容纳各种极不相同的实践的党派观点都留下了广阔场所；而在当时的理论的德国，有实践意义的首先是两种东西：宗教和政治。特别重视黑格尔的体系的人，在两个领域中都可能是相当保守的；认为辩证方法是主要的东西的人，在政治上和宗教上都能属于最极端的反对派。黑格尔本人，虽然在他的著作中相当频繁地爆发出革命的怒火，但是总的来说似乎更倾向于保守的方面；他在体系上所花费的'艰苦的思维劳动'倒比他在方法上所花费的要多得多。到 30 年代，他的学派内

---

① 〔法〕路易·阿尔都塞、艾蒂安·巴里巴尔：《读〈资本论〉》，李其庆、冯文光译，北京，中央编译出版社 2001 年版，第 24 页。

② 〔法〕路易·阿尔都塞、艾蒂安·巴里巴尔：《读〈资本论〉》，李其庆、冯文光译，北京，中央编译出版社 2001 年版，第 29 页。

③ 参阅孙正聿：《怎样理解马克思的哲学革命》，载《吉林大学社会科学学报》2005 年第 3 期。

的分裂愈来愈明显了。"① 恩格斯的这段话值得我们深思，表面上看，黑格尔学派的分裂是由于不同的人仅仅抓住了黑格尔学说的某一方面造成的，其实深层的原因在于黑格尔的整个学说本身的体系与方法之间的内在矛盾，这可以从恩格斯把"体系"和"方法"加上着重号上就可以看出来。列宁曾经这样评价黑格尔的《逻辑学》："在黑格尔这部最唯心的著作（指《逻辑学》。——引者注）中，唯心主义最少，唯物主义最多。'矛盾'，然而是事实！"② 这对于理解"柯尔施问题"的产生根源和实质是很有启发意义的。

三、理解马克思主义哲学上的悖论性

从西方马克思主义的发展史中看得很清楚，以卢卡奇、柯尔施、葛兰西为主的早期西方马克思主义创始人不满足于第二国际和第三国际对马克思主义的教条化、实证化、庸俗化的解释，而强调马克思哲学的批判性和方法论的一面，开创了人本主义地解释马克思主义的思潮。到了20世纪五六十年代，在西方马克思主义内部又出现了一种科学主义理论思潮。这一思潮的核心是不同意把马克思主义哲学人本主义化，而是主张以实证科学的方法重新解读马克思哲学的经典文献，还马克思哲学科学的原貌，主要代表人物有法国的阿尔都塞、意大利的德拉－沃尔佩和科莱蒂以及较晚出现的英美大陆的功能分析的马克思主义者等③，他们反对人本主义的马克思主义，强调马克思主义是"科学"，把马克思的辩证法称为"科学的辩证法"，称马克思的方法是"现代实验科学的逻辑"。而阿尔都塞进一步指出，马克思的主要贡献就是创立了历史唯物主义，而历史唯物主义的高明之处就在于它是一门"科学"④。其实，西方人本主义的马克思主义者已意识到了马克思主义的这种双重性，认为马克思主义经常以两种截然不同的面目出现：一是作为"社会科学"的马克思主义，这种马克思主义把社会主义的胜利看作是不依人的意志为转移的客观规律；二是作为"实践哲学"的马克思主义，这种马克思主义强调社会主义的胜利是靠无产阶级的革命实践争取得来的。但他们认为这两种"马克思主义"是水火不相容的。在人本主义的马克思主义者看来，

---

① 《马克思恩格斯选集》第4卷，北京，人民出版社1995年版，第220页。
② 《列宁全集》第55卷，北京，人民出版社1990年版，第203页。
③ 参阅张一兵：《阿尔都塞与〈保卫马克思〉》，载《马克思主义研究》2002年第5期。
④ 参阅吴德勤：《永远的马克思：马克思哲学的当代性》，上海，上海大学出版社2004年版，第90页。

真正能体现马克思本人思想的只能是后者,卢卡奇、柯尔施早在 20 世纪 20 年代就提出要把那种"以客体为中心,把历史变化看作是一种自然进化形式"的观点,从马克思主义中清除出去,以恢复其"批判性"、"实践性",实际是强调阶级意识、革命意识的作用。

就整个马克思主义的发展史来说也是如此。按照列宁的观点,马克思主义理论有三个组成部分,即马克思主义哲学、马克思主义政治经济学、科学社会主义,其实,这三个部分是一个有机整体,是一块完整的钢铁,就整个马克思主义理论来讲,都存在着哲学性与科学性的张力关系问题。正是由于马克思主义理论本身就具有哲学性与科学性这种悖论性的张力关系,正如约瑟夫·费米亚指出的:"马克思那丰富而又矛盾的理论体系,融人道主义和唯科学主义、唯意志论和决定论的对立于一身,为后人对他的解读留下了广阔的空间。"① 所以在马克思主义发展中出现了两种解读模式,一种抓住马克思主义理论中的哲学性的一面,发挥了马克思主义理论中的人道主义因素,创建了人道主义的马克思主义的解读模式;另一种抓住马克思主义理论中的科学性的一面,发挥了马克思主义理论中的科学主义因素,创建了科学主义的马克思主义的解读模式。这两种解读模式一度陷入紧张的对抗之中,每一派都认为自己的解读具有科学性,而否定另一派的解读的合法性。同样,在马克思主义哲学的发展史上也存在这种情况,有学者指出"它们中的任何一个都不是马克思哲学的'原本'"②

对于这种理解马克思主义哲学上的悖论性,阿尔都塞曾指出:"马克思主义哲学表现出一个内在的悖论,它起先令人感到难堪,而对此做出的解释也终究是一团迷雾。这个悖论不妨简单陈述如下:马克思主义哲学存在着,却又从来没有被当作'哲学'来生产。这意味着什么呢?我们熟悉的所有哲学,从柏拉图到胡塞尔、维特根斯坦和海德格尔,都是被当作'哲学'来生产的,而且本身就运用理性的理论体系给自己的哲学存在提供证明;这些体系产生了话语、论文和其他体系性写作,而后者又可以在文化史上被当作'哲学'加以分离和确认。"③ 阿尔都塞还通

---

① 〔南非〕达里尔·格雷泽、〔英〕戴维·M.沃克尔编:《20 世纪的马克思主义——全球导论》,南京:江苏人民出版社 2011 年版,第 155 页。
② 何萍:《20 世纪马克思主义哲学中的两种传统——从 20 世纪初的一场马克思主义哲学论争谈起》,载《哲学研究》2003 年第 8 期。
③ 〔法〕路易·阿尔都塞:《哲学与政治:阿尔都塞读本》,陈越编,长春:吉林人民出版社 2003 年版,第 221~222 页。

过描述"马克思主义工人运动的历史"中的两种典型情境来揭明:"在第一种情境里,我们发现自己跟马克思、恩格斯、列宁、葛兰西和毛在一起,他们给人的印象,总是以这样那样的方式,像对待瘟疫一样,对于任何——在我们分析过的意识形态领导权形式中——可能像那样被当作'哲学'而生产为某种哲学的东西,表现出不信任。相比这下,我们在第二种情境里会发现自己跟卢卡契——虽说他不是决定性的——这样的人们,而且首先是跟斯大林在一起(他在为把马克思主义哲学当作'哲学'来生产而开辟道路的过程中才真正是决定性的)。斯大林为此而进一步曲解了恩格斯关于'物质与运动'之类不幸的命题,并且使马克思主义哲学转向某种可以通过物质来理解各种哲学论点的唯物主义本体论或形而上学。显然,斯大林不具备马克思、列宁和葛兰西那样的高度谨慎,他的那些哲学立场均来源于他的政治路线和实践,因为不难证明,斯大林主义哲学立场非但与斯大林主义的政治路线不是没有关系,甚至还对于后者大有裨益。"① 这当然是阿尔都塞戴着自己的哲学观的有色眼镜所观察到的情境,我们对此完全可以存疑,但是,他洞察到马克思和恩格斯在对"哲学"(当然是指理性形而上学)的"不信任"的态度,这是完全对的,在对马克思哲学的理解上存在悖论性的情形也是确实存在的。

那么,如何解释这种悖论性呢?从内在原因来说,就是前面两节所分析的是由于马克思的哲学观的独特性和马克思哲学本身的内在张力所引起的;从外在原因来说,我们每个解读者又都具有自己的哲学观。当我们带着不同的"哲学观"的"前见"去"观"马克思主义哲学时,往往会得出不同的结论,从上面阿尔都塞的论述中可以看出,他显然把"哲学"理解为一种单一的哲学范式,即传统理性形而上学的哲学,这种哲学的特点在他看来主要表现在:其一是体系性,"运用理性的理论体系给自己的哲学存在提供证明",其二是它的对象是"关于整体、存在、真理、任何知识或可能行为的先天条件、开端、意义",或者是"关于存在者的存在的观念",显然这些都是理论哲学范式所关心的对象。而这种哲学恰恰是马克思所反对的,难怪阿尔都塞说"马克思主义哲学存在着,却又从来没有被当作'哲学'来生产"。这说明,阿尔都塞还是拘泥于传统的哲学观来"观"马克思主义哲学的,就得出了上述结论来,因为马克思的确没有"能够提供一种纯粹的理性话语":"哲学之所以能够存在

---

① 〔法〕路易·阿尔都塞:《哲学与政治:阿尔都塞读本》,陈越编,长春,吉林人民出版社 2003 年版,第 245 页。

（并且有别于神话、宗教、道德或政治劝诫，以及审美），其绝对前提是它自己能够提供一种纯粹的理性话语——可以说，这样一种理性话语的模型，哲学只有在现有科学的严格话语中才能找到。"① 正是由于阿尔都塞的哲学观仍然是传统的理性形而上学的"理论哲学"的哲学观，并且认为只有这种哲学才能称得上是哲学，从而否认了哲学形态的多样性，也就否认了马克思所创立的不同于传统的理性形而上学的"实践的唯物主义"是哲学，尽管他也承认这是一种新的哲学实践。他最后得出这样的结论："总之，我们被迫在每一个例证前得出结论：马克思，乃至恩格斯和列宁，连勉强能够与古典的哲学话语形式相比的东西都没有给我们留下。"② 其实阿尔都塞也意识到了马克思对传统哲学的冲击："如今，这一悖论的广度还在我们面前伸展。它存在于这样的事实之中，即马克思主义内部哲学话语的缺席仍然生产出了巨大的哲学效应。谁也不能否认，我们所继承的哲学，伟大的古典哲学传统（从柏拉图到笛卡尔、从康德到黑格尔和胡塞尔），由于马克思突然间引起的那场不可捉摸的、近乎无形的遭遇战的冲击，已经在根本上（并在其所有意图方面）受到了动摇。然而这一点从未以直接的哲学话语形式出现，完全相反：它出现在《资本论》那样的文本形式中。"③ 由于他拘泥于传统的哲学观，看不出马克思主义的哲学内容，但他又指认马克思的《资本论》中存在着某种哲学话语，这就是他在《读〈资本论〉》中提出的要"哲学地"阅读《资本论》的由来，这说明了阿尔都塞对马克思思想的理解存在着矛盾。这启示我们：在解读马克思的哲学思想时，一方面要认识到马克思哲学本身的复杂性，另一方面要求我们研究者自身要跳出传统理性形而上学的哲学观的束缚，否则就读不懂马克思哲学。

那么，我们应该如何正确地看待这种在理解马克思哲学以及马克思主义哲学时产生的这种悖论性呢？我们认为，这种悖论性固然给解读马克思哲学和马克思主义哲学带来了一定程度上的困难，马克思主义发展史已经证实了这一点。但这种悖论性并不仅仅具有消极性，更要从它的积极意义上来理解，南斯拉夫著名哲学家坎格尔卡指出："马克思的著作

---

① 〔法〕路易·阿尔都塞：《哲学与政治：阿尔都塞读本》，陈越编，长春，吉林人民出版社 2003 年版，第 223 页。

② 〔法〕路易·阿尔都塞：《哲学与政治：阿尔都塞读本》，陈越编，长春，吉林人民出版社 2003 年版，第 226 页。

③ 〔法〕路易·阿尔都塞：《哲学与政治：阿尔都塞读本》，陈越编，长春，吉林人民出版社 2003 年版，第 226 ~ 227 页。

中包含了可能对他的思想作出极为不同的解释的前提，这是无可辩驳的事实；历史上凡属颇为重要的思想家，情形无不如此（须知这本身并非坏事）。"① 正是由于马克思哲学内在的张力使得马克思哲学保持了一种开放性，才使得马克思哲学不仅仅是马克思哲学，而且发展成为马克思主义哲学，充满了无限的生机和活力。马克思主义哲学发展史本身表明只抓住马克思哲学的某一方面或用某方面去完全排斥乃至否定另一方面都是错误的。具有讽刺意味的是，恰恰是提出"总体性"思想的西方马克思主义者犯了反"总体性"的错误，由于大多没有看到马克思哲学的内在张力，所以不能从悖论性思维的角度去理解马克思哲学，正是由于马克思哲学的这种悖论性的张力才使得马克思哲学保持了自身的开放性和持久的影响力。一些西方学者也看到了这一点，例如，在利各比（英国曼彻斯特大学历史学教授）看来，马克思的著作并不是一个前后一致的统一整体，必须用强调其中的矛盾的新观点代替强调其和谐统一的正统观点，在这个基础上才能进行真正的解读②。当然，利各比没有把这种矛盾上升到悖论的层面来理解，他认为，这种解读方式与传统的解读方法相比，有显著的优点："承认他们著作中存在着矛盾的论述使我们能够说明为什么他们的著作造成如此广泛的解释上分歧，这也意味着我们不必简单地把以前的解释斥责为谬误，而是可以把它视为更广泛的解释整体的一部分。"③ 也正是在这个意义上，我们才能理解德里达所说的"有诸多个马克思的精神，也必须有诸多个马克思的精神"④ 所蕴涵的真意。

---

① 中国社会科学院哲学研究所马克思主义哲学史研究室、《哲学译丛》编辑部编译：《马克思哲学思想研究译文集》，北京，人民出版社1983年版，第275~276页。

② 参阅吴家华：《"马克思—恩格斯问题"论析》，载《中国人民大学学报》2002年第6期。

③ S. H. Rigby. Engels and the Formation of Marxism：History，Dialectics and Revolution. Manchester：Manchester University Press，1992，p. 8.

④ 〔法〕雅克·德里达：《马克思的幽灵——债务国家、哀悼活动和新国际》，何一译，北京，中国人民大学出版社1999年版，第21页。

第三章　"柯尔施问题"溯源的文本分析

"柯尔施问题"产生的一个重要原因是马克思的哲学观的动态性，目前学界对马克思的哲学观的研究还处于起始阶段，大多还倾向于宏观粗线条的考察。本章主要从文本解读的角度对马克思的哲学观进行微观的分析，主要选取马克思思想发展不同阶段的主要哲学文本《博士论文》、《〈黑格尔法哲学批判〉导言》（以下简称《导言》）、《关于费尔巴哈的提纲》（以下简称《提纲》）和《德意志意识形态》（以下简称《形态》）进行解读，以彰显马克思的哲学观演变历程，厘清马克思哲学观演变的轨迹及其内在机制。在这里，关于理论与实践的关系的思考以及"理论与实践辩证统一"的哲学观的确立是贯穿其中的一条主线。

第一节　马克思《博士论文》时期的哲学观探析[①]

马克思在《博士论文》中，表面看来是在论述德谟克利特的自然哲学与伊壁鸠鲁的自然哲学的差别，实则在这种论述中表达了马克思本人对哲学的一种理解，这是通过自我意识、反思、原子的运动、感性等范畴表现出来的，这里主要厘清了哲学上的反思性思维与科学上的对象性思维的差异，并从中廓清了马克思在《博士论文》中的哲学观的核心：反思性思维。在马克思的《博士论文》中，我们可以感觉到马克思对伊壁鸠鲁哲学的肯定，正是在对伊壁鸠鲁哲学的肯定中我们看到了马克思此时对于哲学的独特的理解。那么伊壁鸠鲁哲学有何独到之处，它与德谟克利特哲学到底存在什么本质性的差异呢？这是我们理解马克思此时

---

① 参阅黄浩：《马克思〈博士论文〉中的哲学观探析》，载《中南民族大学学报》2006 年第 2 期。

哲学观的关键之所在。

一、反思性思维与对象性思维

在某种意义上说，伊壁鸠鲁哲学与德谟克利特哲学代表了西方哲学的两种不同的哲学路向，或者说是两种不同的思维方式，德谟克利特代表的是自然哲学或科学主义的哲学路向，体现的是对象性的科学思维方式，而伊壁鸠鲁代表的是人文主义的哲学路向，体现的是反思性的哲学思维方式。这可以从马克思对他们的总的评述的一段文字中看出来：

"因此，我们看到，这两个人在每一步骤上都是互相对立的。一个是怀疑主义者，另一个是独断主义者；一个把感性世界看作主观假象，另一个把感性世界看作客观现象。把感性世界看作主观假象的人注重经验的自然科学和实证的知识，他表现了进行实验、到处寻求知识和外出远游进行观察的不安心情。另一个把现象世界看作实在东西的人，则轻视经验，在他身上体现了在自身中感到满足的思维的宁静和从内在原则中汲取自己知识的独立性。但是还有更深的矛盾。把感性自然看作主观假象的怀疑主义者和经验主义者，从必然性的观点来考察自然，并力求解释和理解事物的实在的存在。相反，把现象看作实在东西的哲学家和独断主义者到处只看见偶然，而他的解释方法无宁说是倾向于否定自然的一切客观实在性。在这些对立中似乎存在着某种颠倒的情况。"①

在这里，马克思以黑体字标明的"怀疑主义者"、"经验主义者"和"哲学家"、"独断主义者"以及"必然性"和"偶然"字样就说明了德谟克利特哲学与伊壁鸠鲁哲学其实代表的是两种路向，也可以说是两种思维方式：一种是以探究自然的奥秘、以必然性为旨趣的自然哲学路向，是对象性的科学思维方式；一种是以探究人的自我意识、以偶然性和自由为旨趣的人文主义的路向，是反思性的哲学思维方式。这两种哲学思维方式的不同可以从它们各自关涉的对象不同看出来。

反思性思维方式主要关涉的是自我意识及自由问题："在伊壁鸠鲁派、斯多亚派和怀疑派那里，自我意识的一切环节都得到充分表现，不过每个环节都表现为一种特殊的存在……"② 它的理论旨趣在于"解释的主体得到安慰"："伊壁鸠鲁承认，他的解释方法的目的在于求得自我意

---

① 《马克思恩格斯全集》第 1 卷，北京，人民出版社 1995 年版，第 29 页。
② 《马克思恩格斯全集》第 1 卷，北京，人民出版社 1995 年版，第 17 页。

识的心灵的宁静,而不在于对自然的认识本身。"① 马克思最后还指出:
"在伊壁鸠鲁那里,包含种种矛盾的原子论作为自我意识的自然科学业已
实现和完成,有了最后的结论,而这种具有抽象的个别性形式的自我意
识对其自身来说是绝对的原则,是原子论的取消和普遍的东西的有意识
的对立物。"② 与此相对应,伊壁鸠鲁处处着眼于"原子本身"来思考问
题:"由于体积、形状、重力在伊壁鸠鲁那里是被结合在一起的,所以它
们是原子本身所具有的差别;而形状、位置、次序是原子对于某种他物
所具有的差别。这样一来,我们在德谟克利特那里只看见一些用来解释
现象世界的纯粹假设的规定,而伊壁鸠鲁则向我们说明了从原则本身得
出来的结论。"③ 在另一处,马克思指出:"德谟克利特只是从现象世界的
差别的形成这个角度,而不是从原子本身来考察原子的特性的。"④

而对象性思维着眼于外在事物的实在性:"对德谟克利特来说,原子
只是一般的、经验的自然研究的普遍的客观的表现。"⑤ 德谟克利特看到
的是人和感性现象世界的对立,所以对感性的现象作出了自相矛盾的解
释:"一方面,感性现象不是原子本身所固有的。它不是客观现象,而是
主观的假象。"⑥ "不过另一方面,感性现象是唯一真实的客体。"⑦ 德谟
克利特的主要理论旨趣是发现外部的感性世界的因果联系:"我发现一个
新的因果联系比获得波斯国的王位还要高兴!"⑧ "由于博学的特点是要努
力扩大视野,搜集资料,到外部世界去探索,所以,我们就看见德谟克
利特走遍半个世界,以便积累经验、知识和观感。"⑨ "据说德谟克利特自
己弄瞎了自己的眼睛,以使感性的目光不致蒙蔽他的理智的敏锐。这就
是那个照西塞罗的说法走遍了半个世界的人。但是他没有获得他所寻求
的东西。"⑩

① 《马克思恩格斯全集》第1卷,北京,人民出版社1995年版,第28~29页。
② 《马克思恩格斯全集》第1卷,北京,人民出版社1995年版,第64页。
③ 《马克思恩格斯全集》第1卷,北京,人民出版社1995年版,第42页。
④ 《马克思恩格斯全集》第1卷,北京,人民出版社1995年版,第41页。
⑤ 《马克思恩格斯全集》第1卷,北京,人民出版社1995年版,第64页。
⑥ 《马克思恩格斯全集》第1卷,北京,人民出版社1995年版,第21页。
⑦ 《马克思恩格斯全集》第1卷,北京,人民出版社1995年版,第22页。
⑧ 《马克思恩格斯全集》第1卷,北京,人民出版社1995年版,第27页。
⑨ 《马克思恩格斯全集》第1卷,北京,人民出版社1995年版,第23页。
⑩ 《马克思恩格斯全集》第1卷,北京,人民出版社1995年版,第24页。

二、矛盾性思维与非矛盾性思维

反思性思维的一个重要特征就是重视事物自身的矛盾，从事物的内在矛盾中揭示事物的本质："有一点是清楚的：德谟克利特并没有意识到这种矛盾，它没有引起他的注意，而这个矛盾却是伊壁鸠鲁的主要兴趣所在。"① 伊壁鸠鲁对原子三个特性都是从"矛盾"的视角进行规定："第一，原子有体积。另一方面，体积也被否定了。也就是说，原子并不具有随便任何体积，而是认为原子之间只有一些体积上的变化。"② "伊壁鸠鲁的原子的第二种特性是形状。不过，这一规定也同原子概念相矛盾，并且必须设定它的对立面。"③ "最后，极其重要的是，伊壁鸠鲁提出重力作为第三种质……但是重力也直接同原子概念相矛盾。"④ 其实，在伊壁鸠鲁那里，最基本的矛盾还是"一"与"多"的矛盾，原子作为始基只能是"一"，同时，"既然只有和他物有区别的、因而外化了的并且具有特性的原子才有重力，那么不言而喻，如果不把原子设想为互相不同的众多原子，而只就其对虚空的关系来设想原子，重量的规定就消失了。"⑤ 伊壁鸠鲁正是处处着眼于原子内部的矛盾特性来考察原子的："由于有了质，原子就获得同它的概念相矛盾的存在，就被设定为外化了的、与它自己的本质不同的定在。这个矛盾正是伊壁鸠鲁的主要兴趣所在。因此，在他设定原子有某种特性并由此得出原子的物质本性的结论时，他同时也设定了一些对立的规定，这些规定又在这种特性本身的范围内把它否定了，并且反过来又肯定了原子概念。因此，他把所有特性都规定成相互矛盾的。相反，德谟克利特无论在哪里都没有从原子本身来考察特性，也没有把包含在这些特性中的概念和存在之间的矛盾客观化。"⑥ 伊壁鸠鲁之所以把原子看成是一个矛盾的体系，就在于他把原子看成是一个过程，在过程中表现出矛盾。从这里我们也看到伊壁鸠鲁和德谟克利特在思维方式上的不同，也就表现为反思性的哲学思维方式和对象性的科学思维方式的不同，德谟克利特的科学思维方式追求的是单一性，从单一性中说明原子，不允许有矛盾存在，如果出现矛盾，就要修正它；伊壁

---

① 《马克思恩格斯全集》第 1 卷，北京，人民出版社 1995 年版，第 42 页。
② 《马克思恩格斯全集》第 1 卷，北京，人民出版社 1995 年版，第 42 页。
③ 《马克思恩格斯全集》第 1 卷，北京，人民出版社 1995 年版，第 43 页。
④ 《马克思恩格斯全集》第 1 卷，北京，人民出版社 1995 年版，第 43 页。
⑤ 《马克思恩格斯全集》第 1 卷，北京，人民出版社 1995 年版，第 44 页。
⑥ 《马克思恩格斯全集》第 1 卷，北京，人民出版社 1995 年版，第 39～40 页。

鸠鲁承认矛盾的存在,因为原子有质是在原子的自我生成过程中产生的。这也是辩证思维的一个特点,辩证法认为正是事物在自我生成过程中产生矛盾的。而德谟克利特看不到矛盾,即使意识到了矛盾的存在,也仅仅把它留在自我意识里面不予理会:"德谟克利特因而就把感性的现实变成主观的假象;不过,从客体的世界被驱逐出去的二律背反,却仍然存在于他自己的自我意识内,在自我意识里原子的概念和感性直观互相敌对地冲突着。"①

这样就导致一个奇怪的现象,由于伊壁鸠鲁承认矛盾,所以,虽然他是一个自然哲学家,却"提供了原子论科学"②,"伽桑狄就称赞过伊壁鸠鲁,说他仅仅由于受性的引导,就预见到了经验,按照经验,一切物体尽管重量和质量大不相同,当它们从上往下坠落的时候,速度却是一样的。"③ 而德谟克利特以科学家的面目出现,但由于看不到矛盾或忽视矛盾,"原则本身却没有得到实现,只是坚持了物质的方面,并提出了一些经验所需要的假设。"④ 这也就是马克思说的"在这些对立面中似乎存在着某种颠倒的情况"的本真内涵及产生的原因。对于这种情形,马克思在另一处也有评述:"哲学自我意识的这种二重性表现为两个极端对立的派别:其中的一个派别,我们可以一般地称为自由派,它坚持把哲学的概念和原则作为主要的规定;而另一个派别则坚持把哲学的非概念即实在性的环节作为主要的规定。这第二个派别就是实证哲学。第一个派别的活动就是批判,也正是哲学转向外部;第二个派别的活动是进行哲学思考的尝试,也就是哲学转向自身,因为第二个派别认为,缺点对哲学来说是内在的,而第一个派别却把它看作是世界的缺点,必须使世界哲学化。两派中的每一派所做的正是对方要做而它自己不愿做的事。但是,第一个派别在它的内在矛盾中意识到了它的一般原则和目的。在第二个派别里却出现了颠倒,也可以说是真正的错乱。在内容上,只有自由派才能获得真实的进步,因为它是概念的一派,而实证哲学只能产生一些这样的要求和倾向,这些要求和倾向的形式是同它们的意义相矛盾的。"⑤ 可以看出,马克思此时看中的是自由派的批判性思维,反对的是实证哲学的思维。

---

① 《马克思恩格斯全集》第1卷,北京,人民出版社1995年版,第22页。
② 《马克思恩格斯全集》第1卷,北京,人民出版社1995年版,第44页。
③ 《马克思恩格斯全集》第1卷,北京,人民出版社1995年版,第44页。
④ 《马克思恩格斯全集》第1卷,北京,人民出版社1995年版,第44页。
⑤ 《马克思恩格斯全集》第1卷,北京,人民出版社1995年版,第76~77页。

三、否定之否定的反思与经验的反思

反思性思维最典型的形态是否定之否定即自否定，这在伊壁鸠鲁对原子的运动的考察中可以看出："伊壁鸠鲁认为原子在虚空中有三种运动。一种运动是直线式的下落；另一种运动起因于原子偏离直线；第三种运动是由于许多原子的互相排斥而引起的。承认第一种和第三种运动是德谟克利特和伊壁鸠鲁共同的；可是原子脱离直线而偏斜却把伊壁鸠鲁同德谟克利特区别开来了。"① 伊壁鸠鲁对原子三种运动形式的理解正是借助于否定之否定的反思性的思维方式。首先，如西塞罗所说："伊壁鸠鲁断言，原子由于自己的重量而作直线式的下落；照他的意见，这是物体的自然运动。"② 这是原子运动的第一种形式，即肯定的形式。"但是，同原子相对立的相对的存在，即原子应该给予否定的定在，就是直线。这一运动的直接否定是另外一种运动，因此，即使从空间的角度来看，也是脱离直线的偏斜。"③ 这是原子的偏斜运动对直线的运动的自否定，因为"在原子中未出现偏斜的规定之前，原子根本还没有完成。"④ 这正是原子"自由"精神即自己规定自己的表现："因此，伊壁鸠鲁的原子偏斜说就改变了原子王国的整个内部结构，因为通过偏斜，形式规定显现出来了，原子概念中所包含的矛盾也实现了。"⑤ 但是，"这种偏斜中所包含的东西——即原子对同他物的一切关系的否定——必须予以实现，必须以肯定的形式表现出来。"⑥ 也就是说，偏斜运动对直线运动的否定还不是原子的最终的完成，还必须对第一次否定再来一次否定，而这里的一个前提就是自否定："这一点只有在下述情况下才有可能发生，即与原子发生关系的定在不是什么别的东西，而是它本身，因而也同样是一个原子。"⑦ 这次否定就是排斥运动对偏斜运动的否定："在排斥中，原子概念实现了……在原子的排斥中，表现在直线下落中的原子的物质性和表现在偏斜中的原子的形式规定，都综合地结合起来了。"⑧ 这也就是马

① 《马克思恩格斯全集》第 1 卷，北京，人民出版社 1995 年版，第 30 页。
② 《马克思恩格斯全集》第 1 卷，北京，人民出版社 1995 年版，第 30 页。
③ 《马克思恩格斯全集》第 1 卷，北京，人民出版社 1995 年版，第 33 页。
④ 《马克思恩格斯全集》第 1 卷，北京，人民出版社 1995 年版，第 34 页。
⑤ 《马克思恩格斯全集》第 1 卷，北京，人民出版社 1995 年版，第 38 页。
⑥ 《马克思恩格斯全集》第 1 卷，北京，人民出版社 1995 年版，第 36 页。
⑦ 《马克思恩格斯全集》第 1 卷，北京，人民出版社 1995 年版，第 36 页。
⑧ 《马克思恩格斯全集》第 1 卷，北京，人民出版社 1995 年版，第 37 页。

克思在另一处所说的"伊壁鸠鲁把两个环节客观化了，它们虽然是互相矛盾的，但是两者都包含在原子概念中"①的进一步的展开。其实，这种思维方式贯穿于伊壁鸠鲁哲学的整个学说中。

而德谟克利特的对象性思维的特点是外在性："相反，德谟克利特则无论在哪里都没有从原子本身来考察特性，也没有把包含在这些特性中的概念和存在之间的矛盾客观化。实际上，德谟克利特的整个兴趣在于，从质同应该由质构成的具体本性的关系来说明质。在他看来，质仅仅是用来说明表现出来的多样性的假设。因此，原子概念同质没有丝毫关系。"②"德谟克利特只是从现象世界的差别的形成这个角度，而不是从原子本身来考察原子的特性的。"③ 这也是马克思在《天象》一章中所说的："它们（指德谟克利特的天文学见解。——作者注）既没有超出经验反思的范围，也没有同原子学说发生较为确定的内在联系。"④"经验的反思"其实就是对象性思维（即反映），即"德谟克利特把必然性看作现实性的反思形式"，⑤ 这也就是决定论的思维方式，而反思性的思维方式恰恰是要超出决定论的："西塞罗所要求的物理的原因会把原子的偏斜拖回到决定论的范围里去，而偏斜正是应该超出这种决定论的。"⑥

通过以上的考察，我们看到，马克思在《博士论文》里主要的哲学观是把哲学思维看成是反思性思维，这种思维是以自我意识、自否定、矛盾性思维等为基本特点的。反思性思维必然要导致批判。其实，马克思做出的根本不同于哲学史上对伊壁鸠鲁的评价，这本身就是一种批判，这也正是马克思一生所从事的工作，并且这时马克思已形成了这方面的意识："这些自我意识把世界从非哲学中解放出来，同时也就是把它们自己从作为一定的体系束缚它们的哲学中解放出来。"⑦"世界的哲学化同时也就是哲学的世界化，哲学的实现同时也就是它的丧失"。⑧"哲学的实践本身就是理论的。正是批判根据本质来衡量个别的存在，根据观念来衡量特殊的现实。"⑨ 马克思这些重要论述如果不从反思性思维和"哲学自

---

① 《马克思恩格斯全集》第1卷，北京，人民出版社1995年版，第33页。
② 《马克思恩格斯全集》第1卷，北京，人民出版社1995年版，第40页。
③ 《马克思恩格斯全集》第1卷，北京，人民出版社1995年版，第41页。
④ 《马克思恩格斯全集》第1卷，北京，人民出版社1995年版，第54~55页。
⑤ 《马克思恩格斯全集》第1卷，北京，人民出版社1995年版，第25页。
⑥ 《马克思恩格斯全集》第1卷，北京，人民出版社1995年版，第34页。
⑦ 《马克思恩格斯全集》第1卷，北京，人民出版社1995年版，第76页。
⑧ 《马克思恩格斯全集》第1卷，北京，人民出版社1995年版，第76页。
⑨ 《马克思恩格斯全集》第1卷，北京，人民出版社1995年版，第75页。

我意识"的视角就是不可理解的。

第二节　马克思《〈黑格尔法哲学批判〉导言》
时期的哲学观探析①

马克思在《博士论文》期间已显示出他开始与理论哲学的思维路向相分离，走向了实践哲学的思维路向上来，但那时毕竟是他在哲学的思辨和对传统哲学的批判中显示出来的思想趋势。随着马克思进入社会，接触到严酷的现实，这种意向才更加坚定起来。马克思的哲学观的发展也是与他的批判理论的发展相一致的，在《博士论文》期间他的批判还主要局限于宗教批判和哲学批判上，而随着马克思对现实政治问题的关注，他的批判转向了政治批判，其理论成果就是发表在《莱因报》上的文章和《黑格尔法哲学批判》及其《导言》（写于 1843 年 10 月中—12月中），这里主要以《导言》的文本分析来考察此时马克思的哲学观。

一、与现实的接触：马克思的哲学观转变的契机

马克思走出大学步入社会与现实相接触的过程，也是马克思的哲学信仰接受现实的检验和进一步清算的过程，在《第 179 号〈科伦日报〉社论》（写于 1842 年 6—7 月）中写道："哲学就其性质来说，从未打算把禁欲主义的教士长袍换成报纸的轻便服装。然而，哲学家并不像蘑菇那样是从地里冒出来的，他们是自己的时代、自己的人民的产物，人民的最美好、最珍贵、最隐蔽的精髓都汇集在哲学思想里。正是那种用工人的双手建筑铁路的精神，在哲学家的头脑中建立哲学体系。哲学不是在世界之外，就如同人脑虽然不在胃里，但也不在人体之外一样。当然，哲学在用双脚立地以前，先是用头脑立于世界的；而人类的其他许多领域在想到究竟是'头脑'也属于这个世界，还是这个世界是头脑的世界以前，早就用双脚扎根大地，并用双手采摘世界的果实了。任何真正的哲学都是自己时代的精神上的精华，因此，必然会出现这样的时代：那时哲学不仅在内部通过自己的内容，而且在外部通过自己的表现，同自己时代的现实世界接触并相互作用。那时，哲学不再是同其他各特定体

---

① 参阅黄浩：《马克思〈黑格尔法哲学批判·导言〉时期的哲学观探析》，载《前沿》2013 年第 15 期。

系相对的特定体系，而变成面对世界的一般哲学，变成当代世界的哲学。各种外部表现证明，哲学正获得这样的意义，哲学正变成文化的活的灵魂，哲学正在世界化，而世界正在哲学化，——这样的外部表现在一切时代里曾经是相同的。"① 这是马克思对《博士论文》中"世界的哲学化同时也就是哲学的世界化"思想的具体化，也是马克思接触现实后思想发展和哲学观演变的一个关键契机，因为马克思以前的哲学很少关注哲学与现实的关系问题，或者说是理论与实践的关系问题，同时，马克思《博士论文》时期的思辨色彩越来越少了，这从马克思的语言表述中就可以看出来，马克思此时更多的是关注现实。

1841 年马克思大学毕业后直接投身于《莱茵报》的政治活动中。在同莱茵省议会关于出版自由的辩论和关于林木盗窃法的辩论中，他感到在德国最先进的莱茵省也不是所谓普遍的自由理性在立法，而是等级利益在左右立法："凡是在法为私人利益制定了法律的地方，它都让私人利益为法制定法律。"② 1843 年 5 月到 10 月，马克思到克罗茨纳赫研究了经济（主要是所有制）和政治、法律制度史，同时也研究了近代资产阶级法律理论。他力图把理论、历史、现状三者结合起来，以弄清社会发展的真正原因和动力，弄清财产关系和政治、法律制度的关系等问题③。在《莱茵报》工作期间，马克思遭遇到了政治现实问题，不得不进行理论上和实践上的回应，马克思从维护无产阶级的利益出发，一方面揭露了资产阶级意识形态的虚假的普遍性，另一方面，积极参加无产阶级运动，为无产阶级运动提供"精神武器"，与形形色色的非共产主义思想和空想共产主义思想作坚决的斗争。由于马克思对现代性中政治国家和市民社会彼此分裂的特点的深刻理解，所以马克思对人的解放有了全新的认识，即对政治解放和人类解放的区分，认为人的真正的解放是人类解放："只有当现实的个人把抽象的公民复归于自身，并且作为个人，在自己的经验生活、自己的个体劳动、自己的个体关系中间，成为类存在物的时候，只有当人认识到自身'固有的力量'是社会力量，并把这种力量组织起来因而不再把社会力量以政治力量的形式同自身分离的时候，只有到了那个时候，人的解放才能完成。"④ 值得注意的是，马克思正是在政治批

---

① 《马克思恩格斯全集》第 1 卷，北京，人民出版社 1995 年版，第 219～220 页。
② 《马克思恩格斯全集》第 1 卷，北京，人民出版社 1995 年版，第 288 页。
③ 参阅胡万钟：《从〈博士论文〉到〈德法年鉴〉——马克思早期实践思想追溯》，载《宁夏社会科学》2000 年第 2 期。
④ 《马克思恩格斯全集》第 3 卷，北京，人民出版社 2002 年版，第 189 页。

判中，对哲学与现实的关系作了进一步的阐释，这具体体现在对哲学与无产阶级的历史命运关系的界定中："哲学不消灭无产阶级，就不能成为现实；无产阶级不把哲学变成现实，就不可能消灭自身。"①"哲学把无产阶级当作自己的物质武器，同样，无产阶级也把哲学当作自己的精神武器。"② 马克思在这里正是通过与现实相接触，认识到了无产阶级在改变世界中的作用，并从"德国思想"与"德国现实"的关系和"理论需要"与"实践需要"的关系角度对理论与实践之间的关系进行了阐述："理论在一个国家实现的程度，总是决定于理论满足这个国家的需要的程度。但是，德国思想的要求和德国现实对这些要求的回答之间有惊人的不一致，与此相应，市民社会和国家之间以及和市民社会本身之间是否会有同样的不一致呢？理论需要是否会直接成为实践需要呢？光是思想力求成为现实是不够的，现实本身应当力求趋向思想。"③

总之，马克思与现实的接触，更加认识到了他以前哲学的根本弊病在于理论与实践的脱节，这就为他进一步克服这种弊病打下了理论上的基础，同时使他认识到了实践的作用，从而走向为了无产阶级和全人类解放而奋斗终生的革命道路，从而为他克服传统哲学的弊病打下了坚实的实践基础。

二、"消灭哲学"思想的提出及其意义

马克思《导言》时期的哲学观主要是在对当时德国的"实践政治派"和"理论政治派"的哲学观的批判中彰显出来的（具体引文见前面第二章第一节"马克思的哲学观的独特性"部分），那么如何理解马克思所说的"消灭哲学"呢？

这里其实还涉及一个翻译上的争论，按照俞吾金等学者的观点，这里"aufheben"不应翻译成"消灭"，而应翻译成"扬弃"④，与此相关的还有关于"消灭私有制"的翻译问题，现在也有学者提出"消灭私有制"也应翻译成"扬弃私有制"，但王振中在《论〈共产党宣言〉中关于"消灭私有制"译法的正确性》（载《经济学动态》2004 年第 12 期）中进行了批驳。考虑到翻译上的复杂性，我们在这里不予探讨这里的"auf-

---

① 《马克思恩格斯选集》第 1 卷，北京，人民出版社 1995 年版，第 16 页。
② 《马克思恩格斯选集》第 1 卷，北京，人民出版社 1995 年版，第 15 页。
③ 《马克思恩格斯选集》第 1 卷，北京，人民出版社 1995 年版，第 11 页。
④ 参阅俞吾金：《Aufheben 的翻译及其启示》，载《世界哲学》2002 年增刊，第 332 ~ 333 页。

heben"究竟是该翻译成"消灭"还是翻译成"扬弃"。不过，不论是翻译成"消灭"还是"扬弃"，有一点是共同的，就是说，这里马克思主要强调的是否定性方面的含义，这可以从上文中的"德国的实践政治派要求对哲学的否定是正当的"这句话中看出来。

对于这里的"实践政治派"和"理论政治派"的具体所指，新版《马克思恩格斯全集》编者注中是这样解释的："马克思按照当时反对德国半封建状况的政治反对派对哲学的作用所持的态度，根据他在《莱茵报》从事编辑活动的一般体会，把这些政治反对派区分为'实践政治派'和'起源于哲学的理论政治派'，这种区分并不等同于三月革命中资产阶级反对派的各种倾向、派别或思潮所具有的同时代特征。实践政治派大概包括一部分自由资产阶级和知识分子以及民主派的代表。他们提出实践政治的要求，要么是为争取立宪君主制而奋斗，要么是为争取民主主义共和制而奋斗。理论政治派可能带有整个青年黑格尔运动的特征。他们从黑格尔哲学得出彻底的无神论结论，但同时又使哲学脱离现实，从而事实上日益脱离实际革命斗争。"[①] 按照戴维·麦克莱伦的解释，"实践政治派"是指费尔巴哈所领导的一派，但具体包括哪些人物，他并没有指出，而"理论政治派"指的鲍威尔一派[②]。

"扬弃"（这里采用惯用的哲学术语）在黑格尔那里主要是事物的自我否定，马克思借用这个词在这里却有两个方面的含义：一方面，哲学的"扬弃"是哲学的自我否定，即哲学发展到自身的极限时的自我的消亡；另一方面，联系上下文来看，马克思在这里还有更深一层的含义，就是哲学的"扬弃"还有"人为"的因素在内，因为哲学的"扬弃"的前提条件是"在现实中实现哲学"，而"实现哲学"显然是指人为作用的结果，哲学本身是不能自发地实现出来的。其实，如果我们进一步追问：哲学是如何可能实现出来呢？那么，马克思的实践的观念其实已经呼之欲出了。

马克思"消灭哲学"的思想应联系马克思在《第179号〈科伦日报〉社论》中"任何真正的哲学都是自己时代的精神上的精华"的论述来理解。此时马克思心目中的"真正的哲学"就是理论与实践高度统一的哲学，既不是实践政治派片面强调实践的哲学，也不是理论政治派片面强

---

① 《马克思恩格斯选集》第1卷，北京，人民出版社1995年版，第778～779页。
② 〔英〕戴维·麦克莱伦：《青年黑格尔派与马克思》，夏威仪、陈启伟、金海民译，北京，商务印书馆1982年版，第82页。

调理论的哲学，这可以从马克思对这两派的一个共同缺陷的揭示中看出来，这种共同缺陷就是它们都没有看到哲学本身都是现实世界的一部分，哲学本身就属于这个世界："该派（指德国的实践政治派。——引者注）眼界的狭隘性就表现在没有把哲学归入德国的现实范围，或者甚至以为哲学低于德国的实践和为实践服务的理论。""该派（指从哲学产生的理论政治派。——引者注）认为目前的斗争只是哲学同德国世界的批判性斗争，它没有想到迄今为止的哲学本身就属于这个世界，而且是这个世界的补充，虽然只是观念的补充。"①

　　理解马克思"消灭哲学"的思想内核关键要看马克思提出这一思想所针对的理论背景，他是针对当时德国思想界理论与实践脱离的现实提出来的。实践政治派所强调的实践是脱离理论的实践，也就是马克思所说的不是"在现实中实现哲学"的实践，所以不可能是革命的、以人的解放为旨趣的实践，只是强调"武器的批判"。而理论政治派所强调的理论也是脱离实践的理论，它认为理论问题本身的解决也就是现实问题的解决，认为不需要付诸实践就可以使"哲学变成现实"，这是典型的理论哲学的思维方式，只强调"批判的武器"。正确的态度应该是"武器的批判"与"批判的武器"辩证统一："批判的武器当然不能代替武器的批判，物质力量只能用物质力量来摧毁；但是理论一经掌握群众，也会变成物质力量。"② 正如哈贝马斯指出的："在马克思看来，由黑格尔完成的哲学假想，就在于理论（这种理论似乎独立于实践）的专制主义。但是，马克思认为，这种哲学的基本内容，能够并且需要进行理性的重建。在这种意义上说，当社会主义扬弃哲学时，它似乎也应该使哲学直接变成现实，也就是说，社会主义似乎应当直接掌握哲学传统的生产潜力。"③

　　在这里，怎样理解马克思所说的"作为哲学的哲学"成为理解马克思"消灭哲学"思想的一个核心问题，马克思的原话是这样的："该派（指理论政治派。——引者注）对敌手采取批判的态度，对自己本身却采取非批判的态度，因为它从哲学的前提出发，要么停留于哲学提供的结论，要么就把从别处得来的要求和结论冒充为哲学的直接要求和结论，尽管这些要求和结论——假定是正确的——相反地只有借助于对迄今为

　　① 《马克思恩格斯选集》第 1 卷，北京，人民出版社 1995 年版，第 8 页。
　　② 《马克思恩格斯选集》第 1 卷，北京，人民出版社 1995 年版，第 9 页。
　　③ 〔德〕尤尔根·哈贝马斯：《重建历史唯物主义》，郭官义译，北京，社会科学文献出版社 2000 年版，第 46 页。

止的哲学的否定、对作为哲学的哲学的否定，才能得到。关于这一派，我们留待以后作更详细的叙述。该派的根本缺陷可以归结如下：它认为，不消灭哲学，就能够使哲学成为现实。"① 因为"作为哲学的哲学"既可以作"作为一般哲学的哲学"来理解，也可以作"作为思辨哲学的哲学"来理解，这两种理解显然很不相同，这关系到马克思的"消灭哲学"思想中到底是消灭一般的哲学还是消灭某种哲学。联系上下文，笔者认为这里的"作为哲学的哲学"应做"作为思辨哲学的哲学"来理解，而不应做"作为一般哲学的哲学"来理解，正如有学者指出的："所谓哲学就是德国哲学，就是德国的国家哲学和法哲学。""最典型的是黑格尔的国家哲学法哲学"。② 这可以联系马克思"消灭劳动"的思想来看。马克思和恩格斯在《德意志意识形态》写道："迄今为止的一切革命始终没有触动活动的性质，始终不过是按另外的方式分配这种活动，不过是在另一些人中间重新分配劳动，而共产主义革命则针对活动迄今具有的性质，消灭劳动，并消灭任何阶级的统治以及这些阶级本身，因为完成这个革命的是这样一个阶级，它在社会上已经不算是一个阶级，它已经不被承认是一个阶级，它已经成为现今社会的一切阶级、民族等等的解体的表现。"③ 其中，"消灭劳动"下面有个注释"手稿中删去以下这句话：'消灭在……统治下活动的形式'"。显然，这个注说明了马克思所说的"消灭劳动"并不是消灭所有的劳动，而是消灭在资产阶级统治下劳动的特定形式即异化劳动。也就是说，这里的"劳动"，还有别处所说的"消灭劳动本身"中的"劳动本身"并不是指一般的劳动，而是某种劳动。在另一处，马克思写道："阶级对各个人来说又是独立的，因此，这些人可以发现自己的生活条件是预先确定的：各个人的社会地位，从而他们个人的发展是由阶级决定的，他们隶属于阶级。这同单个人隶属于分工是同类的现象，这种现象只有通过消灭私有制和消灭劳动本身才能消除。"④ 在这里，马克思把"消灭劳动本身"与"消灭私有制"并提，显然这里的劳动指的是私有制条件下的异化劳动，而不是指的劳动一般，关于异化劳动与私有制的内在关联，马克思在另一处指出："在这里，劳动仍然是最主要的，是凌驾于个人之上的力量；只要这种力量还存在，私有制

---

① 《马克思恩格斯选集》第 1 卷，北京，人民出版社 1995 年版，第 8 页。
② 赵凯荣：《马克思是要消灭哲学吗？》，载《铜仁学院学报》2009 年第 3 期。
③ 《马克思恩格斯选集》第 1 卷，北京，人民出版社 1995 年版，第 90 ~ 91 页。
④ 《马克思恩格斯选集》第 1 卷，北京，人民出版社 1995 年版，第 118 页。

也就必然会存在下去。"① 其实，在马克思的心目中，与这种异化劳动相
对立的劳动应该是自主活动："只有在这个阶段上，自主活动才同物质生
活一致起来，而这又是同各个人向完全的个人的发展以及一切自发性的
消除相适应的。同样，劳动向自主活动的转化，同过去受制约的交往向
个人本身的交往的转化，也是相互适应的。随着联合起来的个人对全部
生产力的占有，私有制也就终结了。在迄今为止的历史上，一种特殊的
条件总是表现为偶然的，而现在，各个人本身的独自活动，即每一个人
本身特殊的个人职业，才是偶然的。"② 对于一般劳动的不可废除性，马
克思在《资本论》第五章说得更为明白："劳动过程，就我们在上面把它
描述为它的简单的、抽象的要素来说，是制造使用价值的有目的的活动，
是为了人类的需要而对自然物的占有，是人和自然之间的物质变换的一
般条件，是人类生活的永恒的自然条件，因此，它不以人类生活的任何
形式为转移，倒不如说，它为人类生活的一切社会形式所共有。"③ 以此
来理解马克思所说"消灭哲学"思想中的"哲学"也应作此解，即这里
所说的"哲学"并不是一般的哲学，而是某种哲学，即青年黑格尔派式
的思辨哲学。根据上下文，由于马克思在提出自己"消灭哲学"思想时，
是针对当时德国的理论界的现状即实践政治派和理论政治派各执一端的
片面性而提出的，所以这里的"作为哲学的哲学"应作后一种理解，即
作"作为思辨哲学的哲学"来理解，思辨哲学的思维方式是两派的共同
特质，即都没有认识到哲学是属于现实世界的一部分，割裂哲学与现实
的关系。

　　对于马克思此时提出的"消灭哲学"思想的理论意义，哈贝马斯曾
这样评论道："谁如果想从内部来检验马克思主义理论在解决古典哲学问
题上有多大用处，谁就要认真地对待通过消灭作为哲学的哲学使哲学变
为现实的这种论点，或者像人们在这次讨论中所说的，谁就要认真对待
使哲学变为世界（das weltwerden）、使世界变为哲学（das Philosophischw-
erden）的论点，谁就必须以这种论点——这种基本论点——为出发点。
它包括了'实践解放'的观念和'唯物主义'的论点。实践的解放和唯
物主义对停留在'单纯的理论解放'上的观点持否定态度（马克思在费

---

① 《马克思恩格斯选集》第 1 卷，北京，人民出版社 1995 年版，第 104 页。
② 《马克思恩格斯选集》第 1 卷，北京，人民出版社 1995 年版，第 130 页。
③ 《马克思恩格斯全集》第 44 卷，北京，人民出版社 2001 年版，第 215 页。

尔巴哈宗教批判中就持这种态度)"①，也就是说，马克思"消灭哲学"思想的提出之所以具有重要的理论意义，就在于马克思此时已认识到费尔巴哈和青年黑尔派的共同理论缺陷是哲学与现实的分离，或者说理论与实践的分离，这就为马克思进一步思考如何克服这个缺陷奠定了前提和基础。哈贝马斯对此指出："马克思不想再在哲学的前提下，而愿意在废除和消灭哲学的前提下，进行哲学思考和批判。根据这种要求，哲学的范畴和哲学问题本身都在变化；整个反思媒介也随着哲学的范畴和问题的变化而变化。"② 对于马克思"消灭哲学"的思想，柯尔施意识到了它的重要意义，他认为第二国际马克思主义者之所以认为马克思主义没有自己的哲学内容，就是因为误解了马克思的这一思想。

三、消灭哲学与实现哲学的辩证法：理论与实践关系的解答

我们还应该从辩证法的角度来理解马克思的"消灭哲学"思想，这其实在马克思《博士论文》中就有阐述："哲学的实现同时也就是它的丧失。"③ 一种哲学在现实中实现出来了，也就意味着这种哲学的丧失。我们只有在消灭哲学与实现哲学的辩证法中来理解马克思"消灭哲学"思想，才能领悟其真谛。其实，通过前面我们对马克思提出"消灭哲学"思想的语境分析中已经看出，马克思在这里提出了理论和实践的关系问题。按照恩格斯的说法，哲学的基本问题是思维和存在的关系问题，那么在马克思这里获得了新的表述形式即理论与实践的关系问题。诚如王南湜所说："以理论与实践的关系作为理解哲学史的方式最切近哲学的本质，那么以此来理解马克思哲学无疑也是最恰当的，况且这正是马克思本人所运用的方法。"④ 他进而指出用马克思主义传统哲学的哲学基本问题来理解马克思哲学的弊端："抽象思维与存在的关系问题其实只是近代哲学的核心问题和基本问题，如果以此考察哲学史和马克思主义哲学，势必造成误解。"⑤ 其实，我们可以把"理论与实践的关系"理解成"思

---

① 〔德〕尤尔根·哈贝马斯：《理论与实践》，郭官义、李黎译，北京，社会科学文献出版社2004年版，第427~428页。

② 〔德〕尤尔根·哈贝马斯：《理论与实践》，郭官义、李黎译，北京，社会科学文献出版社2004年版，第428页。

③ 《马克思恩格斯全集》第1卷，北京，人民出版社1995年版，第76页。

④ 王南湜、谢永康：《后主体性哲学的视域——马克思唯物主义的当代阐释》，北京，中国人民大学出版社2004年版，第39页。

⑤ 王南湜、谢永康：《后主体性哲学的视域——马克思唯物主义的当代阐释》，北京，中国人民大学出版社2004年版，第39页。

维与存在的关系"在马克思那里的表现，理论与实践的关系是马克思哲学的基本的和核心的问题，马克思哲学观的演变和哲学思想的发展都是与对这个问题的不断深入的思考分不开的。

马克思此时提出理论与实践的关系问题，也是他深入观察和研究德国的政治现实得出来的。当时德国的理论发展水平与德国的现实是脱节的："德国的法哲学和国家哲学是唯一与正式的当代现实保持在同等水平［al pari］上的德国历史。因此，德国人民必须把自己这种梦想的历史一并归入自己的现存制度，不仅批判这种现存制度，而且同时还要批判这种制度的抽象继续。他们的未来既不能局限于对他们现实的国家和法的制度的直接否定，也不能局限于他们观念上的国家和法的制度的直接实现，因为他们观念上的制度就具有对他们现实的制度的直接否定，而他们观念上的制度的直接实现，他们在观察邻近各国的生活的时候几乎就经历过了。"① "德国不是和现代各国在同一个时候登上政治解放的中间阶梯的。甚至它在理论上已经超越的阶梯，它在实践上却还没有达到。"②

这里我们在讨论实现哲学时其实预设了一个前提，即这种哲学内在地具有实现出来的可能性，那么是不是每一种哲学都能够实现出来呢？答案显然是否定的，因为"理论在一个国家实现的程度，总是决定于理论满足这个国家的需要的程度。"③ 其实，当我们这样提问时，马克思哲学的独特性就彰显出来了，马克思哲学作为实践哲学的独特意蕴就在于它是一种内在具有实现可能性的哲学，那么有人可能会问：马克思之前的哲学家难道就不具有实现出来的可能性吗？答案显然也是否定的，但问题的另一方面是：这种实现出来的可能性是哲学家本人明确意识到并力争把它实现出来，还是他根本没有意识到，或即使意识到了也并不主动地去实现它呢？这样就把马克思哲学的独特性进一步彰显出来了。也就是说，马克思本人心目中已有了这样一种哲学理念：作为"自己时代的精神上的精华"的"真正的哲学"应该是能够实现出来的哲学，解决现实问题的哲学，并且马克思本人有意识地主动地去实现自己的哲学，这才是马克思"消灭哲学"的真正内涵所在。关于这种哲学的自我意识（从某种意义上也就是哲学家的自我意识），马克思在《博士论文》中有过一段精彩的说明："一个哲学家由于这种或那种适应会犯这样或那样的

---

① 《马克思恩格斯选集》第 1 卷，北京，人民出版社 1995 年版，第 7～8 页。
② 《马克思恩格斯选集》第 1 卷，北京，人民出版社 1995 年版，第 11 页。
③ 《马克思恩格斯选集》第 1 卷，北京，人民出版社 1995 年版，第 11 页。

表面上首尾不一贯的毛病，是可以理解的，他本人也许会意识到这一点。但是，有一点是他意识不到的，那就是：这种表面上的适应的可能性本身的最深刻的根源，在于他的原则本身不充分或者哲学家对自己的原则没有充分的理解。"①

那么，哲学如何能够实现出来呢？理论需要是否会直接成为实践需要呢？当然马克思此时由于科学的实践观还没有形成，所以这里还只是以思辨的形式论证："光是思想力求成为现实是不够的，现实本身应当力求趋向思想。"② 正如哈贝马斯所说的："哲学的要求在哲学中未能实现，并且也不能实现。正是由于马克思主义的这一基本论点反对'迄今哲学的前提'，正是这一论点在这样的前提下受到了怀疑，所以，哲学论述就有了强制性的自我检查的范例。"③ 也就是说，哲学的实现是在哲学之外得到实现的，马克思此时认识到了无产阶级在政治解放中的物质作用，在此基础上，通过论证理论与群众的关系，其实论证了理论与实践的统一问题："批判的武器当然不能代替武器的批判，物质力量只能用物质力量来摧毁；但是理论一经掌握群众，也会变成物质力量。"④ 关于这一点卢卡奇有过深刻的指认："只有当一个阶级要维护自己的权利，就必须认识社会这样的历史局面时，只有当一个阶级认识其自身就意味着认识整个社会，结果这个阶级既是认识的主体又成为认识的客体时，简而言之，只有当这些条件都被满足时，理论和实践才能统一，理论的革命功能的前提才能成为可能。"⑤

更重要的是，马克思还把哲学的实现与无产阶级的解放联系起来进行考察："德国人的解放就是人的解放。这个解放的头脑是哲学，它的心脏是无产阶级。哲学不消灭无产阶级，就不能成为现实；无产阶级不把哲学变成现实，就不可能消灭自身。"⑥ 这是马克思对哲学与现实关系思考的进一步具体化，当然，这里的哲学只能是正在形成中的马克思哲学，所以有人想借马克思"消灭哲学"思想来否定马克思有哲学，甚至把

①　《马克思恩格斯全集》第1卷，北京，人民出版社1995年版，第74~75页。

②　《马克思恩格斯选集》第1卷，北京，人民出版社1995年版，第11页。

③　〔德〕尤尔根·哈贝马斯：《理论与实践》，郭官义、李黎译，北京，社会科学文献出版社2004年版，第429页。

④　《马克思恩格斯选集》第1卷，北京，人民出版社1995年版，第9页。

⑤　〔匈〕乔治·卢卡奇：《历史和阶级意识——马克思主义辩证法研究》，王伟光、张峰译，重庆，重庆出版社1989年版，第3页。

⑥　《马克思恩格斯选集》第1卷，北京，人民出版社1995年版，第16页。

"消灭哲学"诠释成消灭哲学本身，从此不需要哲学了，都是不符合马克思的本意的。

如果联系马克思不久以后的著作来看消灭哲学与实现哲学的辩证关系，就更加清楚了。关于这一点，马克思在《1844 年经济学哲学手稿》中（大约写于 1844 年 5 月底 6 月初—8 月）说得很清楚："要扬弃私有财产的思想，有思想上的共产主义就完全够了。而要扬弃现实的私有财产，则必须有现实的共产主义行动。"① 马克思在随后与恩格斯合写的《神圣家族》中（写于 1844 年 9—11 月）指出："思想从来也不能超出旧世界秩序的范围：在任何情况下它都只能超出旧世界秩序的思想范围。思想根本不能实现什么东西。为了实现思想，就要有使用实践力量的人。"② 在这里，马克思和恩格斯强调了实践在哲学的实现中的作用，为此后不久的"理论与实践辩证统一"的哲学观的形成奠定了基础。

第三节　马克思《德意志意识形态》时期的哲学观探析

通过考察马克思早期哲学观的演变历程，我们发现，马克思随着对资本主义市民社会和古典政治经济学的批判，逐渐摆脱了黑格尔和费尔巴哈哲学的影响，并随着马克思对其关注的"理论与实践的关系"问题思考的深入，由此形成了自己新的哲学观即"理论与实践辩证统一"的哲学观，在《提纲》和《形态》中得到了系统的阐发。

一、理论与实践的关系：马克思哲学的基本的、核心的问题

"理论与实践的关系"与马克思的哲学观的演变的内在关联性在前面第二章第一节"马克思的哲学观的独特性"中已有论述，这里主要从"理论与实践的关系"与马克思批判理论的内在关联来看理论与实践的关系问题何以成为马克思哲学的基本的、核心的问题。

马克思的现代性批判话语大致沿着宗教批判→哲学批判→政治批判→实践批判的路径展开③，此过程是与马克思对理论与实践的关系问题的

① 马克思：《1844 年经济学哲学手稿》，北京，人民出版社 2000 年版，第 128 页。
② 《马克思恩格斯全集》第 2 卷，北京，人民出版社 1957 年版，第 152 页。
③ 参阅黄浩：《马克思哲学终结观视域下的现代性批判话语》，载《东南学术》2007 年第 1 期。

认识不断深化相关联的。

正如马克思在《导言》中所说的"对宗教的批判是其他一切批判的前提",马克思的批判理论也是从宗教批判开始的,通过宗教批判,马克思使哲学与宗教相分离。马克思早在《博士论文》序言中写道,哲学反对"不承认人的自我意识是最高神性的一切天上的和地上的神。不应该有任何神同人的自我意识相并列。"① 马克思的《博士论文》表现了彻底的战斗的无神论精神。

马克思大学毕业与现实社会接触后,认识到宗教批判的局限性,为了对抗费尔巴哈的抽象的人的概念,马克思断言:"人就是人的世界,就是国家、社会。这个国家、这个社会产生了宗教,一种颠倒的世界意识,因为它们就是颠倒的世界。"② "真理的彼岸世界消逝以后,历史的任务就是确立此岸世界的真理。人的自我异化的神圣形象被揭穿以后,揭露具有非神圣形象的自我异化,就成了为历史服务的哲学的迫切任务。于是,对天国的批判变成对尘世的批判,对宗教的批判变成对法的批判,对神学的批判变成对政治的批判。"③ 这种批判本身虽是理论的、精神的活动,但它却是人类解放的历史运动的先声。现代性的理论支撑是理性形而上学,所以批判现代性首先要对理性形而上学进行无情的批判,而理性形而上学是在黑格尔那里达到其极端形态的,也可以说在黑格尔那里完成了理性形而上学,完成了一种概念自洽的哲学。正如马克思恩格斯在《神圣家族》中指出的:"在黑格尔天才地把17世纪的形而上学同后来的一切形而上学及德国唯心主义结合起来并建立了一个形而上学的包罗万象的王国之后,对思辨的形而上学和一切形而上学的进攻,就像在18世纪那样,又跟对神学的进攻再次配合起来。"④

马克思的宗教批判和哲学批判使马克思进一步认识到理论研究与现实脱节的弊病,从而走向了政治批判,政治批判在马克思思想的发展过程起着重要的作用。马克思曾在给卢格的信中(写于1843年9月)写道:"所以,什么也阻碍不了我们把政治的批判,把明确的政治立场,因而把实际斗争作为我们的批判的出发点,并把批判和实际斗争看作同一件事情。在这种情况下,我们就不是教条地以新原理面向世界:真理在

① 《马克思恩格斯全集》第1卷,北京,人民出版社1995年版,第12页。
② 《马克思恩格斯选集》第1卷,北京,人民出版社1995年版,第1页。
③ 《马克思恩格斯选集》第1卷,北京,人民出版社1995年版,第2页。
④ 《马克思恩格斯全集》第2卷,北京,人民出版社1957年版,第159页。

这里，下跪吧！我们是从世界的原理中为世界阐发新原理。我们并不向世界说：停止你那些斗争吧，它们都是愚蠢之举；我们要向你喊出真正的斗争口号。"① 马克思在这里明确地把"政治的批判"与"实际斗争结合起来，并把批判和实际斗争看作同一件事情"，显然这就是马克思后来在《提纲》第 1 条里所提出的"实践批判"的内涵，提出的"我们是从世界本身的原理中为世界阐发新原理"思考问题的方法使我们想起胡塞尔的"走向事情本身"的现象学方法，把理论批判同政治批判、同劳动群众所进行的实际斗争结合起来的要求，明显地是在反对青年黑格尔派的"批判的批判"的。因此，对神学的批判就必然变成对政治的批判，但是，这一批判本身还不就是革命的事业，如果它只是在理论上驳斥了在实践上应当加以消除的东西的话。与青年黑格尔派相反，马克思强调指出，批判应当是手段，而不是目的本身。马克思此时已认识到了政治解放与人类解放的区别，从这时发表在《莱茵报》的文章可以看出马克思已与青年黑尔格派其他成员走上了不同的道路，这是他在《博士论文》中所说的"世界的哲学化同时也就是哲学的世界化"的哲学观的逐步现实化，而不像青年黑尔格派其他成员"满口讲的都是所谓'震撼世界的'词句，却是最大的保守派。"②。值得注意的是，马克思正是在政治批判中，对哲学与现实的关系作了进一步的阐释，这具体体现在对哲学与无产阶级的历史命运关系的界定中："哲学不消灭无产阶级，就不能成为现实；无产阶级不把哲学变成现实，就不可能消灭自身。"③

　　在《德法年鉴》时期，由于马克思已经认识到了政治解放的局限性，而致力于人类解放，并把人类解放的物质武器诉诸无产阶级，精神武器诉诸哲学，这种哲学当然是正在形成与探索中的马克思哲学，那么马克思就要着手解决这样一个问题：怎样才能克服"实践政治派"和"理论政治派"共同的缺陷即哲学与现实（也就是理论与实践）的分离问题？怎样才能达到理论与实践的统一呢？最终马克思的批判落在了实践批判上，这是现代性批判的目的和归宿，因为现代性批判最终还是为了回到人的生活世界上。正是在这一层面上，才真正显示出了马克思的现代性批判话语和理念是完全异质于青年黑格尔派成员的，后者是纯思想的理论批判，而马克思是实践批判。关于实践批判的内涵，将在第五章第三

---

① 《马克思恩格斯全集》第 47 卷，北京，人民出版社 2004 年版，第 66 页。
② 《马克思恩格斯选集》第 1 卷，北京，人民出版社 1995 年版，第 66 页。
③ 《马克思恩格斯选集》第 1 卷，北京，人民出版社 1995 年版，第 16 页。

节中作详细阐述。

从马克思的现代性批判理论的演化路径中可以看出，对理论与实践关系的认识不断深化是一条主线，理论元素在马克思思想中的地位逐渐下滑，而实践元素的地位不断地上升，最终实践理性取代理论理性而取得优先地位，这就形成了马克思独有的"理论与实践辩证统一"的哲学观。

二、"理论与实践辩证统一"的哲学观的内涵

在《提纲》中，马克思对"理论与实践的辩证统一"的哲学观进行了阐述："人的思维是否具有客观的［Gegenständliche］真理性，这不是一个理论的问题，而是一个实践的问题。人应该在实践中证明自己思维的真理性，即自己思维的现实性和力量，自己思维的此岸性。关于思维——离开实践的思维——的现实性或非现实性的争论，是一个纯粹经院哲学的问题。"① 这一条内容过去大都从"真理"的检验问题的视角来理解，即要通过实践来检验人的认识的真理性。其实，在这里，马克思提出了理论与实践的统一性问题，这可以在《提纲》第八条得到验证："全部社会生活在本质上是实践的。凡是把理论引向神秘主义的神秘东西，都能在人的实践中以及对这个实践的理解中得到合理的解决。"② "理论与实践辩证统一"的哲学观的内涵主要是：

（一）扬弃了"唯物主义"和"唯心主义"的对立，做到了两者的辩证统一

具体表现在"实践的唯物主义"的提出。马克思在《提纲》第1条批判了唯物主义与唯心主义的片面性："从前的一切唯物主义（包括费尔巴哈的唯物主义）的主要缺点是：对对象、现实、感性，只是从客体的或者直观的形式去理解，而不是把它们当作感性的人的活动，当作实践去理解，不是从主体方面去理解。因此，和唯物主义相反，能动的方面却被唯心主义抽象地发展了，当然，唯心主义是不知道现实的、感性的活动本身的。费尔巴哈想要研究跟思想客体确实不同的感性客体：但是他没有把人的活动本身理解为对象性的（Gegenständliche）活动。因此，他在《基督教的本质》中仅仅把理论的活动看作是真正人的活动，而对于实践则只是从它的卑污的犹太人的表现形式去理解和确定。因此，他

① 《马克思恩格斯选集》第1卷，北京，人民出版社1995年版，第55页。
② 《马克思恩格斯选集》第1卷，北京，人民出版社1995年版，第56页。

不了解'革命的'、'实践批判的'活动的意义。"① 马克思在这里扬弃了唯物主义和唯心主义对事物、现实和感性的理解方式，创立了"实践的"、"感性活动"的理解方式，表明马克思此时已完全摆脱了黑格尔和费尔巴哈的哲学观的影响。表面上看，似乎唯物主义和唯心主义是两种不同的哲学形态，是对立的，但是它们对理论与实践的关系上是一样（甚至理论与实践的关系在它们那里是遮蔽着的），都是割裂理论与实践的统一，仅仅在理论的思辨中进行哲学思考，用哲学术语来说，即都是本体论思维方式，不管哲学家以"物质"为认识的本原，还是以"精神"为本原，对于问题的实质都没有丝毫的改变。这是因为，无论"物质"还是"精神"，到了哲学王国中都"思辨化"了，即完全变成了"哲学的空话"。例如，马克思恩格斯曾指出，尽管费尔巴哈极其厌恶思辨哲学，拼命强调"感性"和"世俗世界"，但这些"在费尔巴哈本人那里仍然不过是些废话（beiihm selbst nur noch als Phrase）"②。值得注意的是，对于这类经院哲学式思维的批判，贯穿了马克思的一生，他在晚年（1879 年）批评阿·瓦格纳的政治经济学教科书时写道："在一个学究教授看来，人对自然的关系首先并不是实践的即以活动为基础的关系，而是理论的关系……"③

这说明此时马克思已经实现了哲学思维方式的最终转换，马克思把传统本体论哲学的知性概念思维转变为实践论的思维方式。马克思明确提出，与旧哲学不同，新哲学对"对象、现实、感性"，"是把它们当作感性的人的活动，当作实践去理解"，"从主体方面去理解"。这里所谓"当作实践去理解"，就是把实践的观点上升为一种思维方式，用它去解决以往哲学中抽象探讨和争论的问题。因为"凡是把理论引向神秘主义的神秘东西，都能在人的实践中以及对这个实践的理解中得到合理的解决。"④ 所以马克思不是从思维和存在的抽象对立的意义上，去总结自己的新哲学与旧哲学的对立，而是从"理论与实践的关系"的新视角来总结这种对立的："这种历史观和唯心主义历史观不同，它不是在每个时代中寻找某种范畴，而是始终站在现实历史的基础（现实历史的基础即实践。——引者注）上，不是从观念出发来解释实践，而是从物质实践出

① 《马克思恩格斯选集》第 1 卷，北京，人民出版社 1995 年版，第 54 页。
② 转引自李毅嘉：《马克思恩格斯对哲学的拒斥》，载《山东大学学报》（哲学社会科学版）2005 年第 2 期。
③ 《马克思恩格斯全集》第 19 卷，北京，人民出版社 1963 年版，第 405 页。
④ 《马克思恩格斯选集》第 1 卷，北京，人民出版社 1995 年版，第 56 页。

发来解释观念的形成。"①

（二）扬弃了人与环境的二律背反，实现了人与环境的辩证统一

马克思在《提纲》第 3 条写道："关于环境和教育起改变作用的唯物主义学说忘记了：环境是由人来改变的，而教育者本人一定是受教育的。因此，这种学说一定把社会分成两部分，其中一部分凌驾于社会之上。环境的改变和人的活动或自我改变的一致，只能被看作是并合理地理解为革命的实践。"② 有许多学者把这一条理解为主体和客体的关系问题，把它当作"认识论"问题来看。其实，这里主要是生活世界问题，是人的社会交往问题，正是由于马克思以前的哲学家仅仅局限于把它当作"认识论"和理论问题，所以总是陷入环境塑造人和人改变环境的二律背反之中而不能解决这个问题。即使是作为辩证法大师的黑格尔也难逃此命运，只能在绝对精神的抽象思辨中去想象它们之间的既对立又统一。由于马克思是从实践并且是"革命的实践"的视角来解决这个问题，才得以既辩证又现实地回答了人与环境如何达到对立统一的。在《形态》中，这一思想表述为"人创造环境，同样，环境也创造人"③，并且马克思是把这个问题上升到唯物史观的高度来论述："历史不外是各个世代的依次交替。每一代都利用以前各代遗留下来的材料、资金和生产力；由于这个缘故，每一代一方面在完全改变了的环境下继续从事所继承的活动，另一方面又通过完全改变了的活动来变更旧的环境。"④ 并对青年黑格尔派哲学提出了如下批判："这些哲学家没有一个想到要提出关于德国哲学和德国现实之间的联系问题，关于他们所作的批判和他们自身的物质环境之间的联系问题。"⑤ "通常这些德国人总是只关心把既有的一切无意义的论调变为某种别的胡说八道，就是说，他们假定，所有这些无意义的论调都具有某种需要揭示的特殊意义，其实全部问题只在于从现存的现实关系出发来说明这些理论词句。如前所说，要真正地、实际地消灭这些词句，从人们意识中消除这些观念，就要靠改变了的环境而不是靠理论上的演绎来实现。对于人民大众即无产阶级来说，这些理论观念并不存在，因而也不用去消灭它们。如果这些群众曾经有过某些理论观

---

① 《马克思恩格斯选集》第 1 卷，北京，人民出版社 1995 年版，第 92 页。
② 《马克思恩格斯选集》第 1 卷，北京，人民出版社 1995 年版，第 55 页。
③ 《马克思恩格斯选集》第 1 卷，北京，人民出版社 1995 年版，第 92 页。
④ 《马克思恩格斯选集》第 1 卷，北京，人民出版社 1995 年版，第 88 页。
⑤ 《马克思恩格斯选集》第 1 卷，北京，人民出版社 1995 年版，第 66 页。

念，如宗教，那么现在这些观念也早已被环境消灭了。"① 卢卡奇的"总体性"思想和"主体—客体辩证法"（强调历史过程中主体与客体相互作用，即人与人所创造的社会世界的相互作用）思想都是对马克思关于人与环境辩证统一思想的深化和发展。

（三）扬弃了认识与实践的二元对立，实现了认识与实践的辩证统一

在《提纲》最后一条，马克思写下著名的话："哲学家们只是用不同的方式解释世界，问题在于改变世界。"② 人们往往把"解释世界"和"改变世界"作为两种功能从而把马克思以前的哲学与马克思的哲学区别开来，其实这是相当表面的理解。说以往的哲学只是以不同方式解释世界，并不意味着以往的哲学不想改变世界，相反，以往的哲学一直试图改变世界。从柏拉图的"理想国"到康德的"目的国"，直到谢林和黑格尔的自由哲学，其理论目的都是试图依照其理论来改变现实。但问题在于，所有这些理论都是在现实生活之外来设计种种理想国的蓝图的，都企图建立一个解释一切、描绘整个世界、揭示整个世界的本质和规律的无所不包的封闭的知识论体系，这就使它只具有"解释世界"的功能，而不可能真正达到"改变世界"之目的。可见旧哲学的缺陷在于遗忘了生活或远离了人的现实生活世界。③ 同样，马克思哲学的功能也不仅仅在于改变世界，如果马克思哲学不首先解释世界，它如何能起到改变世界的功能呢？其实，在这里马克思还是围绕其理论的核心问题"理论与实践的辩证统一"这一问题展开的，它的主要意思是强调理论（"解释世界"）和实践（"改变世界"）的辩证的统一。没有实践的理论是空的，没有理论的实践是盲的，现实生活世界离开了哪一个维度都是不完美的。马克思以前的哲学的失误在于没有看到理论与实践的这种辩证统一性。同时马克思能够实现这种辩证统一的重要原因是马克思批判性地"解释世界"，所以马克思的哲学观的每一次新的发展都是与马克思的批判理论的发展相一致的，在这里，与马克思"理论与实践的辩证统一"的哲学观的最终确立相一致的是马克思的实践批判理论的确立，这也正是马克思在《提纲》第 1 条在批判费尔巴哈时所说的"他不了解'革命的'、'实践批判的'活动的意义"的真实意蕴。马克思在《手稿》中就批判

---

① 《马克思恩格斯选集》第 1 卷，北京，人民出版社 1995 年版，第 95 页。
② 《马克思恩格斯选集》第 1 卷，北京，人民出版社 1995 年版，第 57 页。
③ 参阅吴德勤：《永远的马克思：马克思哲学的当代性》，上海，上海大学出版社 2004 年版，第 56 页。

了黑格尔式的纯思想的扬弃："这种扬弃是思想上的本质的扬弃，就是说，思想上的私有财产在道德的思想中的扬弃。而且因为思维自以为直接就是和自身不同的另一个东西，即感性的现实，从而认为自己的活动也是感性的现实的活动，所以这种思想上的扬弃，在现实中没有触动自己的对象，却以为实际上克服了自己的对象。"①

那么，是什么因素促使了马克思"理论与实践的辩证统一"的哲学观形成和最终确立呢？这就是因为马克思与以前的哲学家遗忘或远离人的现实生活世界（"从天国降到人间"）相反，而是回归到生活世界上来（"从人间升到天国"），这在《形态》中得到了系统的阐述，下面就具体分析一下"理论与实践的辩证统一"的哲学观形成的存在论基础。

三、"理论与实践辩证统一"哲学观形成的存在论基础

柯尔施已经看到了马克思主义哲学的理论与实践相统一的特质，但他没有从马克思的哲学观的发展演变上进行梳理，也没有从存在论的视角进行深入剖析，正如吴晓明指出的："综上所述，我们可以得出这样一个基本见解，即：柯尔施的《马克思主义和哲学》一书虽说颇有见地地袭击了第二国际的庸俗马克思主义，而且也颇为切近地指证了其要害在于陷入现代形而上学的主导观念或现代意识形态的基本幻觉——科学实证主义——之中，但是，这一批判性反拨本身的存在论根基却仍然是晦暗的；大体说来，它仍然局限于黑格尔主义的基本定向中。之所以如此，是因为虽说柯尔施积极地要求恢复革命的辩证法、恢复实践批判行动和革命意志在马克思哲学基础中的本质重要性，并力图以'整体'或'总体'来使之得到某种综合的理解和表述，但这一恢复行动及其理解和表述的存在论基础却并未得到真正的、决定性的澄清，从而他也并未能够深入而有效地领会并把握住马克思所发动的存在论革命及其当代意义。在这种情况下，反对科学实证主义的斗争事实上就不得不在黑格尔主义的战线上来展开，就像恢复革命辩证法的卓越努力事实上也不得不在黑格尔主义的基地上来构成一样。"②

马克思的存在论的重要特点是强调现实的历史的人即人的社会性："旧唯物主义的立脚点是市民社会，新唯物主义的立脚点则是人类社会或

---

① 马克思：《1844年经济学哲学手稿》，北京，人民出版社2000年版，第111页。

② 吴晓明、徐琴：《论柯尔施对"庸俗马克思主义"的批判与反拨——〈马克思主义和哲学〉的阐释定向及存在论基础》，载《云南大学学报》（社会科学版）2004年第3期。

社会的人类。"① 马克思恩格斯在《神圣家族》中批评机械唯物主义的时候，曾经指出："唯物主义变得敌视人了。"② 旧唯物主义为什么会变得"敌视人了"呢？从根本上说，就是由于把抽象的物质，也就是马克思在《1844 年经济学哲学手稿》中所说的那种"被抽象地理解的、自为的、被确定为与人分隔开来的自然界"③ 作为自己的本体论基础和逻辑前提。这就从理论基因的层面上使得整个哲学疏离了人及其存在，这是一切旧唯物主义所共有的致命缺陷。马克思一旦认识到以前哲学的缺陷是哲学与人的生活的分离，就会有意识地克服这种缺陷，而转向生活世界本身，而生活世界最根本的就是人的生存，并且是现实的历史的个人的生存，所以马克思建构新哲学的出发点是"从事实际活动的人"。马克思既不赞成历史唯心主义者脱离现实的生活条件，奢谈想象的主体的想象的活动，也不赞成抽象的经验论者撇开人的社会特性侈谈人的本性④。正是从这种根本区别出发，马克思和恩格斯批判"哲学家"及其构建的"独立的哲学"，这就是说，在《德意志意识形态》中，马克思恩格斯已经抛弃了"独立的哲学"及其"哲学家"的幻想，而把他们所创立的历史观视作关于历史的科学。马克思还把自己的存在论基础与德国哲学（主要指青年黑格尔派哲学）进行了比较："德国哲学从天国降到人间；和它完全相反，这里我们是从人间升到天国。这就是说，我们不是从人们所说的、所设想的、所想象的东西出发，也不是从口头说的、思考出来的、设想出来的、想象出来的人出发，去理解有血有肉的人。我们的出发点是从事实际活动的人，而且从他们的现实生活过程中还可以描绘出这一生活过程在意识形态上的反射和反响的发展。甚至人们头脑中的模糊幻象也是他们的可以通过经验来确认的、与物质前提相联系的物质生活过程的必然升华物。因此，道德、宗教、形而上学和其他意识形态，以及与它们相适应的意识形式便不再保留独立性的外观了。它们没有历史，没有发展，而发展着自己的物质生产和物质交往的人们，在改变自己的这个现实的同时也改变着自己的思维和思维的产物。不是意识决定生活，而是生活决定意识。前一种考察方法从意识出发，把意识看作是有生命的个人。后一种符合现实生活的考察方法则从现实的、有生命的

---

① 《马克思恩格斯选集》第 1 卷，北京，人民出版社 1995 年版，第 57 页。

② 《马克思恩格斯全集》第 2 卷，北京，人民出版社 1957 年版，第 164 页。

③ 马克思：《1844 年经济学哲学手稿》，北京，人民出版社 2000 年版，第 116 页。

④ 参阅俞吾金：《人文关怀：马克思哲学的另一个维度》，载《光明日报》2001 年 2 月 6 日。

个人本身出发，把意识仅仅看作是他们的意识。"① 马克思还把这种现实的人与历史转变为世界历史联系起来考察："单个人随着自己的活动扩大为世界历史性的活动，越来越受到对他们来说是异己的力量的支配（他们把这种压迫想象为所谓宇宙精神等等的圈套），受到日益扩大的、归根结底表现为世界市场的力量的支配，这种情况在迄今为止的历史中当然也是经验事实。但是，另一种情况也具有同样的经验根据，这就是：随着现存社会制度被共产主义革命所推翻（下面还要谈到这一点）以及与这一革命具有同等意义的私有制的消灭，这种对德国理论家们来说是如此神秘的力量也将被消灭；同时，每一个单个人的解放的程度是与历史完全转变为世界历史的程度一致的。"② 马克思恩格斯正是在"从事实际活动的人"的存在论的基础上，创立了始终植根于实践、将世界万物和人类历史理解为作为社会实践之产物的社会存在物的"实践的唯物主义"，这种崭新的哲学形态才实现了理论与实践的辩证统一。

同时，马克思恩格斯正是在"从事实际活动的人"的存在论的基础上，把人的感性活动理解为现存"感性世界"的深刻基础，使马克思和恩格斯找到了扬弃以往一切旧哲学并创立新的唯物主义哲学的立足点③，他们指出："迄今为止的一切历史观不是完全忽视了历史的这一现实基础，就是把它仅仅看成与历史过程没有任何联系的附带因素。因此，历史总是遵照在它之外的某种尺度来编写的；现实的生活生产被看成是某种非历史的东西，而历史的东西则被看成是某种脱离日常生活的东西，某种处于世界之外和超乎世界之上的东西。这样，就把人对自然界的关系从历史中排除出去了，因而造成了自然和历史之间的对立。"④ 因此，只有把人的感性活动理解为感性世界的基础，才能真正建立起能够把自然观和历史观统一起来的彻底的唯物主义即"实践的唯物主义"，这也就是"理论与实践辩证统一"的哲学观，因为以人的感性活动为基础的感性世界是自然和历史统一的基础："每个个人和每一代所遇到的现成的东西：生产力、资金和社会交往形式的总和，是哲学家们想象为'实体'和'人的本质'的东西的现实基础，是他们神化了的并与之斗争的东西

---

① 《马克思恩格斯选集》第1卷，北京，人民出版社1995年版，第73页。

② 《马克思恩格斯选集》第1卷，北京，人民出版社1995年版，第89页。

③ 参阅阎孟伟：《"感性世界"的实践论诠释及哲学范式的变革》，载《哲学研究》2004年第3期。

④ 《马克思恩格斯选集》第1卷，北京，人民出版社1995年版，第93页。

的现实基础，这种基础尽管遭到以'自我意识'和'唯一者'的身份出现的哲学家们的反抗，但它对人们的发展所起的作用和影响却丝毫也不因此而受到干扰。"①

---

① 《马克思恩格斯选集》第 1 卷，北京，人民出版社 1995 年版，第 92～93 页。

第四章 "柯尔施问题"难点的解答

"柯尔施问题"的难点就是对马克思"废除哲学"(《马克思恩格斯全集》翻译为"消灭哲学",以下统一使用"消灭哲学"的表述)思想的理解,因为第二国际马克思主义者认为马克思主义没有任何自己的哲学内容的一个重要原因就是马克思提出了"消灭哲学"的思想,并把这种思想解读成"抛弃所有的哲学幻想"[①],柯尔施对这种解释进行了批判,认为马克思"消灭哲学"只是废除作为资产阶级意识形态的哲学,那么柯尔施的这种理解是不是马克思"消灭哲学"思想的全部呢?如何理解马克思"消灭哲学"的思想就成为解答"柯尔施问题"的一个关键环节。同时,在当代语境下解释马克思的这一思想,自然与"哲学的终结"的话题关联在一起,所以这个问题也可以表述为马克思有没有哲学终结的思想?如果有,马克思又是在何种意义上谈论哲学的终结的?关于这一问题学界有过争论,本章就从这场争论入手,对"柯尔施问题"的这一难点进行分析。

第一节 学界关于马克思有无哲学 终结观的争论及启示

2003 年有两位学者几乎同时发表了关于马克思"哲学的终结"方面的论文,这就是张汝伦写的《马克思的哲学观和"哲学的终结"》(载《中国社会科学》2003 年第 4 期)和邓晓芒写的《论马克思对哲学的扬弃》(载《学术月刊》2003 年第 3 期)。一年之后,聂锦芳在《光明日报》(2004 年 10 月 19 日)的《马克思不是"哲学终结论者"》中极力反

---

① 〔德〕卡尔·柯尔施:《马克思主义和哲学》,王南湜、荣新海译,重庆,重庆出版社1989 年版,第 3 页。

对马克思是哲学终结论者。至此，中国学界对马克思到底有没有哲学终结观的争论形成了，现在要追问的是：这种与"柯尔施问题"相关的争论是一种偶然现象还是具有某种必然性呢？这场争论是有意义的真问题还是假问题呢？这场争论对推动马克思哲学的研究有没有促进作用呢？

一、争论的背景分析

笔者认为这场争论的出现具有某种必然性，现对其出现的背景做一简要分析。

（一）这是对"哲学的危机"和"哲学的转向"的问题意识的反映

对西方哲学危机的判断早已有之，俄国 BJI. 索洛维约夫早在 1874 年写的《西方哲学的危机》一书中指出："通过考察西方哲学的起源和演化的整个历史过程（中世纪经院哲学——近代哲学——实证主义——叔本华和哈特曼），来分析西方哲学在 19 世纪中后期所陷入的危机和发生的变革。"① 索洛维约夫所说的是特定意义的西方哲学即"纯理论性抽象认识意义上的哲学"的现代处境，他确信："纯理论性抽象认识意义上的哲学，已经终止其发展，并且永不复返地转入过去的世界。"② 那么，这种危机的根源何在呢？就在于西方哲学的固有缺陷。西方哲学的知性思维把直接和具体的观点分解为它的感性因素和逻辑因素。进入 20 世纪，胡塞尔也意识到了欧洲的各个方面的危机。胡塞尔晚年，欧洲到处弥漫着非理性主义的怀疑气息。针对欧洲的危机，他在 1935 年先后作了数次演讲。随后，根据这些演讲的内容，整理出《欧洲科学的危机和先验现象学》一书。对于这场危机，胡塞尔作为犹太人，也许感受得比任何人都深刻。他认为，欧洲的这场危机在其"错误的理性主义中有着根源"，在根本上，它是一场哲学危机。同时，它也意味着作为哲学分支的科学之危机和作为奠基于哲学之上的欧洲人人性和欧洲精神的危机③。哲学的危机来自两个方面：一是来自哲学的外部，主要是科学技术的兴起对哲学作为"科学的科学"的地位的动摇，实证主义发出的"拒斥形而上学"的口号就是明证。二是来自哲学的内部，主要表现为非理性主义的哲学

---

① 〔俄〕BJI. 索洛维约夫：《西方哲学的危机》，李树柏译，杭州，浙江人民出版社 2000 年版，前言第 4 页。

② 〔俄〕BJI. 索洛维约夫：《西方哲学的危机》，李树柏译，杭州，浙江人民出版社 2000 年版，引言第 3 页。

③ 参阅郭云峰：《从哲学危机的角度看海德格尔与胡塞尔的思想分歧》，载《南京政治学院学报》2003 年第 5 期。

的兴起，对以理性为基础的传统哲学提出了质疑。在这样的背景下，哲学演变的历史及其发生转向的内在理路、哲学往何处去等问题，就成了新时代哲学的主题，其中一支就必然追溯到了马克思这里。

（二）这是对当代西方学者的热门话题"哲学的终结"的回应

伴随着西方文化的危机意识，我们听到了各种对于终结的谈论，诸如"艺术的终结"、"意识形态的终结"、"人权的终结"等等，现在，我们似乎生活在一个终结的时代。对于"哲学的终结"，也成为现当代著名哲学家如海德格尔、德里达、罗蒂、哈贝马斯等思考的一个主题。那么，我们通过现时代对于"哲学的终结"的谈论来反观马克思的哲学观，就会站在时代和实践的高度，可能对马克思的哲学观乃至马克思的全部哲学思想的理解就有了一个的新的视角，这也是这场争论主要由从事西方哲学研究的学者发起的一个重要原因。当然，这里确实存在着把马克思"消灭哲学"的思想诠释成"哲学的终结"的合法性问题。笔者认为，虽然马克思本人没有明确使用过"哲学的终结"的表述（恩格斯在《路德维希·费尔巴哈和德国古典哲学的终结》中使用过这种表述），但从"哲学的终结"的角度去理解马克思"消灭哲学"的思想也并不为过，如果仅仅停留在字面上的解释，就不会出现"我们能够比马克思更好地理解马克思"[①] 这种情形了。在这里，当我们用"哲学的终结"的视角来解释马克思"消灭哲学"的思想时，关键要切中其意蕴，而不在于用什么范畴去解释。

（三）这是对马克思的哲学观研究深化的结果

以前学界对马克思哲学的研究，主要侧重于马克思具体的哲学观点的分析，形成了苏俄的马克思主义哲学和西方马克思主义哲学两大传统，当学者们发现面对马克思同样的哲学文本，却形成了不同的解释系统时，就会深思其原因，这时发现一个很重要的原因是对马克思关于哲学本身的看法即哲学观的不同理解有很大关系，对马克思的哲学观的不同理解，就会影响对马克思文本的解释。如果我们不能准确地把握马克思的哲学观，就会导致对马克思哲学的误读。在研究马克思的哲学观的过程中，"消灭哲学"的思想自然成为研究者关注的一个焦点，当对它作出不同的解释时，争论就形成了。

---

① 〔德〕尤尔根·哈贝马斯：《理论与实践》，郭官义、李黎译，北京，社会科学文献出版社 2010 年版，第 186 页。

（四）这也是学界重新解读马克思哲学的结果

伴随着对马克思主义哲学传统教科书体系的批判，马克思主义哲学界出现了一股又一股的重读马克思哲学的浪潮，"回到马克思"、"走进马克思"等呼声就是明证。有学者指出："重读马克思绝不是'无病呻吟'或'无事生非'，而是当代实践、科学以及哲学本身发展的需要。"① 在重读马克思的过程中，学者们明确提出要把马克思主义哲学与马克思哲学区别开来，重读马克思哲学的一个主要途径就是回到马克思的经典文本中，由于学者们的学术背景的差异和解读的视角的差异，有时更是因为学者自身哲学观的"前见"的影响，于是在阐释马克思哲学的经典文本中出现了分歧也是在所难免的。这场争论就明显地带有这方面的印迹。

二、争论的具体内容及分歧

这场争论的双方都是从解读马克思哲学的经典文本入手，即都有文本上的根据，显然这里涉及如何解读马克思的哲学文本的问题，一是解读的视角，二是解读的方法论原则。承认马克思有哲学终结观的主要是从事西方哲学研究的学者，他们从现当代西方哲学的大背景下反观马克思的哲学观，他们也并不是跟随西方哲学的话语潮流对马克思哲学进行外在的比附，而是从马克思的文本本身出发解读马克思对"哲学的终结"谈论的特定内涵，并与现当代的西方学者对"哲学的终结"的谈论进行对比，从而厘清马克思所实现的哲学革命的内涵及其当代意义。聂锦芳对承认马克思有哲学终结观的学者作了如下的评论："我们注意到，在马克思哲学的比较研究中目前普遍存在着的一种情况是，不少论者动辄用一种现代哲学流行的观念去解读马克思的文本，发现那里有相关词句或观点，于是就认为马克思是现代意义上的哲学家，或者体现了马克思思想的现代意义。把马克思的哲学观诠释为一种'哲学终结论'，把马克思说成是一个'哲学终结论者'，就是这种研究方式最明显的表现。"然而，我们看到：第一，聂锦芳在反驳对方观点时也是从马克思的文本寻找有利于自己观点的"相关词句或观点"的；第二，聂锦芳在反驳对方观点时虽然不是用"现代哲学流行的观念去解读马克思的文本"，但也是有他本人的特定视角的，虽然聂锦芳强调："一个哲学命题或哲学论断如果不还原为它原初的特定语境，是不能准确地把握它的内涵与意义的；单纯

---

① 杨耕：《为马克思辩护——对马克思哲学的一种新解读》，北京，北京师范大学出版社2004年版，代序，第7页。

从马克思的文本中抽象出一句话，把马克思不同时期、不同语境中的论断不加分析地直接引用，结果并没有呈现马克思本人思想的真实面貌和原初状态，相反会曲解其本来的意思。"关键的是，如果解释者本人没有特定的理解视角，"马克思本人思想的真实面貌和原初状态"会自行呈现出来吗？那么我们会做到我们比马克思本人更好地理解马克思吗？对此，有学者指出："历史常常出现这样一种奇特的现象，即一个伟大思想家的某个观点、理论以至整个学说，往往在其身后、在经历了较长时间的历史运动之后，才充分显示出它的本真精神和内在价值，重新引起人们的关注。马克思哲学的历史命运也是如此。"①

　　聂锦芳对"哲学的终结"作了如下的分析："认真分析马克思的原意，他所说的'取消哲学'、'终结哲学'等观点，只是取消或终结哲学的特定形态，比如以观念构建世界的德国青年黑格尔派哲学，并不是排斥哲学在社会有机体系统和社会意识结构中占有一席之地，不要哲学了。这与现当代西方哲学中流行的'哲学终结论'具有本质意义上的差别。"在这里，论者把"哲学"与"哲学的特定形态"区别开来，是完全必要和正确的，但并不能因为马克思主要终结的是"哲学的特定形态"就得出马克思不是哲学终结论者。另外，"哲学的终结"并非像流俗的理解的那样"不要哲学了"或"从此以后没有哲学了"，即使在现当代西方哲学中流行的"哲学终结论"主要也不是这样的含义，而是指传统哲学形态（主要是形而上学）的终结，"哲学的终结"主要昭示的是形而上学终结之后，非形而上学的哲学形态如何可能的问题，这也是哈贝马斯提出"后形而上学思想"、罗蒂提出"后哲学文化"的意旨之所在。

　　所以，表面看来两种观点是对马克思有无哲学终结观的争论，其内在的实质涉及的是对哲学以及马克思哲学的不同理解，这正是"柯尔施问题"所关注的焦点。如前所述，在西方对于马克思思想的定位也是有争议的，对于我们从事马克思主义哲学研究的学者来说，马克思是哲学家好像是自明的，不言而喻的，但这个问题在西方却是存有疑问的，在许多西方学者眼里，马克思首先是个革命家和社会学家，或者是个经济学家，即使承认马克思是哲学家，还要进一步追问马克思是一个什么样的哲学家？是传统意义上的哲学家还是另类的哲学家呢？如果是另类，那么这个另类意指什么呢？所有这些问题都涉及哲学、形而上学和西方

① 杨耕：《为马克思辩护——对马克思哲学的一种新解读》，北京，北京师范大学出版社2004年版，代序，第7页。

哲学史等诸多问题，而不能就事论事，也不是仅仅依据马克思的文本就能解决的，而必须有宏大的视野，把马克思放到整个西方哲学史（这个哲学史并不仅仅是指马克思以前的哲学史，而应更包括马克思之后的哲学史）上来考量。如果仅仅就马克思而论马克思，就像一位学者所说的是"前不见古人，后不见来者"，反而不可能读懂马克思，还会由于受自己固有的"前见"的遮蔽，曲解马克思的本意。不同视界的"视界融合"才是从事马克思主义哲学研究的一个重要的方法论原则。其实，这种情况在中国哲学研究那里也存在，具体表现为中国哲学研究应该以西解中还是以中解中，其实明人眼里很清楚，如果离开了西方哲学的话语，中国哲学研究就会处于失语状态，即使那些反对以西解中的学者，其话语和言说方式仍然是西方的。

三、争论的症结和意义

通过以上的分析，我们看出，这场争论是一场有意义的学术论争，它涉及对马克思的哲学观的重新理解和定位。更重要的，它为我们提供了一个重读马克思哲学的新的视域，如果我们能跳出这场争论的狭小的问题域，重新思考马克思哲学与形而上学的关系，追问马克思为什么要终结形而上学以及如何终结的等问题，这对我们深化马克思哲学的研究将是有益的。其实，这个问题，西方马克思主义者和南斯拉夫实践派的哲学家早就注意到了，① "柯尔施问题"的难点就是如何理解马克思的"消灭哲学"思想的，诚如柯尔施指出的："问题毋宁是，我们应当如何理解马克思和恩格斯主要在 19 世纪 40 年代，但也在后来的许多场合讲述的废除哲学的话。这一废除过程应当如何完成？或者它是否已经完成？通过什么行动来完成？以什么样的速度完成？是对于谁来说的？也就是说，这一废除哲学应当被看作是由马克思和恩格斯的一次思想上的行动而一劳永逸地完成的吗？它的完成应当被认为只是对于马克思主义者来说的呢，还是对于全体无产阶级，或者对于全人类来说的呢？或者，我们是否应当把它理解为（像国家的废除一样）一个非常漫长和非常艰巨的，通过各个完全不同的阶段而展开的革命过程？如果是这样的，那么，

---

① 参阅〔德〕卡尔·柯尔施：《马克思主义和哲学》，王南湜、荣新海译，重庆，重庆出版社 1989 年版；〔南〕米·坎格尔卡：《马克思哲学的含义》，载中国社会科学院哲学研究所马克思主义哲学史研究室、《哲学译丛》编辑部编译：《马克思哲学思想研究译文集》，北京，人民出版社 1983 年版。

只要这个艰巨的过程还没有达到它的最终目标，即废除哲学，马克思主义对于哲学的关系又是什么？……如果马克思主义对于哲学的关系问题被这样提出来，那么，很清楚，我们所涉及的不是对很久已解决了的问题的无意义的和空洞的反思。相反地，这一问题仍然有最大的理论上与实践上的重要性。的确，在无产阶级斗争的现阶段，这是特别具有决定意义的。"① 遗憾的是，这场争论没有与"柯尔施问题"联系起来进行考察（只是张汝伦在其论文中提到了柯尔施的相关观点）。

其实，这场争论本身就带有悖论的性质，这里仍然遇到了前面所说的解释学上的难题，因为当论者去解读马克思的哲学观时，他本人就是带着一定的哲学观（即对什么是哲学的"前见"）和一定的马克思哲学观（即对什么是马克思哲学的"前见"）去理解马克思的哲学文本的，当他们的"前见"不同时，就自然会得出不同的结论，这就是所谓的解释学循环。哲学研究者在不同的哲学观的观照下，对同一哲学文本往往会得出大相径庭甚至相反的结论，这在解读文本时是很正常的，特别是对具有巨大张力的马克思哲学的解读更是如此。也就是说，这场争论的症结在于双方对"哲学"的不同理解，持赞同者认为马克思有哲学终结观，是因为把"哲学"理解为传统的理性形而上学哲学，这种哲学在马克思那里已经终结了，马克思开辟了一种崭新的哲学形态，实现了哲学思维方式的根本性变革，也就是说，论者将马克思对"哲学的终结"的论述与马克思所实现的哲学革命联系起来，邓晓芒指出："马克思在他的博士论文写作时期、《莱茵报》时期、《1844年经济学哲学手稿》和《关于费尔巴哈的提纲》写作时期这三个阶段中深入认识到：哲学在现实生活的批判和能动的实践中日益意识到自身固有的实践性；哲学已扬弃为不再是与现实对立的形而上学。这种哲学的扬弃是实现马克思实践唯物主义的惟一途径和方式。"从这里也可以看出，持马克思有哲学终结观的论者也是从马克思思想发展演变的内在逻辑上梳理马克思的哲学观。而聂锦芳把"哲学"理解为作为文化形态的哲学本身，认为哲学本身不可能终结。从这种意义上来说，其实两者没有对上话。

我们不能囿于这场争论本身，而应跳出来站在更宏大的背景上看待这场争论。其实这场争论反映了对马克思的哲学观以及其哲学思想的不同理解，即不同的马克思的哲学观和马克思哲学观。那么我们要追问的

① 〔德〕卡尔·柯尔施：《马克思主义和哲学》，王南湜、荣新海译，重庆，重庆出版社1989年版，第18～19页。

是：马克思哲学到底是单数还是复数？德里达的如下论述是有启示意义的："不能没有马克思，没有马克思，没有对马克思的记忆，没有马克思的遗产，也就没有将来：无论如何得有某个马克思，得有他的才华，至少得有他的某种精神。因为这将是我们的假设或更确切地说是我们的偏见：有诸多个马克思的精神，也必须有诸多个马克思的精神。"① "马克思的幽灵们。这里为什么是复数？它们有很多个吗？Plusd'un（很多个/不止一个）：这意味着可能有一撮，尽管不是一伙、一帮或一个社会，要不然就是一群与人或不与人共处的鬼魂。或某个有或没有头领的社团——而且是完完全全散居各处的一小撮。绝对不可能聚集在一起。进而，如果那帮幽灵一直是从一种精神获得生命的话，人们就会思忖有谁敢谈论一种马克思的精神，或者更严肃地说，谈论一种马克思主义的精神。今天，我们不仅是为了给他们预言一个未来，而且更是为了给他们呼吁多样性，或者更严肃地说，是为了给他们呼吁异质性。"② 为什么会出现多个马克思的精神呢？这在前面第二章已作过分析。德里达给我们的启示是，理解马克思应该是复数的，也就是应该是多视角的，我们不能用一种视角完全反对另一种视角，每一种视角都具有自身的合法性，正如我们不能用苏俄马克思主义哲学传统来否定西方马克思主义哲学一样；反之亦然。

如何看待在解读马克思经典文本中出现的这种悖论性呢？这涉及解释学的一些问题，笔者不能在这做出更多的说明，但有一点德里达说的确实是中肯的："不去阅读且反复阅读和讨论马克思——可以说也包括其他一些人——而且是超越学者式的'阅读'和'讨论'，将永远都是一个错误，而且越来越成为一个错误，一个理论的、哲学的和政治的责任方面的错误。当教条的机器和'马克思主义'的意识形态机构（国家、政党、党支部、工会和作为理论产物的其他方面）全都处在消失的过程中时，我们便不再有任何理由，其实只是借口，可以为逃脱这种责任辩解。没有这种责任感，也就不会有将来。"③ 也就是说，对于马克思的思想，我们并不是通过一次阅读或者一代人的阅读就能完成的，而是一个反复

---

① 〔法〕雅克·德里达：《马克思的幽灵——债务国家、哀悼活动和新国际》，何一译，北京，中国人民大学出版社1999年版，第21页。

② 〔法〕雅克·德里达：《马克思的幽灵——债务国家、哀悼活动和新国际》，何一译，北京，中国人民大学出版社1999年版，第8页。

③ 〔法〕雅克·德里达：《马克思的幽灵——债务国家、哀悼活动和新国际》，何一译，北京，中国人民大学出版社1999年版，第21页。

的阅读和讨论的过程，在阅读中产生分歧是在所难免的，关键是通过这样的反复阅读和争鸣，把马克思的思想中蕴涵着却没有明说的东西说出来，并且接着马克思说下去，而不是固守着马克思原有的个别词句和结论，并对它们可能具有的不同含义做无休止的争论。我们只有在时代的发展中把马克思哲学与新的实践相结合，在解决新的现实问题中才能推动马克思哲学的真正发展，这是我们马克思主义研究者的"责任"。

第二节　马克思哲学终结观的内涵

通过上一节的讨论，我们看到对于学界马克思有无哲学终结观的争论，其症结在于对"哲学"的不同理解造成的，这在柯尔施那个时代也是如此，第二国际马克思主义者认为马克思主义没有自己的任何哲学内容就是因为把马克思"消灭哲学"理解成了消灭哲学本身。柯尔施是反对这样理解的，他认为马克思消灭的只是作为意识形态的资产阶级哲学。这就启示我们，正确解读马克思的这一思想，就要澄清马克思在"哲学"的不同意义下的有关"哲学终结"的具体内涵，而不能笼统地说马克思有哲学终结思想或者没有哲学终结思想。对于马克思的哲学终结观的内涵，这里分别从作为哲学形态的哲学、作为意识形态的哲学、作为文化形态的哲学（即从个别到特殊再到一般的路径）三个层面来谈：

一、作为哲学形态的哲学的终结

在马克思那里，作为哲学形态的哲学的终结就是指理性形而上学的终结，这种理性形而上学经过漫长的历史发展，在黑格尔那里达到了其"极端可能性"，即成为思辨的体系化的形而上学。令人吃惊的是，黑格尔已经认识到了形而上学的式微："科学和常识这样携手协作，导致了形而上学的崩溃。"[1] 但黑格尔仍然坚持："一个有文化的民族竟没有形而上学——就像一座庙，其他各方面都装饰得富丽堂皇，却没有至圣的神那样。"[2] 更有趣的，在黑格尔那里就有了哲学的终结的意识："这就是当前的时代所达到的观点，而这一系列的精神形态就现在说来就算告一段落。

---

[1] 〔德〕黑格尔：《逻辑学》上卷，杨一之译，北京，商务印书馆1966年版，第2页。
[2] 〔德〕黑格尔：《逻辑学》上卷，杨一之译，北京，商务印书馆1966年版，第2页。

至此这部哲学史也宣告结束。"① 黑格尔对终结一说有清醒的意识，他所终止的是哲学具体形态的一个段落、所结束的是他的"这部哲学史"②。

黑格尔之后，他本人的理性形而上学成了众矢之的，当然，采取的态度不完全相同，大致可以区分为：第一种态度是拒斥的态度，像实证主义的哲学家和科学家，可以说这种态度是最极端的，把形而上学当作"死狗"一样抛弃掉，蒯因的"本体论承诺"以及逻辑实证主义对所谓"证实原则"所作的自相矛盾式的修正，早已表明拒绝形而上学是不可能的③，证明这种完全抛弃的态度是行不通的；第二种态度是克服的态度，即以一种所谓新的形而上学或非形而上学思想取代旧的形而上学，以海德格尔为代表；第三种态度是扬弃的态度，马克思就属于这种，马克思"消灭哲学"命题应该从这个角度来理解，而不能用汉语的"消灭"一词的字面意思来理解，把它理解成第一种态度，即完全抛弃掉，消灭掉，在这个意义上，把"消灭"翻译成"扬弃"是有道理的。当然，其主要内涵还是否定性的，但这种否定带有肯定的一面，因为形而上学作为西方典型的哲学形态发展这么久，肯定有它的合理性的内容，这一部分应该保留下来，这与我们对待中国传统文化的态度是一致的。有学者指出："在哲学史上，马克思和孔德是同时举起'拒斥形而上学'旗帜的……在时代性上，马克思的'拒斥形而上学'与孔德的'拒斥形而上学'具有一致性；在指向性上……孔德把'拒斥形而上学'局限于经验、知识以及'可证实'的范围内；马克思提出的是另一条思路，即'拒斥形而上学'之后，哲学应关注'现存世界'、'自己时代的世界'、'人类世界'，'把人们的全部注意力集中到自己身上'。"④

那么我们要进一步追问：既然马克思对理性形而上学采取的是扬弃的态度，那么他对理性形而上学否定的是什么？又保留了什么呢？

首先，我们来看马克思对理性形而上学的批判和否定。

马克思把理性形而上学看作是现代性的理论支撑，有学者指出："艰难之处往往在于：我们——不仅是我们的思想和观念，而且是我们的语

---

① 〔德〕黑格尔：《哲学史讲演录》第4卷，贺麟、王太庆译，北京，商务印书馆1978年版，第378页。

② 参阅程志敏：《哲学"终结论"批判》，载《西南民族学院学报》（哲学社会科学版）1999年第3期。

③ 参阅何中华：《"哲学的终结"：一个"后现代"神话》，载《天津社会科学》2002年第2期。

④ 肖前等主编：《实践唯物主义研究》，北京，中国人民大学出版社1996年版，第29页。

言、行为和生活——沉浸在汪洋大海般的现代性（modernity）之中；而现代性的本质，作为硬化了的内核，就是形而上学；并且就像它曾经完成在黑格尔哲学中一样，它如今已最彻底地完成在知性科学及其最遥远的变换样式中。在这样的处境或氛围中，马克思哲学的当代意义就往往变得晦暗不明了，或者至少也变得支离破碎了。因为真正说来，马克思哲学的当代性首先就在于它对整个现代性的批判——亦即澄清其前提并划定其界限，在于这一批判从原则高度上终结了全部形而上学。"① 所以批判现代性首先要对理性形而上学进行无情的批判，而理性形而上学是在黑格尔那里达到其极端形态的，也可以说在黑格尔那里完成了理性形而上学，完成了一种概念自洽的哲学。正是在这个意义上吴晓明才指认出："马克思对黑格尔哲学的批判不是对形而上学之一种的批判，而是对形而上学之一切的批判。也是在这个意义上，当代哲学的进展使得马克思哲学的这一划时代功绩——它曾被历史地遮蔽——被历史地再度揭示出来。"② 对这种理性形而上学的批判，马克思主要在两个方面上展开：一是批判了这种思辨哲学的体系建构的虚妄性："因为黑格尔的《哲学全书》以逻辑学，以纯粹的思辨的思想开始，而以绝对知识，以自我意识的、理解自身的哲学的或绝对的即超人的抽象精神结束，所以整整一部《哲学全书》不过是哲学精神的展开的本质，是哲学精神的自我对象化；而哲学精神不过是在它的自我异化内部通过思维理解即抽象地理解自身的、异化的宇宙精神。——逻辑学是精神的货币，是人和自然界的思辨的、思想的价值——"③ 这种体系完全是哲学思辨的结果。二是批判了其方法论上的神秘性。这种方法论的神秘性的表现之一就是主谓语的颠倒："黑格尔不把主观性和人格看作它们的主体的谓语，反而把这些谓语变成某种独立的东西，然后以神秘的方式把这些谓语变成这些谓语的主体。"④ "这种办法，用思辨的话来说，就是把实体了解为主体，了解为内部的过程，了解为绝对的人格。这种了解方式就是黑格尔方法的基本特征。"⑤ 表现之二就是纯粹的概念的抽象："具体的内容即现实的规定成了形式的

---

① 参阅王金林：《世界历史意义的本质道说——从海德格尔的解读看马克思哲学的当代性》，上海，上海教育出版社 2002 年版，吴晓明所作序言第 1 页。

② 吴晓明：《马克思的哲学革命与全部形而上学的终结》，载《江苏社会科学》2000 年第 6 期。

③ 马克思：《1844 年经济学哲学手稿》，北京，人民出版社 2000 年版，第 98 页。

④ 《马克思恩格斯全集》第 3 卷，北京，人民出版社 2002 年版，第 32 页。

⑤ 《马克思恩格斯全集》第 2 卷，北京，人民出版社 1957 年版，第 75 页。

东西，而完全抽象的形式规定则成了具体的内容。国家的各种规定的实质并不在于这些规定是国家的规定，而在于这些规定在其最抽象的形式中可以被看作逻辑学的形而上学的规定。"① "使自在和自为互相分离、使实体和主体互相分离，这是抽象的神秘主义。"② 正是在哲学批判中，马克思（包括恩格斯）终结形而上学的思想进一步凸显出来："17 世纪的形而上学的衰败可以说是由 18 世纪唯物主义理论的影响造成的，这正如同这种理论运动本身是由当时法国生活的实践性质所促成的一样。这种生活趋向于直接的现实，趋向于尘世的享乐和尘世的利益，趋向于尘世的世界。和它那反神学、反形而上学的唯物主义实践相适应的，必然是反神学、反形而上学的唯物主义理论。形而上学在实践上已经威信扫地。"③

马克思恩格斯在合写的《神圣家族》中对唯物主义和形而上学的斗争进行过这样的描述："18 世纪的法国启蒙运动，特别是法国唯物主义，不仅是反对现存政治制度的斗争，同时是反对现存宗教和神学的斗争，而且还是反对 17 世纪的形而上学和反对一切形而上学，特别是反对笛卡儿、马勒伯朗士、斯宾诺莎和莱布尼茨的形而上学的公开而鲜明的斗争。人们用哲学来对抗形而上学，这正像费尔巴哈在他向黑格尔作第一次坚决进攻时以清醒的哲学来对抗醉熏熏的思辨一样。被法国启蒙运动特别是 18 世纪的法国唯物主义所击败的 17 世纪的形而上学，在德国哲学中，特别是在 19 世纪的德国思辨哲学中，曾有过胜利的和富有内容的复辟。在黑格尔天才地把 17 世纪的形而上学同后来的一切形而上学及德国唯心主义结合起来并建立了一个形而上学的包罗万象的王国之后，对思辨的形而上学和一切形而上学的进攻，就像在 18 世纪那样，又跟对神学的进攻再次配合起来。这种形而上学将永远屈服于现在为思辨本身的活动所完善化并和人道主义相吻合的唯物主义。费尔巴哈在理论方面体现了和人道主义相吻合的唯物主义，而法国和英国的社会主义和共产主义则在实践方面体现了这种唯物主义。"④ 这是马克思恩格斯对形而上学进行批判的集中表现。在这里，我们要特别注意马克思所说的"人们用哲学来对抗形而上学"这句话的意蕴，联系上下文可以看出，这里的"哲学"

---

① 《马克思恩格斯全集》第 3 卷，北京，人民出版社 2002 年版，第 22 页。
② 《马克思恩格斯全集》第 3 卷，北京，人民出版社 2002 年版，第 79 页。
③ 《马克思恩格斯全集》第 2 卷，北京，人民出版社 1957 年版，第 161 页。
④ 《马克思恩格斯全集》第 2 卷，北京，人民出版社 1957 年版，第 159～160 页。

指唯物主义哲学,也就是说人们是用唯物主义哲学来对抗思辨的形而上学哲学,显然,马克思恩格斯是把"形而上学"当作哲学形态之一种来看待的,所以,那种把哲学仅仅理解为形而上学的哲学观是片面的,把马克思终结形而上学理解成终结哲学本身也是不符合马克思的思想的。作为哲学形态的形而上学的最大的特点就是思辨性,这在形而上学的完成者黑格尔那里表现得最为突出,对这种思辨的形而上学,费尔巴哈和法国、英国的社会主义和共产主义分别从理论和实践两个方面进行了对抗。由于马克思恩格斯是把黑格尔看作是形而上学的集大成者的,所以对之进行了集中的批判:"施特劳斯和鲍威尔关于实体和自我意识的争论,是在黑格尔的思辨范围之内的争论。在黑格尔的体系中有三个因素:斯宾诺莎的实体,费希特的自我意识以及前两个因素在黑格尔那里的必然的矛盾的统一,即绝对精神。第一个因素是形而上学地改了装的、脱离人的自然。第二个因素是形而上学地改了装的、脱离自然的精神。第三个因素是形而上学地改了装的以上两个因素的统一,即现实的人和现实的人类。"① 此时,马克思已认识到形而上学的最大弊病是脱离了"现实的人和现实的人类",而黑格尔形而上学的最大的悖论性就在于他在"绝对精神"的思辨外表下却有巨大的历史感,即蕴涵着对"现实的人和现实的人类"的思考,正是由于认识到了形而上学的弊病所在,并且把对形而上学的批判当作是现代性批判的一个前提,也正是在这个意义上,可以说马克思的现代性批判思想是马克思终结哲学的内在动力,马克思一方面对形而上学进行了理论上的批判,另一方面又认识到了批判的限度,也就是说,形而上学不是仅能通过批判就能终结的,马克思把反对形而上学的视野扩展到理论与现实的相互关系的领域,这主要是通过把形而上学批判与政治经济学批判和社会革命相结合来实现的。

正如在《德意志意识形态》中所说的,对意识的一切形式和产物不是可以通过精神的批判来消灭的,历史的动力以及宗教、哲学和任何其他理论的动力是革命,而不是批判。所以,理性形而上学不是仅靠批判就能终结的,还要通过实际地推翻产生它的现实的社会关系来实现。那么,理性形而上学赖以建立的社会关系是什么呢?就是现代性,就是资本主义制度下的异化的社会关系,只要这种社会关系还存在,总还会产生这样或那样的形而上学来的。海德格尔在追溯西方形而上学的历史时,

---

① 《马克思恩格斯全集》第2卷,北京,人民出版社1957年版,第176～177页。

曾多次指出形而上学是西方哲学思维的"命运"或"宿命"①，但他一生却从事着克服形而上学的工作，并说："随着这一已经由卡尔·马克思完成了的对形而上学的颠倒，哲学达到了最极端的可能性。哲学进入其终结阶段了。"② 当然，对于形而上学是否终结、能否终结这一问题，学界还是有争论的，有学者指出："海德格尔深刻地指出：'形而上学属于''人的本性'。因为在他看来，'形而上学就是亲在（即"此在"。——引者注）本身'，因此，'只消我们存在，我们就总是已经处于形而上学中的'。既然如此，也就意味着形而上学是人的存在与生俱来的一种本然的规定。对于人及其存在来说它完全是内在的而非外在的。因此，形而上学只能被遮蔽，而无法被拒绝或者被放弃，那些试图'终结'形而上学的种种努力，其虚妄之处从根本上说就在于它们都无视人的存在之本性。"③ 这里可能是由于"形而上学"的歧义性造成的，我们说形而上学的终结是指作为那种体系化、思辨性的哲学形态的理性形而上学的终结，这从当代大部分哲学家已经不再像理性形而上学家那样思考和写作中就可以看出，而不是那种宽泛意义上的对于真理的形而上追求的终结，这种意义上的形而上学已内化为一种哲学理念，也可以说是一种形而上学情结，这种哲学理念才真正是"人的本性"，如果把这种哲学理念也当作形而上学的话，那就另当别论了。

这里关键的一个问题是，如果说形而上学是人的存在的天命的话，那么非形而上学的哲学是可能的吗？西方哲学史也表明了形而上学并不是能轻易地被任何一种别的哲学形态克服掉的，费尔巴哈的人本主义的唯物主义不能，尼采的权力意志哲学不能，海德格尔的存在哲学也不能，最终又都陷入形而上学之中了。在这里，马克思哲学才显露出来了独特的优势，因为马克思的"实践的唯物主义"击中了形而上学的要害，因为它是用"实践"从外部击中形而上学的，也就是说，克服形而上学不能仅仅从内部来克服，这一点将在第五章再作详细讨论。

那么，马克思保留了理性形而上学什么内容呢？一方面，就是众所周知的辩证法的合理内核，马克思在《资本论》第二版跋中写道："将近

① 参阅海德格尔《形而上学是什么》一书"导言"，载《路标》，孙周兴译，北京，商务印书馆 2000 年版，第 435、第 446 页；又参见海德格尔《形而上学导论》，熊伟、王庆节译，北京，商务印书馆 1996 年版，第 86 页。

② 孙周兴选编：《海德格尔选集》下卷，上海，生活·读书·新知三联书店 1996 年版第 1244 页。

③ 何中华：《哲学：走向本体澄明之境》，济南，山东人民出版社 2002 年版，第 233 页。

30 年以前，当黑格尔辩证法还很流行的时候，我就批判过黑格尔辩证法的神秘方面。但是，正当我写《资本论》第一卷时，今天在德国知识界发号施令的愤懑的、自负的、平庸的模仿者们，却已高兴地像莱辛时代大胆的莫泽斯·门德尔松对待斯宾诺莎那样对待黑格尔，即把他当作一条'死狗'了。因此，我公开承认我是这位大思想家的学生，并且在关于价值理论的一章中，有些地方我甚至卖弄起黑格尔特有的表达方式。辩证法在黑格尔手中神秘化了，但这决没有妨碍他第一个全面地有意识地叙述了辩证法的一般运动形式。在他那里，辩证法是倒立着的。为了发现神秘外壳中的合理内核，必须把它倒过来。"① 从某种意义上讲，黑格尔的辩证法其实就是反形而上学的产物，只不过带有思辨的神秘外表而已，而它的"合理内核"即作为创造原则和推动原则的否定性被马克思保留下来了，所以马克思才说"辩证法不崇拜任何东西，按其本质来说，它是批判的和革命的。"② 这充分说明了马克思对待形而上学的扬弃立场，而不是像费尔巴哈一样倒洗澡水时把小孩一起倒掉，正是由于马克思对黑格尔的思辨辩证法进行改造之后并在《资本论》中运用，所以列宁称《资本论》为马克思的"大写的逻辑"。另一方面，马克思保留了形而上学的超验性向度，哲学之所以成为哲学就在于这种超验性向度③，这已内化为哲学理念意义上的形而上学，这个维度是应该保留下来的，也可以说这构成了哲学的价值向度，正如康德告别"一般形而上学"，转而为真正可能的未来科学形而上学奠基时所说的那样："人类精神一劳永逸地放弃形而上学研究，这是一种因噎废食的办法，这种办法是不能采取的。世界上无论什么时候都要有形而上学；不仅如此，每人，尤其是每个善于思考的人，都要有形而上学，而且由于缺少一个公认的标准，每人都要随心所欲地塑造他自己类型的形而上学。"④ 这种形而上的向度具体体现在马克思哲学的人文关怀上，即对无产阶级及全人类的自由和解放的关注上，主要体现在马克思的共产主义思想中，这在前面已作过论述。所以，我们在理解马克思对理性形而上学的终结时，不能把这种终结看成是绝对的断裂，柯尔施指出："资产阶级的哲学史家们至今或者是全然无视在德国唯心主义和马克思主义之间的这一本质的和必然的联

① 《马克思恩格斯选集》第 2 卷，北京，人民出版社 1995 年版，第 112 页。
② 《马克思恩格斯选集》第 2 卷，北京，人民出版社 1995 年版，第 112 页。
③ 参阅何中华：《马克思哲学的超验性维度之我见》，载《山东社会科学》2003 年第 4 期。
④ 〔德〕康德：《任何一种能够作为科学出现的未来形而上学导论》，庞景仁译，北京，商务印书馆 1978 年版，第 163 页。

系，或者只是不适当地和不连贯地想象和描述它。为了真正地把握它，必须抛弃现代哲学史家们的常规的抽象的和观念形态的方法，而代之以一种不必专门是马克思主义的，但一定是在黑格尔和马克思的意义上直接辩证的方法。如果我们这样做了，我们就一下子不仅看到德国的唯心主义哲学和马克思主义哲学之间的相互关系，而且也看到它们的内在必然性，既然马克思主义体系是无产阶级革命运动的理论表现，德国唯心主义哲学是资产阶级革命运动的理论表现，那么，它们必然在精神上和历史上（即在意识形态上）彼此处于联系之中，就像在社会政治实践领域里，作为一个阶级的无产阶级的革命运动和资产阶级的革命运动处于联系中一样。"① 但我们又不能夸大这种联系，把马克思解释成黑格尔主义者，也是错误的。

德里达在《马克思的幽灵》中借用布朗肖特在《友谊》中的一段话对哲学的终结进行了富有启发性的论述："哲学的这种提升——它已经成为我们的世界和我们的命运形态的万能力量——只能与它的消失一起发生，至少只能在宣布其下葬开始时发生。这种哲学的死亡因此属于我们的哲学时代。它的死亡不是始于 1917 年，甚至也不是始于 1857 年，在那一年，马克思仿佛表演娱乐性的能力测验一般，居然对他的体系作了一次彻底的改造。20 世纪中叶以来，与他的名字排在一起的还有黑格尔、尼采和海德格尔。哲学自身一直在宣告或实现它自己的终结，不论它把那终结理解为是绝对知识的完成，是与它的实际实现相联系的理论的压制以及所有的价值被卷入的虚无主义的运动，还是最终通过形而上学的终结以及还没有一个名称的另一种可能性的预兆来告示的。因此，这将是从今以后伴随着每一位思想家的日落，是一种奇妙的葬礼时刻，哲学精神将在一种提升中为此而欢呼，也就是说或进而说，哲学精神在此时常常是喜悦的，它引导着它的葬礼队伍缓慢前行，在这期间，它以这样那样的方式期待着获得它的复兴。当然这样一种否定性的期待、危机和节日，这样一种尽其可能想要找出它所反对的东西的经验，并不仅仅只限于哲学……"② 在这里，德里达借布朗肖特的话其实表达了这样的意思：从哲学形态演变的视角来看，所谓的"哲学的终结"的话题其实并

---

① 〔德〕卡尔·柯尔施：《马克思主义和哲学》，王南湜、荣新海译，重庆，重庆出版社1989 年版，第 13 页。

② 〔法〕雅克·德里达：《马克思的幽灵——债务国家、哀悼活动和新国际》，何一译，北京，中国人民大学出版社 1999 年版，第 51～52 页。

不是什么新鲜的话题，"哲学自身一直在宣告或实现它自己的终结"，从西方哲学发展的历史来看，哲学也确实被判了无数次死刑，从某种意义上说，哲学史就是哲学的终结与哲学的复活的交替史，当然这里的哲学也应当从哲学形态上来理解，哲学正是在这种死亡与复活的游戏中才得以"提升"的，借用汉语来说就是"凤凰涅槃"式的过程。其实马克思哲学也面临着这样的命运："马克思不时地被宣告已死亡，而又常常被宣告已复生。"① 上节提到的关于马克思有无哲学终结观的争论，不过是哲学终结与哲学复活，再终结再复活的过程在特定语境下的回响，每一次终结的都是某种哲学形态的哲学，而另一种哲学形态的哲学很快出现，而且是这样出现的：终结哲学的审判官恰恰就是另一种哲学，西方哲学史各种各样的哲学"转向"就说明了这一点。这也启示我们，我们不能总是以消极的心态来谈论"哲学的终结"，而应该像布朗肖特所说的"哲学精神将在一种提升中为此而欢呼"，即从积极的心态来看待所谓"哲学的终结"这一话题，哲学的终结恰恰是哲学的实现，哲学的终结也是哲学的再生的开始。

二、作为意识形态的哲学的终结

在马克思的著作中，"意识形态"概念主要是在虚假性或否定性的意义上使用的，因为统治阶级的理论家总是把本阶级的利益说成是全社会的普遍的利益，从而为本阶级统治制造幻想，正如洛克曼指出的："《德意志意识形态》一书认为，像法律和哲学这样一些领域的作用也和意识形态一样，都是要为现代工业社会结构作辩护的。"② 马克思揭露作为意识形态的哲学的虚假性，主要是通过对黑格尔的法哲学批判来实现的。对作为现代性根基的理性形而上学的批判是现代性批判的逻辑起点，在此基础上，马克思展开了对现代性集中表现的政治的批判，这是现代性批判的深化③，具体表现在两个方面：一是对以黑格尔为代表的政治哲学的批判。在政治哲学上，黑格尔得出了国家决定市民社会的结论，马克思对之进行了颠覆，马克思在《黑格尔法哲学批判》中针对黑格尔《法

① 〔美〕伊曼努尔·华勒斯坦：《自由主义的终结》，郝名玮、张凡译，北京，社会科学文献出版社2002年版，第215页。

② 〔法〕汤姆·洛克曼：《马克思主义之后的马克思》，杨学功、徐素华译，北京，东方出版社2008年版，第238页。

③ 参阅黄浩：《马克思哲学终结观视域下的现代性批判话语》，载《东南学术》2007年第1期。

哲学原理》第 261 节"对私法和私人福利，即对家庭和市民社会这两个领域来说，一方面，国家是外在必然性和它们的最高权力，它们的法律和利益都从属并依存于这种权力的本性；但是，另一方面，国家又是它们的内在目的……"的内容，做了如下的批判："'外在必然性'的意思只能理解成这样：当家庭和社会的'法律'和'利益'同国家的'法律'和'利益'发生冲突时，家庭和社会的'法律'和'利益'必须服从国家的'法律'和'利益'；它们是从属于国家的；它们的存在依存于国家的存在；或者还可以说，国家的意志和法律对家庭和社会的'意志'和'法律'来说是一种必然性。"① 然后马克思从正面得出结论："家庭和市民社会都是国家的前提，它们才是真正的活动着的；而在思辨的思维中这一切却是颠倒的。"② "家庭和市民社会是国家的现实的构成部分，是意志的现实的精神存在，它们是国家的存在方式。家庭和市民社会使自身成为国家。它们是动力。可是，在黑格尔看来又相反，它们是由现实的观念产生的。"③ 同时，马克思还揭露了以市民社会为基础的现代国家的虚幻共同体的本质，在这种虚幻共同体中，市民过着二重化的分离生活："在政治国家真正形成的地方，人不仅在思想中，在意识中，而且在现实中，在生活中，都过着双重的生活——天国的生活和尘世的生活。前一种是政治共同体中的生活，在这个共同体中，人把自己看作社会存在物；后一种是市民社会中的生活，在这个社会中，人作为私人进行活动，把他人看作工具，把自己也降为工具，并成为异己力量的玩物。政治国家对市民社会的关系，正像天国对尘世的关系一样，也是唯灵论的。"④ 在政治批判中，马克思考察了政治国家向现代国家的转变，提出了现代国家的基础和内容是市民社会，并强调，政治国家是君主制的国家，而以市民社会为基础和内容的国家是民主制国家⑤。二是在政治实践层面上。马克思从维护无产阶级的利益出发，积极参加无产阶级运动，为无产阶级运动提供"精神武器"，与形形色色的非共产主义思想和空想共产主义思想作坚决的斗争，并提出了无产阶级的解放目标："无产阶级宣告迄今为止的世界制度的解体，只不过是揭示自己本身的存在的秘密，因为它就是这个世界制度的实际解体。无产阶级要求否定私有财产，只

---

① 《马克思恩格斯全集》第 3 卷，北京，人民出版社 2002 年版，第 7 ~ 8 页。
② 《马克思恩格斯全集》第 3 卷，北京，人民出版社 2002 年版，第 10 页。
③ 《马克思恩格斯全集》第 3 卷，北京，人民出版社 2002 年版，第 11 页。
④ 《马克思恩格斯全集》第 3 卷，北京，人民出版社 2002 年版，第 172 ~ 173 页。
⑤ 参阅何萍：《马克思主义哲学与现代性问题》，载《江汉论坛》2002 年第 2 期。

不过是把社会已经提升为无产阶级的原则的东西，把未经无产阶级的协助就已作为社会的否定结果而体现在它身上的东西提升为社会的原则。"①马克思毕生都在为现实中建立起这样的社会而奋斗，正如恩格斯在《在马克思墓前的讲话》中所总结的："因为马克思首先是一个革命家。他毕生的真正使命，就是以这种或那种方式参加推翻资本主义社会及其所建立的国家设施的事业，参加现代无产阶级的解放事业，正是他第一次使现代无产阶级意识到自身的地位和需要，意识到自身解放的条件。斗争是他的生命要素。很少有人像他那样满腔热情、坚韧不拔和卓有成效地进行斗争。"②从这种意义上可以说，马克思正是以自己的政治实践活动在终结黑格尔的政治哲学，也可以说马克思哲学思维方式实现了从抽象思辨到历史事件的转型。

从马克思的政治批判可以看出，作为意识形态的哲学的终结是指作为资产阶级意识形态的哲学的终结，对此柯尔施有过明确的指认："至少，从1845年以来，马克思和恩格斯不再把他们的新唯物主义的和科学的见解表述为哲学的见解。在这里，我们应当记得，对他们来说，全部哲学等同于资产阶级哲学。但是，全部哲学和资产阶级哲学相等同的意义，仍然是需要特别强调的。因为它在很大程度上涉及像马克思主义和国家的关系那样的关系。马克思和恩格斯不仅反对一种特殊历史形式的国家，而且他们也历史地和唯物主义地把国家和资产阶级国家等同起来，并因此宣布废除国家是共产主义的政治目标。同样，他们恰恰不是反对特殊的哲学体系——他们要用科学社会主义最终克服和取代哲学。"③马克思为了表明自己与作为资产阶级哲学意识形态的彻底决裂，而把"全部哲学等同于资产阶级哲学"，同时"马克思和恩格斯不再把他们的新唯物主义的和科学的见解表述为哲学的见解"，这只是马克思和恩格斯的极端做法，并不表明他们没有不同于作为资产阶级意识形态的哲学的另一种哲学，正是在这一点上，"资产阶级的哲学教授们"和"正统的马克思主义者们"误解了马克思"消灭哲学"的思想，得出了"马克思主义没有任何它自己的哲学内容"的结论。有趣的是，对这种观点进行批判的柯尔施本人有时也把马克思"废除哲学"的思想理解为取代全部哲学：

---

① 《马克思恩格斯全集》第3卷，北京，人民出版社2002年版，第213页。

② 《马克思恩格斯选集》第3卷，北京，人民出版社1995年版，第777页。

③ 〔德〕卡尔·柯尔施：《马克思主义和哲学》，王南湜、荣新海译，重庆，重庆出版社1989年版，第15~16页。

"任何对'马克思主义和哲学'之间的关系的彻底的阐述，必须从马克思和恩格斯他们自己的明确论述出发。他们认为：他们的新的辩证唯物主义观点不仅要取代资产阶级唯心主义哲学，而且同时要取代全部哲学。"① 这里的一个重要原因是柯尔施没有把马克思和恩格斯的哲学终结观区别开来，没有看到他们之间的微妙的差异，关于这一点在第三节再做详细讨论。

马克思还对资产阶级的意识形态本身进行了批判："我们仅仅知道一门唯一的科学，即历史科学。历史可以从两方面来考察，可以把它划分为自然史和人类史。但这两方面是不可分割的，只要有人存在，自然史和人类史就彼此相互制约。自然史，即所谓自然科学，我们在这里不谈，我们需要深入研究的是人类史，因为几乎整个意识形态不是曲解人类史，就是完全撇开人类史。意识形态本身只不过是这历史的一个方面。"② 从这里可以看出，马克思这里对"科学"的态度已有很大的变化，马克思的哲学观的变化与科学观的变化具有同步性。马克思还揭示了意识形态虚假性的根源："这些个人所产生的观念，或者是关于他们对自然界的关系的观念，或者是关于他们之间的关系的观念，或者是关于他们自身的状况的观念。显然，在这几种情况下，这些观念都是他们的现实关系和活动、他们的生产、他们的交往、他们的社会组织和政治组织有意识的表现，而不管这种表现是现实的还是虚幻的。相反的假设，只有在除了现实的、受物质制约的个人的精神以外还假定有某种特殊的精神的情况下才能成立。如果这些个人的现实关系的有意识的表现是虚幻的，如果他们在自己的观念中把自己的现实颠倒过来，那么这又是由他们狭隘的物质活动方式以及由此而来的他们狭隘的社会关系造成的。"③ 这里揭示了意识形态形成的根源就是"由他们狭隘的物质活动方式以及由此而来的他们狭隘的社会关系造成的"，那么，消灭它们只能通过消灭这种"狭隘的社会关系"来实现，诚如马克思所说的："要真正地、实际地消灭这些词句，从人们意识中消除这些观念，就要靠改变了的环境而不是靠理论上的演绎来实现。对于人民大众即无产阶级来说，这些理论观念并不存在，因而也不用去消灭它们。如果这些群众曾经有过某些理论观念，

---

① 〔德〕卡尔·柯尔施：《马克思主义和哲学》，王南湜、荣新海译，重庆，重庆出版社1989年版，第16~17页。

② 《马克思恩格斯选集》第1卷，北京，人民出版社1995年版，第66页注②。

③ 《马克思恩格斯选集》第1卷，北京，人民出版社1995年版，第72页注①。

如宗教,那么现在这些观念也早已被环境消灭了。"① 马克思认识到大工业生产方式的发展为消灭意识形态创造了条件:"尽管有这些保护措施,大工业仍使竞争普遍化了(竞争是实际的贸易自由;保护关税在竞争中只是治标的办法,是贸易自由范围内的防卫手段),大工业创造了交通工具和现代的世界市场,控制了商业,把所有的资本都变为工业资本,从而使流通加速(货币制度得到发展)、资本集中。大工业通过普遍的竞争迫使所有个人的全部精力处于高度紧张状态。它尽可能地消灭意识形态、宗教、道德等等,而在它无法做到这一点的地方;它就把它们变成赤裸裸的谎言。"② 因为"只有随着大工业的发展才有可能消灭私有制"③,这还是一个漫长的历史过程,正如马克思所说的:"单个人随着自己的活动扩大为世界历史性的活动,越来越受到对他们来说是异己的力量的支配(他们把这种压迫想象为所谓宇宙精神等等的圈套),受到日益扩大的、归根结底表现为世界市场的力量的支配,这种情况在迄今为止的历史中当然也是经验事实。但是,另一种情况也具有同样的经验根据,这就是:随着现存社会制度被共产主义革命所推翻(下面还要谈到这一点)以及与这一革命具有同等意义的私有制的消灭,这种对德国理论家们来说是如此神秘的力量也将被消灭,同时,每一个单个人的解放的程度是与历史完全转变为世界历史的程度一致的。"④ 从这里可以看出,即使作为资产阶级意识形态的哲学必将终结,也并不是说它的终结是无条件的,马克思反复强调的条件就是要通过社会实践活动,改变这些意识形态赖以产生的环境和社会制度。

正是由于认识到了资产阶级意识形态的虚假性,所以马克思意识到了终结这些意识形态的必要性:"在思辨终止的地方,在现实生活面前,正是描述人们实践活动和实际发展过程的真正的实证科学开始的地方。关于意识的空话将终止,它们一定会被真正的知识所代替。对现实的描述会使独立的哲学失去生存环境,能够取而代之的充其量不过是从对人类历史发展的考察中抽象出来的最一般的结果的概括。这些抽象本身离开了现实的历史就没有任何价值。它们只能对整理历史资料提供某些方便,指出历史资料的各个层次的顺序。但是这些抽象与哲学不同,它们

---

① 《马克思恩格斯选集》第1卷,北京,人民出版社1995年版,第95页。
② 《马克思恩格斯选集》第1卷,北京,人民出版社1995年版,第114页。
③ 《马克思恩格斯选集》第1卷,北京,人民出版社1995年版,第104页。
④ 《马克思恩格斯选集》第1卷,北京,人民出版社1995年版,第89页。

绝不提供可以适用于各个历史时代的药方或公式。"① 对于这种作为虚幻、虚假的意识形态的哲学（包括意识形态本身）的终结，马克思的态度是明确的，阿尔都塞指出："在马克思的笔下，意识形态仅仅是谬误的另一个名称。《德意志意识形态》本身就把意识形态贬低为谬误，但人们感觉到，在'实证真理'同意识形态幻想相对立的背后，正开始出现和正在完成另一种更大规模的决裂，这不仅是理论的决裂，而且是政治的和意识形态的决裂。这不是马克思同一般意识形态的决裂，不仅是同现有的意识形态历史观的决裂，而且是同资产阶级意识形态，同占统治地位的资产阶级世界观的决裂，这种世界观不仅决定着社会实践，而且在实际意识形态和理论意识形态中，在哲学中，以及在政治经济学和空想社会主义的著作中占着统治地位。这种统治并不是绝对的统治，而是资产阶级世界观同残余的封建世界观以及同处于萌芽状态的无产阶级世界观作斗争的结果，这也是了解马克思的立场的一个根本事实。因为，马克思只有从无产阶级意识形态的萌芽中和在无产阶级初步的阶级斗争中吸取教益，才能同整个资产阶级意识形态实行决裂，而无产阶级的阶级斗争又是无产阶级意识形态成长壮大的土壤。"② 意识形态的终结的途径就是回归现实的生活世界，即通过"无产阶级的阶级斗争"改变"整个资产阶级意识形态"赖以存在的社会环境，这可能就是阿尔都塞所说的"实际意识形态"的具体所指吧，其外在表现形式就是"实证真理"对意识形态的克服，在这里，马克思改变了在写作《博士论文》时期对实证科学的态度。正如有学者指出的："马克思的意识形态批判所追求的目标正是人的存在及其历史本身的自我复归，即人的本性和历史本身的解蔽。"③实际上，马克思和恩格斯之所以如此强烈地反对哲学，一方面是由于他们把哲学等同于资产阶级哲学，另一方面是由于他们又把资产阶级哲学等同于资本主义的现实，从而他们把反对哲学看作是反对资本主义现实的一个必不可少的方面。柯尔施指出："对现代辩证唯物主义来说，重要的是，在理论上要把哲学和其他意识形态体系当作现实来把握，并且在实践上这样对待它们。在他们的早期，马克思和恩格斯由反对哲学的现实性开始了他们的全部革命活动；我们将表明，尽管后来他们的确从根

---

① 《马克思恩格斯选集》第1卷，北京，人民出版社1995年版，第73~74页。

② 〔法〕路易·阿尔都塞：《保卫马克思》，顾良译，北京，商务印书馆1984年版，第231~232页。

③ 何中华：《论马克思和恩格斯哲学思想的几点区别》，载《东岳论丛》2004年第3期。

本上转变了他们关于在整个意识形态内哲学的意识形态是如何相关于其它形式的观点，但是，他们总是把意识形态——包括哲学——当作具体的现实而不是空洞的幻想来对待的。"① 马克思对作为意识形态的资产阶级哲学的批判，其实就是对资本主义社会现实的批判，因为在马克思看来，哲学就是社会现实的组成部分，就属于这个世界："迄今为止的哲学本身就属于这个世界，而且是这个世界的补充，虽然只是观念的补充。"②

作为意识形态的哲学的终结，还可以结合马克思关于国家消亡的思想来理解③。马克思恩格斯在《共产党宣言》中就有了国家消亡的设想："当阶级差别在发展进程中已经消失而全部生产集中在联合起来的个人的手里的时候，公共权力就失去政治性质。原来意义上的政治权力，是一个阶级用以压迫另一个阶级的有组织的暴力。如果说无产阶级在反对资产阶级的斗争中一定要联合为阶级，如果说它通过革命使自己成为统治阶级，并以统治阶级的资格用暴力消灭旧的生产关系，那么它在消灭这种生产关系的同时，也就消灭了阶级对立的存在条件，消灭了阶级本身的存在条件，从而消灭了它自己这个阶级的统治。""代替那存在着阶级和阶级对立的资产阶级旧社会的，将是这样一个联合体，在那里，每个人的自由发展是一切人的自由发展的条件。"④ 这里显然蕴涵着作为阶级统治和暴力机构的国家的消亡的意思在内，后来恩格斯发展了这一思想，在《反杜林论》中明确地提出了无产阶级国家"自行消亡"的著名论断，后来列宁又发展了这一思想。既然阶级和国家不存在了，那么作为为统治阶级服务的意识形态也就不可能再存在下去了，阿尔都塞指出："马克思预见国家消亡的战略眼光，也涵盖了整个上层建筑，包括诸意识形态（因而还有完全不能从国家中分离出来的占统治地位的意识形态）。"⑤

可能有人会提出这样的问题，既然作为意识形态的哲学会终结，那么，马克思主义哲学作为意识形态会终结吗？如果把马克思主义哲学作

---

① 〔德〕卡尔·柯尔施：《马克思主义和哲学》，王南湜、荣新海译，重庆，重庆出版社1989年版，第35页。

② 《马克思恩格斯选集》第1卷，北京，人民出版社1995年版，第8页。

③ 柯尔施意识到马克思废除国家与废除哲学之间的联系，参阅〔德〕卡尔·柯尔施：《马克思主义和哲学》，王南湜、荣新海译，重庆，重庆出版社1989年版，第19页相关内容，但没有做详细的讨论。

④ 《马克思恩格斯选集》第1卷，北京，人民出版社1995年版，第294页。

⑤ 〔法〕路易·阿尔都塞：《哲学与政治：阿尔都塞读本》，陈越编，长春，吉林人民出版社2003年版，第248页。

为无产阶级解放的思想武器，那么马克思主义哲学也是意识形态①。作为具有强烈自我批判意识的马克思主义哲学会回答说，会的。因为作为无产阶级意识形态的马克思主义哲学本身就是在反对占统治地位的资产阶级意识形态过程中产生的，随着阶级和国家的消亡，作为无产阶级意识形态的马克思主义哲学已经完成了自己的使命（"end"一词本身就有两层含义，一是表示结束，二是表示意图），按照马克思的说法，也就是作为无产阶级意识形态的马克思主义哲学实现出来时，它也就丧失了。当然，在资本主义制度还存在的情况下，这还是一个漫长的过程，柯尔施对此曾指出："马克思的科学社会主义与全部资产阶级的哲学和科学之间的真正矛盾，完全在于科学社会主义是革命过程的理论表现，这个过程将随着这些资产阶级哲学和科学的全部废除，以及在它们之中找到了其意识形态表现的物质关系的废除而终结。"② 科学社会主义是在与资产阶级意识形态的斗争中发展起来的，它也会随着自己历史使命的完成而终结，也正是在这个意义上，马克思才说哲学的实现也就是哲学的丧失。在这个问题上，华勒斯坦在比较马克思主义的两个不同维度时指出："已经消亡的是作为一种现代性理论的马克思主义……尚未消亡的是作为对现代性及其历史表现形式——资本主义世界经济体系进行批判的马克思主义。已经消亡的是作为改良主义战略的马克思列宁主义。尚未消亡的是激励诚笃的社会力量进行反对现行世界体系的那些抨击言说——得人心的马克思的语言表现形式。"③ 从反现代性角度可以对马克思学说获得一个全新的理解，很显然，马克思的哲学观与以"现代性叙事"为核心的传统哲学观已经根本不同，从马克思的反现代性立场来看，马克思把作为无产阶级革命一部分来看待的一个重要任务就是终结作为资产阶级意识形态的哲学："共产主义革命就是同传统的所有制关系实行最彻底的决裂；毫不奇怪，它在自己的发展进程中要同传统的观念实行最彻底的决裂。"④ 并以此来推进资产阶级意识形态领导权的终结。阿尔都塞指出：

---

① 阿尔都塞称之为"被统治的意识形态"，参阅〔法〕路易·阿尔都塞：《哲学与政治：阿尔都塞读本》，陈越编，长春，吉林人民出版社2003年版，第243页。其实，马克思主义哲学本身是如何成为意识形态的这个问题就是一个重大的学术课题。

② 〔德〕卡尔·柯尔施：《马克思主义和哲学》，王南湜、荣新海译，重庆，重庆出版社1989年版，第32页。

③ 〔美〕伊曼努尔·华勒斯坦：《自由主义的终结》，郝名玮、张凡译，北京，社会科学文献出版社2002年版，第216页。

④ 《马克思恩格斯选集》第1卷，北京，人民出版社1995年版，第293页。

"马克思就给（被斯大林主义本体论的反面经验所残酷教育了的）马克思主义者遗留了一个特别艰难的事业。正如马克思留给工人运动的任务是去创造新的'公社'形式，从而使国家变得多余，他留给马克思主义哲学家的任务就是去创造新的哲学干预的形式，以加速资产阶级意识形态领导权的终结。总而言之，这个任务就是去创造一种新的哲学实践。"①对无阶级社会里是否还会有意识形态的问题，阿尔都塞是有所保留的："为了培养人、改造人和使人们能够符合他们的生存条件的要求，任何社会都必须具有意识形态。"②他还指出阶级社会和无阶级社会的意识形态之不同："在阶级社会中，意识形态是统治阶级根据自己的利益调整人类对其生存条件的关系所必需的接力棒和跑道。在无阶级社会中，意识形态是所有人根据自己的利益体验人类对其生存条件的依赖关系所必须的接力棒和跑道。"③

三、作为文化形态的哲学的终结问题

如果说马克思对于作为哲学形态和意识形态的哲学即作为"个别"和"特殊"的哲学的终结，马克思的态度是明确的，那么作为文化形态的哲学即作为"一般的"哲学本身又如何呢？马克思的哲学终结观是否含有作为文化形态的哲学本身的终结的意思在内，这是一个十分复杂的问题，所以对于马克思有无哲学终结观的争论的焦点就在这里，笔者也正是在这个意义上把如何理解马克思的"消灭哲学"的思想界定为"柯尔施问题"的难点的。现在人们之所以会谈论作为文化形态的哲学本身的终结，一个重要的背景就是作为文化形态的哲学在整个文化中的地位的衰落，以前作为"科学之科学"的哲学一下子从文化霸主的位置上跌落下来，并不断地被边缘化，人们自然会想到它的终结。正如宇伯威格和海因泽的评论，哲学发现自己在这个时代"处在一种普遍的枯竭状态之中"，"日益失去了它对于文化活动的影响"④。其实，这也是文化遭遇

---

① 〔法〕路易·阿尔都塞：《哲学与政治：阿尔都塞读本》，陈越编，长春，吉林人民出版社 2003 年版，第 248 页。

② 〔法〕路易·阿尔都塞：《保卫马克思》，顾良译，北京，商务印书馆 2006 年版，第 232 页。

③ 〔法〕路易·阿尔都塞：《保卫马克思》，顾良译，北京，商务印书馆 2006 年版，第 232~233 页。

④ 转引自：〔德〕卡尔·柯尔施：《马克思主义和哲学》，王南湜、荣新海译，重庆，重庆出版社 1989 年版，第 12 页。

到合法性危机在哲学观上的回响，正如卡洪指出的："文化失去了合法性意味着哲学失去了合法性。在 20 世纪，形形色色的各门各派的哲学家，从维特根斯特到海德格尔，已经宣告了哲学的'终结'或'死亡'，晚期现代哲学中的反文化主义就是隐身于所谓的哲学'终结'或'死亡'背后的内驱力之一。"①

　　首先要回答的一个问题是，作为意识形态的哲学是否就是作为文化形态的哲学？换句话说，哲学是否一开始就是以意识形态的形式出现的，并且永远地以意识形态的形式存在下去？这个问题阿尔都塞意识到了，他在谈到意识形态的功能时说："而诸意识形态在这里所起的作用，就在于它们参与生产关系，并且参与全部社会关系，在观念或文化层面保障了统治阶级的领导权。在这些意识形态中，一般说来，我们可以看到法律意识形态、政治意识形态、伦理意识形态、宗教意识形态，还有马克思所说的哲学意识形态。关于这些意识形态，马克思指出，正是借助它们，人们得以意识到相互的阶级冲突并'力求把它克服'。至于马克思的说法——'哲学意识形态'是否恰好涵盖了在这里一直被叫做'哲学'的东西，这个问题姑且不管。但是我会保留两条基本线索：第一，在哲学内部发生的事情与在诸意识形态中发生的事情密切相关；第二，在诸意识形态内部发生的事情又与阶级斗争紧密相连。"② 在这里，阿尔都塞提出了这样一个问题："哲学意识形态"是否恰好涵盖了在这里一直被叫做"哲学"的东西？虽然他没有对这个问题作出明确的回答，但这个问题却是有意义的。通过考察哲学史，我们发现，哲学并不是一开始就是作为意识形态而存在的，西方哲学的最初形态是自然哲学即对世界本原的追问，这种追问完全起源于当时人们对大自然的"惊异"，亚里士多德说："古往今来人们开始哲理探索，并力图对其作出说明。"③ 当时人们惊异于种种令人迷惑的现象，并力图对其作出说明，哲学的本意就是"爱智慧"，这很难说与意识形态有什么关联，只有当统治阶级自觉意识到哲学对于它的统治起到某种作用时，并推动哲学朝着有利于自己的统治的方向发展时，这时哲学才可能成为意识形态，就像基督教最开始是作为被统治阶级的宗教一样，只有当统治阶级意识到可以利用基督教来为自

---

　　① 〔美〕劳伦斯·E. 卡洪：《现代性的困境——哲学、文化和反文化》，王志宏译，北京，商务印书馆 2008 年版，第 343 页。

　　② 〔法〕路易·阿尔都塞：《哲学与政治：阿尔都塞读本》，陈越编，长春，吉林人民出版社 2003 年版，第 237 页。

　　③ 〔古希腊〕亚里士多德：《形而上学》，北京，商务印书馆 1959 年版，第 5 页。

己的统治服务并加以改造利用的情况下，基督教才充当了意识形态的功能，即使在阶级社会里，也并非所有的意识形式都是意识形态。哈贝马斯的下述看法是有道理的："我要研究的问题，一言以蔽之，就是这样一个尖锐的问题：哲学究竟首先是生产力或者首先是虚伪的意识？虽然按照《德意志意识形态》中的说法：占统治地位的观念是统治阶级的观念。但是，马克思和恩格斯（F. Engels）却并不简单地把文化传统的内容理解成意识形态的意识（ideoIogisches Bewusstsein）；在他们看来，只有那些既掩盖又显露出基本阶级结构的意识形式，即有利于现存的法律制度和统治制度合法化的意识形式，才是意识形态的。同时，当马克思、恩格斯一股脑儿把科学技术看成是部分生产潜力时，他们也毫不踌躇地把构成社会的最重要的成分——文化遗产，例如宗教和道德——理解成意识形态。他们对于造型艺术、古典文学和市民文学的态度，则不那么明确。马克思对艺术的意识形态批判有两个目的：虚伪的意识反映和（总是以倒置的形式表现出来的）理性内容的重建。"[①] 柯尔施也指出过："从术语上看，应该说把社会意识和精神生活仅仅描述为意识形态，是马克思和恩格斯从未做过的。意识形态仅仅是一种虚伪的意识，尤其是一种错误地把自主的特征赋予部分社会生活现象的意识。……在他们的术语里，只有法律的、政治的、宗教的、美学的或哲学的意识形式才是意识形态的。甚至这些形式也不一定在所有的情况下都是意识形态，而只是在已经说明过的特殊条件下才成为意识形态。"[②] 那么，作为意识形态的哲学是否会一直存在下去呢？通过上一部分的分析，我们也应该做出否定的回答。

对作为文化形态的哲学能否终结的问题，我们可以联系宗教的终结问题来看。随着封建社会的解体，作为占统治地位意识形态的宗教也就不复存在了。可能有人会问：现在宗教不是还存在吗？是的，宗教现在在人们日常生活中还存在，甚至在某些国家里宗教还是一个政治问题，但是我们说，作为意识形态的宗教已经一去不复返了，任何想把宗教再拉回到像封建社会那样作为占统治地位的意识形态（按照《德意志意识形态》中的说法，占统治地位的观念是统治阶级的观念）的宗教都是不

---

① 〔德〕尤尔根·哈贝马斯：《重建历史唯物主义》，郭官义译，北京，社会科学文献出版社2000年版，第45～46页。

② 〔德〕卡尔·柯尔施：《马克思主义和哲学》，王南湜、荣新海译，重庆，重庆出版社1989年版，第43～44页。

会成功的，就像在今天，任何想复古帝王的观念和行动都不会成功一样，甚至在袁世凯那个时代就已经不可能了。也就是说，作为占统治地位的意识形态的宗教已经终结了，但是宗教还是可以作为一种文化形态存在。马克思的"消灭宗教"的思想也只能在作为意识形态的宗教的视角下来理解，马克思在《论犹太人问题》中曾提出过"消灭宗教"的思想。在《犹太人问题》中，鲍威尔认为，无论基督徒还是犹太人，都必须彻底抛弃自己的本质，只有当犹太人和基督徒放弃那种使他们分离并陷于永久孤立的特殊本质，承认人的普遍本质并把它看成真正的本质的时候，他们才能被看成是人。马克思对此在《论犹太人问题》中进行了这样的批判："犹太人和基督徒之间最顽固的对立形式是宗教对立。怎样才能消除对立？使它不能成立。怎样才能使宗教对立不能成立？废除宗教。"① 马克思期望在共产主义的社会组织里能消灭一切意识形态，特别是宗教，并指出了宗教消失的条件："只有当实际日常生活的关系，在人们面前表现为人与人之间和人与自然之间极明白而合理的关系的时候，现实世界的宗教反映才会消失。只有当社会生活过程即物质生产过程的形态，作为自由结合的人的产物，处于人的有意识有计划的控制之下的时候，它才会把自己的神秘的纱幕揭掉。但是，这需要有一定的社会物质基础或一系列物质生存条件，而这些条件本身又是长期的、痛苦的发展史的自然产物。"② 这启发我们，当我们谈论任何意识形态的消亡时，都不能离开产生它的"物质生存条件"。马克思指出，"宗教是人民的鸦片"，人民把希望寄托在宗教的幻想的世界里，是对现实苦难的逃避。产生社会压迫的真正的根源不在宗教里，而在现实的社会关系中，实现人类的解放必先诉诸政治解放，消灭宗教赖以产生的社会根源。对于作为意识形态的宗教的终结，哈贝马斯也说过："在西方工业社会中，宗教思想正在解体。宗教在很大程度上丧失了它的广泛影响，并且因此而在很大程度上丧失了它的意识形态功能。"③ "在宗教的世俗权力被打破，普遍的传统的道德形式被打破、艺术品的全部作用丧失之后，宗教、道德和艺术，就不会再首先被视为意识形态，即对统治起稳固作用的意识形态；另一方面，科学和艺术也就失去了它在意识形态上的纯洁性。……在技术至上

---

① 《马克思恩格斯全集》第 3 卷，北京，人民出版社 2002 年版，第 165 页。
② 《马克思恩格斯选集》第 2 卷，北京，人民出版社 1995 年版，第 142 页。
③ 〔德〕尤尔根·哈贝马斯：《重建历史唯物主义》，郭官义译，北京，社会科学文献出版社 2000 年版，第 47 页。

的意识支配下，科学和技术在今天同时产生了意识形态的效果。"①在这里，哈贝马斯对宗教、道德、艺术逐渐失去"意识形态"功能作了深刻的揭示，更重要的也揭示了以前完全是非意识形态的科学与技术现在则"产生了意识形态的效果"，说明了意识形态问题本身的复杂性。

这也说明了理解马克思的哲学终结观要从不同层面来理解的必要性和重要性，不能笼统地说"哲学终结了"或者说"哲学没有终结"，这种言说方式对问题的解决没有任何意义，反而使问题变得更加复杂化。正如我们上面所分析的，作为意识形态的宗教的终结，并不意味着作为一种文化形态的宗教的终结，作为文化形态存在的宗教通过否定之否定的发展又复归到了原生态的宗教形式即作为弱小者的宗教了（这里的弱小者不能从财富或社会地位上来理解，只要某人信教，就说明他在某一方面就是弱小者），也可以说成为了人们心中的一种宗教情结也未尝不可（从这种意义上说，这种宗教已经不是原来意义上的宗教了），这种形式的宗教也可以说是一种生存智慧，即使在现代高科技时代，人仍然有他的脆弱性的一面，自杀数量的增加就说明了这一点。所以，宗教现在仍然在现实生活中存在着，并发挥着一种准道德方面的功能。对于哲学我们也可以这样来看，在未来的共产主义社会里，当作为意识形态的哲学终结后，哲学完全可以通过否定之否定的发展，返回到哲学的原初意义即"爱智慧"上去，因为作为人的生存智慧的哲学，将永远会追问人的存在的意义问题，从这种意义上说，作为文化形态的哲学不会终结，它只能改变自己的形态。但事情并不这么简单，马克思恩格斯在《共产党宣言》里确实预言了作为文化形态的一般意识形式的消失，最难理解和引起分歧最大的就是马克思和恩格斯在《共产党宣言》中的几段话：

"'但是'，有人会说，'宗教的、道德的、哲学的、政治的、法的观念等等在历史发展的进程中固然是不断改变的，而宗教、道德、哲学、政治和法在这种变化中却始终保存着。

此外，还存在着一切社会状态所共有的永恒真理，如自由、正义等等。但是共产主义要废除永恒真理，它要废除宗教、道德，而不是加以革新，所以共产主义是同至今的全部历史发展相矛盾的。'

这种责难归结为什么呢？至今的一切社会的历史都是在阶级对立中运动的，而这种对立在不同的时代具有不同的形式。

① 〔德〕尤尔根·哈贝马斯：《重建历史唯物主义》，郭官义译，北京，社会科学文献出版社2000年版，第49页。

　　但是，不管阶级对立具有什么样的形式，社会上一部分人对另一部分人的剥削却是过去各个世纪所共有的事实。因此，毫不奇怪，各个世纪的社会意识，尽管形形色色、千差万别，总是在某些共同的形式中运动的，这些形式，这些意识形式，只有当阶级对立完全消失的时候才会完全消失。

　　共产主义革命就是同传统的所有制关系实行最彻底的决裂；毫不奇怪，它在自己的发展进程中要同传统的观念实行最彻底的决裂。

　　不过，我们还是把资产阶级对共产主义的种种责难撇开吧。"①

　　这里的困难主要在于马克思和恩格斯把作为意识形态的诸形式与作为文化形态的诸形式放在一起讨论的："这些形式，这些意识形式，只有当阶级对立完全消失的时候才会完全消失。"这里涉及一个翻译问题，《马克思恩格斯全集》第一版是这样翻译的："所以，毫不奇怪，各个时代的社会意识，尽管形形色色、千差万别，总是在一定的共同的形态中演进的，也就是在那些只有随着阶级对立的彻底消逝才会完全消逝的意识形态中演进的。"② 德文版是这样的："Kein Wunder daher, daβ das gesellschaftliche Bewuβtsein aller Jahrhunderte, aller Mannigfaltigkeit und Verschiedenheit zum Trotz, in gewissen gemeinsamen Formen sich bewegt, Formen, Bewuβtseinsformen, die nur mit dem gänzlichen Verschwinden des Klassengegensatzes sich vollständig auflösen."③ 英文版是这样的："No wonder, then, that the social consciousness of past ages, despite all the multiplicity and variety it displays, moves within certain common forms, or general ideas, which cannot completely vanish except with the total disappearance of class antagonisms."④ 从德文和英文来看，马克思和恩格斯在这里都没有使用他们在《德意志意识形态》中已经有固定用法"ideologie"和"ideology"的表述，而使用的是"Bewuβtseinsformen"、"general ideas"，所以《马克思恩格斯全集》第一版的翻译是有问题的，译者显然是加进了自己的理解，译者的理解是否切中还是有待商榷的，因为马克思和恩格斯对语词的使用是特别讲究的，在这里使用"意识形式"而不使用"意识形态"显然

　　①　《马克思恩格斯选集》第 1 卷，北京，人民出版社 1995 年版，第 292～293 页。

　　②　《马克思恩格斯全集》第 4 卷，北京，人民出版社 1958 年版，第 489 页。

　　③　Karl Marx，Friedrich Engels：Manifest der Kommunistischen Partei, Verlag Für Fremdsprachige Literatur Peking 1970，p. 58～59.

　　④　The Marx Reader，Edited by Christopher Pierson，First published by Polity Press in association with Blackwell Publishers Ltd，p. 144.

是有他们自己的用意的,《马克思恩格斯选集》改译为"意识形式"也说明了这一点。这里的"意识形式"即宗教、道德、哲学、政治和法显然包含着作为意识形态的意识形式和作为文化形态的意识形式这两个层面的意思在内的,而不能仅仅理解为前者,对于作为意识形态的宗教、道德、哲学、政治和法到了没有阶级的社会会消失很容易理解,但是如果说作为文化形态的意识形式的宗教、道德、哲学、政治和法本身到了没有阶级的社会也会消失就很费解了,对于马克思和恩格斯的这个预言我们当然也可以存疑,但毕竟作为一个问题提了出来,否则也不会出现第二国际马克思主义者把马克思的"消灭哲学"思想理解成废除哲学本身了,就连柯尔施本人也受到影响,他说:"马克思和恩格斯不仅反对一种特殊历史形式的国家,而且他们也历史地和唯物主义地把国家和资产阶级国家等同起来,并因此宣布废除国家是共产主义的政治目标。同样,他们恰恰不是反对特殊的哲学体系——他们要用科学社会主义最终克服和取代哲学。"① "任何对'马克思主义和哲学'之间的关系的彻底的阐述,必须从马克思和恩格斯他们自己的明确论述出发。他们认为,他们的新的辩证唯物主义观点不仅要取代资产阶级唯心主义哲学,而且同时要取代全部哲学。"② 就柯尔施的理解来说,说明了柯尔施的哲学观上的矛盾和局限性,其中的原因:一方面在于柯尔施在这里没有把作为意识形态的哲学与作为文化形态的哲学区分开来,另一方面的原因在于柯尔施没有把马克思和恩格斯的哲学终结观区别开来,在恩格斯那里,确有用科学取代哲学本身的意思,这一点将在下一节再作详细讨论。同时,即使马克思有"取代全部哲学"的意思在内,柯尔施也没有标明出马克思提出这些思想的前提条件。

这说明了作为文化形态的哲学能否终结的问题的复杂性,学界关于马克思是不是哲学终结论者的争论的焦点集中于此也说明了这一点。不过,哲学在现时代不会终结是不可置疑的,现在宣布"哲学的死亡"为时尚早,这完全忽视了马克思在谈论哲学的终结时的前提条件,诸如"物质生存条件"③、"只有通过实际地推翻这一切唯心主义谬论所由产生

① 〔德〕卡尔·柯尔施:《马克思主义和哲学》,王南湜、荣新海译,重庆,重庆出版社1989年版,第16页。

② 〔德〕卡尔·柯尔施:《马克思主义和哲学》,王南湜、荣新海译,重庆,重庆出版社1989年版,第16~17页。

③ 《马克思恩格斯选集》第2卷,北京,人民出版社1995年版,第142页。

的现实的社会关系"①、"只有当阶级对立完全消失的时候"②、"旧思想的瓦解是同旧生活条件的瓦解步调一致的"③ 等等，如果离开这些前提条件，连谈论作为意识形态的诸意识形式的终结就是非法的，更不用说谈论作为文化形态的诸意识形式的终结了。正是在这个意义上，马克思和恩格斯把资产阶级对他们的误解称为"责难"，因为他们只看到了马克思和恩格斯对一些问题的看法的结论，而忽视了这些结论的前提条件，马克思和恩格斯意识到了在纯思想领域里讨论这些问题是徒劳无益的，就说"我们还是把资产阶级对共产主义的种种责难撇开吧"。也就是说，对马克思和恩格斯的这些论述的理解，我们一方面不能离开他们提出的前提条件，另一方面也不能离开他们所面临的现实，这个现实就是他们的对手所忽视的："至今的一切社会的历史都是在阶级对立中运动的，而这种对立在不同的时代具有不同的形式。但是，不管阶级对立具有什么样的形式，社会上一部分人对另一部分人的剥削却是过去各个世纪所共有的事实。"④ 这充分说明了，不论对于马克思关于何种形态的意识形式的终结的讨论，如果离开了马克思提出问题的特定语境和限定的条件去抽象地谈论，都是无意义的。

对于作为文化形态的哲学的终结是否可能也取决于"所由产生的现实的社会关系"，这里可以联系到"神话"的意识形式的消亡来看。随着科学的发展，当神话"所由产生的现实的社会关系"已经不可能再产生新的神话时，神话自然就消亡了，正如马克思所说的："任何神话都是用想象和借助于想象以征服自然力，支配自然力，把自然力加以形象化；因而，随着这些自然力实际上被支配，神话也就消失了。"⑤ 神话产生于古代社会不发达的生产阶段，是和当时对外在自然的解释能力和改造能力的低下的社会状况相对应的，它也"随着这些自然力实际上被支配"而消失。同样，"随着印刷机的出现，歌谣、传说和诗神缪斯岂不是必然要绝迹，因而史诗的必要条件岂不是要消失吗？"⑥ 如果作为文化形态的哲学的终结是可能的话，那也只能是这种情况，那时随着马克思所开辟的哲学的科学化与科学的哲学化的道路的进一步发展，哲学与科学已经

① 《马克思恩格斯选集》第1卷，北京，人民出版社1995年版，第92页。
② 《马克思恩格斯选集》第1卷，北京，人民出版社1995年版，第293页。
③ 《马克思恩格斯选集》第1卷，北京，人民出版社1995年版，第292页。
④ 《马克思恩格斯选集》第1卷，北京，人民出版社1995年版，第292页。
⑤ 《马克思恩格斯全集》第30卷，北京，人民出版社1995年版，第52页。
⑥ 《马克思恩格斯全集》第30卷，北京，人民出版社1995年版，第52页。

丧失了它们原来的意义，而融合为一种新的意识形式即"一门科学"了，这恐怕还是遥远的事情，这正如马克思所说的"这些意识形式，只有当阶级对立完全消失的时候才会完全消失"，我们甚至可以对马克思的这一预言存疑，但从神话、古典诗歌等艺术形式的消亡的情形来看，作为文化形态的意识形式的消亡也是可能的（但我们也要注意到各种意识形式之间的差异），新的意识形式的产生也是可能的，但这里的情况很复杂，因为人类发展了这么长的时间，任何现在仍然存活着的意识形式已固化为一种文化传统，即使它作为意识形态的意识形式终结了，完全还可以作为文化形态的意识形式而存在，宗教在这方面表现得最为明显。同时，在人类已发展这么长的时间的情况下，再产生出不同于哲学、宗教、政治这些意识形式的崭新的意识形式也是很难的，不过有一条途径是可行的，就是通过现有的各种意识形式的整合而产生出新的意识形式，马克思的"一门科学"的学术理想也应该在这个意义上来理解。但有一点是明确的：哲学在现时代是不会终结的，正如柯尔施所说的："哲学自身没有由于只是废除它的名称而被废除，这一点是容易理解的。"① 甚至后哲学文化的提倡者罗蒂似乎也并不相信"哲学的终结"，在一次接受采访时明确指出："我并不真地认为哲学将死亡。哲学可以变化。事实上，在哲学史上的许多时候，哲学已经发生了变化。"②

在这方面，海德格尔的生存哲学有着一定的启示意义，他主张哲学应返回到前苏格拉底时期的样态。马克思的"实践的唯物主义"从关注人的生存和现实生活世界的意义上也可以说是一种生存智慧的哲学形态，所以，现在学界有许多学者从存在论或生存论的视域对马克思哲学进行了有益的探讨，但这并不能涵盖马克思哲学全部丰富的内涵，也就是说，在马克思哲学的研究中，要采用多视角的研究方式，不能用一种视角来完全否定或取代另一种视角。

由于英文"end"一词既有终结的意思还有目的的意思，这里，我们必须追问哲学的历史使命到底是什么？哲学的使命（功能）是单一的吗？抑或是随着历史的发展变化而具有不同的功能呢？如果哲学的使命全部完成了，哲学还有存在的必要吗？如果哲学的使命永远不能最终完成，哲学就不可能终结吗？其实，即使西方学者谈论的"哲学的终结"，大多

---

① 〔德〕卡尔·柯尔施：《马克思主义和哲学》，王南湜、荣新海译，重庆，重庆出版社1989年版，第17页。

② 《罗蒂谈当代西方哲学》，载《哲学动态》1992年第8期，第31页。

数现当代的西方哲学家在谈论哲学终结时，主要也不是指哲学本身的终结，而主要是指形而上学的终结。如果说哲学是相关于人的意义和价值问题的话，笔者认为只要存在着对人的意义和价值方面的问题和矛盾，哲学作为一种文化形态是不会死亡的，只会改变它的具体形态，甚至它的称谓（如海德格尔就把自己的哲学称之为思想，以标明与作为形而上学的哲学之不同）。劳伦斯·卡弘指出："生活是价值多元的，而哲学家与其他探索都有不同，他的动力来自一种对限制表示不满的全面性的冲动。然而求真必须是哲学的首要任务，公开的、有证据的证明是它的首要方法。"① 正是在这种哲学观的支配下，他最后否定了哲学会走向终结："同时，人类判断的复杂性，即我们的把握的多样性，使终结与定论不可能产生。因此，我们的天性使我们不可能有享受单纯的生活的好运。这确保了哲学不可能达到其终点。因为正如我们现在能够明白的那样，哲学不可能处在一个终点上，因为它根本不可能成功地简化自己的目的。"② 雅斯贝尔斯也指出："在我看来，这一倾向，即贬低哲学、废除哲学之名，从现在起意欲新东西的倾向是专横的，可耻的，也许是无效的；因为哲学之名具有某种无法克服的博大内容。"③ 那么我们要问：形而上学终结之后，哲学的出路何在呢？也就是说，非形而上学的哲学可能吗？我们的回答就是，哲学的出路就在于以马克思的"实践的唯物主义"为典型的实践哲学。有学者指出："其实，实践哲学不仅指示了哲学的出路，而且还体现了哲学的根本性质。与其他的科学和人类精神活动相比，哲学是从总体上对生命意义的思索与追问。""实践哲学在当代的复兴正是在这个背景下完成的。哲学的危机是因为它回避人类的危机；而它的出路，就是恢复它源始的动机和活力，敢于面对人类的危机和问题。这当然不是说让哲学变成一门具体科学，而是要让哲学恢复对人类根本问题的思考。在此意义上，实践哲学应该是哲学的基础和出发点；或者借用亚里士多德的概念，它应该是第一哲学；而不是像语言哲学、艺术哲学或经济哲学那样的所谓'部门哲学'。"④

---

① 〔美〕劳伦斯·卡弘：《哲学的终结》，南京，江苏人民出版社 2001 年版，第 421 页。

② 〔美〕劳伦斯·卡弘：《哲学的终结》，南京，江苏人民出版社 2001 年版，第 422 页。

③ 〔德〕K. 雅斯贝尔斯：《哲学终结了吗？——与 W. 霍希克佩尔谈哲学的未来》，梦海译，载《世界哲学》2003 年第 5 期。

④ 参阅张汝伦：《作为第一哲学的实践哲学及其实践概念》，载《复旦学报》（社会科学版）2005 年第 5 期。

所以，学界反哲学终结论①（包括马克思的哲学终结论）者也正是在作为文化形态的哲学意义上来反的，这是有道理的，但我们不能仅仅只用一个维度而遮蔽其他维度的方式来完全否定马克思哲学思想中存在着哲学终结的内涵，关键是要做具体分析。最后要加以强调的是，不管在何种意义上来考察马克思的哲学的终结思想，都要注意其特定的语境，更要注意马克思指出的限定条件，如果忽视这些特定的语境和限定条件而笼统地去言说马克思所谓的哲学的终结，都是无意义的。

第三节　马克思恩格斯的哲学终结观比较

自从恩格斯逝世以后，把恩格斯与马克思进行比较，研究二人的思想关系、文本关系和生平交往关系，就开始成为国际马克思主义研究的一种新动向。经过"西方马克思主义"的理论阐释，马克思恩格斯比较研究成为当代西方"马克思学"的一个中心课题。中国学界在这方面也取得了一些成果，但在马克思与恩格斯的哲学观尤其是哲学终结观比较研究方面还做得不够，本节将对这一问题进行探讨。柯尔施正是由于忽视了马克思和恩格斯在哲学观和哲学终结观方面的差异，所以在论述马克思的"消灭哲学"思想时出现了前后不一致的地方。

一、马克思与恩格斯的哲学观比较②

在对马克思和恩格斯的哲学终结观比较之前，对他们的哲学观进行比较是必要的。马克思和恩格斯的哲学观从总体上来说是一致的，都反对思辨哲学，反对体系哲学，但由于家庭、学术背景、个人经历等多方面的差异，他们的哲学观也存在着一定的差异，厘清他们哲学观方面的同异，是比较研究他们具体思想的一个基础性的工作。

（一）马克思恩格斯的哲学观的共同点

1. 都反对体系哲学。马克思在《博士论文》时期就表现出反哲学体系的萌芽："这些自我意识把世界从非哲学中解放出来，同时也就是把它

---

① 参阅何中华：《"哲学的终结"：一个"后现代"神话》，载《天津社会科学》2002 年第 2 期。

② 参阅黄浩：《马克思恩格斯的哲学观比较研究》，载《理论月刊》2011 年第 5 期。

们自己从作为一定的体系束缚它们的哲学中解放出来。"①

马克思在谈到青年黑格尔派批判理论的局限性时写道："他们（指青年黑格尔派。——引者注）和黑格尔的论战以及他们相互之间的论战，只局限于他们当中的每一个人都抓住黑格尔体系的某一方面，用它来反对整个体系，也反对别人所抓住的那些方面。起初他们还是抓住纯粹的、未加伪造的黑格尔的范畴，如'实体'和'自我意识'，但是后来却用一些比较世俗的名称如'类'、'唯一者'、'人'等等，使这些范畴世俗化。"② 也就是说，对黑格尔的批判，如果不对黑格尔体系进行整体的批判，那么这种批判就不能取得成功，反而使黑格尔哲学更加片面化，还会歪曲黑格尔哲学。马克思批判了思辨哲学的体系建构的虚妄性："因为黑格尔的《哲学全书》以逻辑学，以纯粹的思辨的思想开始，而以绝对知识，以自我意识的、理解自身的哲学或绝对的即超人的抽象精神结束，所以整整一部《哲学全书》不过是哲学精神的展开的本质，是哲学精神的自我对象化；而哲学精神不过是在它的自我异化内部通过思维理解即抽象地理解自身的、异化的宇宙精神。"③ 这种体系完全是思辨的结果，这种哲学思考与写作的方式在现时代已经终结了。

恩格斯也反对体系哲学："体系学在黑格尔以后就不可能有了。世界表现为一个统一的体系，即一个有联系的整体，这是显而易见的，但是要认识这个体系，必须先认识整个自然界和历史，这种认识人们永远不会达到。因此，谁要建立体系，他就只好用自己的臆造来填补那无数的空白，也就是说，只好不合理地幻想，玄想。"④ 在恩格斯看来，体系哲学在黑格尔那里已经终结了，任何想重建体系哲学的企图都是倒退。晚年恩格斯批评当时德国的一些年轻学者把唯物主义当作套语的做法："他们把这个套语当作标签贴到各种事物上去，再不作进一步的研究，就是说，他们一把这个标签贴上去，就以为问题已经解决了。但是我们的历史观首先是进行研究工作的指南，并不是按照黑格尔学派的方式构造体系的诀窍。必须重新研究全部历史，必须详细研究各种社会形态存在的条件，然后设法从这些条件中找出相应的政治、私法、美学、哲学、宗教等等的观点。……但是许许多多年轻的德国人却不是这样，他们只是

---

① 《马克思恩格斯全集》第 1 卷，北京，人民出版社 1995 年版，第 76 页。
② 《马克思恩格斯选集》第 1 卷，北京，人民出版社 1995 年版，第 64 页。
③ 马克思：《1844 年经济学哲学手稿》，北京，人民出版社 2000 年版，第 98 页。
④ 《马克思恩格斯全集》第 20 卷，北京，人民出版社 1971 年版，第 662～663 页。

用历史唯物主义的套语（一切都可能被变成套语）来把自己的相当贫乏的历史知识（经济史还处在襁褓之中呢！）尽速构成体系，于是就自以为非常了不起了。"① 在这里，恩格斯明确反对将他和马克思的学说体系化的做法。

同时，恩格斯在《反杜林论·序言》中指出："'创造体系的'杜林先生在当代德国并不是个别的现象。近来，天体演化学、一般自然哲学、政治学、经济学等等的体系如雨后春笋出现在德国。最不起眼的哲学博士，甚至大学生，动辄就要创造一个完整的'体系'。正如在现代国家里假定每一个公民对于他所要表决的一切问题都具有判断能力一样，正如在经济学中假定每一个消费者对于他要买来供日用的所有商品都是真正的内行一样，——现今在科学上据说也要作这样的假定。"② 并且明确指出："既然哲学本身已不再需要，那末任何体系，甚至哲学的自然体系也就不再需要了。"③ 马克思和恩格斯有时为了把他们创建的"实践的唯物主义"区别于这种体系哲学，甚至很少把他们的哲学称为哲学，只讲过"唯物主义世界观"，而从来没有用过"唯物主义哲学"一词④，因为他们认为"现代唯物主义"根本不需要"哲学"即不需要建造哲学体系，认为只有唯心主义才建造哲学体系。恩格斯在批判杜林的唯心主义时指出："杜林先生的相反的观点是唯心主义的，它把事物完全头足倒置了，从思想中，从世界形成之前就久远地存在于某个地方的模式、方案或范畴中，来构造现实世界，这完全像一个叫作黑格尔的人的做法。"⑤ 这样就"不得不去建立一个体系，而按照传统的要求，哲学体系是一定要以某种绝对真理来完成的。"⑥ 他认为黑格尔的哲学体系正是这样："不论黑格尔如何正确地和天才地把握了一些个别的联系，但由于上述原因，就是在细节上也有许多东西不能不是牵强的、造作的、虚构的，一句话，被歪曲的。黑格尔的体系作为体系来说，是一次巨大的流产，但也是这类流产中的最后一次。"⑦ 也就是说，黑格尔之后体系哲学成为不可能的

① 《马克思恩格斯选集》第4卷，北京，人民出版社1995年版，第692页。
② 《马克思恩格斯选集》第3卷，北京，人民出版社1995年版，第344~345页。
③ 《马克思恩格斯选集》第3卷，北京，人民出版社1995年版，第376页。
④ 参阅刘立群：《马克思和恩格斯为什么没有用过"唯物主义哲学"一词？——也谈马克思和恩格斯对元哲学问题的探索》，载《泰山学院学报》2005年第2期。
⑤ 《马克思恩格斯选集》第3卷，北京，人民出版社1995年版，第374页。
⑥ 《马克思恩格斯选集》第4卷，北京，人民出版社1995年版，第218~219页。
⑦ 《马克思恩格斯选集》第3卷，北京，人民出版社1995年版，第363页。

了，因为体系哲学在黑格尔那里已经完成了。相反，他们认为"唯物主义"只是按照世界的本来面目去看世界，不附加任何外来的即主观的成分，因此不会、也没有必要制造哲学体系。所以，在马克思和恩格斯的用语中，只有"唯心主义哲学"，而没有"唯物主义哲学"，"唯物主义"仅仅是"世界观"，它与"哲学体系"正相矛盾。这也可以说明他们为什么从不自称为"哲学家"，并且基本上在贬义上使用该词①，但这只是马克思和恩格斯为了区别于理性形而上学的极端做法，我们不能据此认为马克思和恩格斯所建构的"实践的唯物主义"就不是哲学了。学界就有这样的看法："人们常说，马克思的唯物史观是划时代的伟大发现，这无疑是正确的；但另一方面却又说，唯物史观是'革命的哲学'。在马克思恩格斯看来，这种说法犹如把现代化学叫做'科学的炼金术'"②这种看法就是把哲学仅仅理解为理性形而上学的结果，如果这样的话，那么中国哲学也就不能称为哲学了，这也正是现在学界所谓的中国哲学合法性的论争产生的根源。

马克思和恩格斯反体系哲学这一点在后来的某些马克思主义者那里被忽视了，总想把马克思主义哲学体系化，苏俄教科书理论体系就是明证。如果说仅仅作为教科书，为了教学的需要，这并没有可指责的，因为作为教科书应该是一种体系化的东西，但如果把马克思主义哲学等同于教科书体系本身，那就值得怀疑了，因为马克思哲学从根本上是反对建立体系的，这种做法本身就是违背马克思和恩格斯的哲学观的，那么，我们姑且不论这种体系中的内容，但就这种建构起来的体系的合法性就值得怀疑了。

2. 都反对思辨哲学。马克思在《黑格尔法哲学批判》中批判黑格尔哲学是"逻辑的泛神论的神秘主义"，在《神圣家族·序言》中指出："在德国，对真正的人道主义说来，没有比唯灵论即思辨唯心主义更危险的敌人了。它用'自我意识'即'精神'代替现实的个体的人，并且同福音传播者一道教诲说：'精神创造众生，肉体则软弱无能。'"③而鲍威尔批判中含有的东西，正是这种以漫画的形式再现的思辨。因此，该书的目的，就是揭露这种"思辨哲学的幻想"。马克思认为，鲍威尔俨然要给

---

① 刘立群：《马克思和恩格斯为什么没有用过"唯物主义哲学"一词？——也谈马克思和恩格斯对元哲学问题的探索》，载《泰山学院学报》2005 年第 2 期。

② 李毅嘉：《马克思恩格斯对哲学的拒斥》，载《山东大学学报》（哲学社会科学版）2005年第 2 期。

③ 《马克思恩格斯全集》第 2 卷，北京，人民出版社 1957 年版，第 7 页。

当代一切问题提供正确的答案，但实际上，它不过是袭用黑格尔的思辨戏法：把问题"从正常的人类理智的形式变为思辨理性的形式，并把现实的问题变为思辨的问题。"① 正是对于思辨哲学的这种认识，马克思在许多地方对它进行了无情的批判。马克思在谈到黑格尔的绝对精神解体时曾这样写道："然而，不管怎么样，我们涉及的是一个有意义的事件：绝对精神的瓦解过程。当它的生命的最后一个火星熄灭时，这个 caput-mortuum（原意是'骷髅'；化学中蒸馏过程结束后的残留物。这里的意思是无用的残渣。——原著当页脚注①）的各个组成部分就分解了，它们重新化合，构成新的物质。那些以哲学为业，一直以经营绝对精神为生的人们，现在都扑向这种新的化合物。每个人都不辞劳苦地兜售他所得到的那一份。"② 当然，对这种思辨的本体论思维方式进行最彻底的批判是在《关于费尔巴哈的提纲》第 1 条中，表面上看，唯物主义和唯心主义是不同的，但它们的实质都是思辨的本体论的思维方式。

值得注意的是，对于这类经院哲学式思维的批判，贯穿了马克思的一生。他在晚年（1879 年）的一个读书笔记中写道："在一个学究教授看来，人对自然的关系从一开始就不是实践的即通过活动而建立起来的关系，而是理论的关系"③。

同样，恩格斯也对思辨哲学进行了批判，在与马克思合著的《神圣家族》由恩格斯撰写的该书第四章第一节中这样描述了黑格尔哲学："它是一个老太婆，而且将来仍然是一个老太婆；它是年老色衰、孀居无靠的黑格尔哲学。这个哲学搽脂抹粉，把她那干瘪得令人厌恶的抽象的身体打扮起来，在德国的各个角落如饥似渴地物色求婚姻者。"④ 在《路德维希·费尔巴哈和德国古典哲学的终结》中，恩格斯在评论费尔巴哈的哲学思想时，在对他的抽象的人学观念进行批评时写道："在费尔巴哈那里情况正好相反。就形式讲，他是实在论的，他把人作为出发点；但是，关于这个人生活的世界却根本没有讲到，因而这个人始终是在宗教哲学中出现的那种抽象的人。这个人不是从娘胎里生出来的，他是从一神教的神羽化而来的，所以他也不是生活在现实的、历史地发生和历史地确定了的世界里面；虽然他同其他的人来往，但是任何一个其他的人也和

① 《马克思恩格斯全集》第 2 卷，北京，人民出版社 1957 年版，第 115 页。
② 《马克思恩格斯选集》第 1 卷，北京，人民出版社 1995 年版，第 63 页。
③ Karl Marx/ Friedrich Engels. Werke（Band 19）Berlin：Dietz Verlag, 1962，p. 362.
④ 《马克思恩格斯全集》第 2 卷，北京，人民出版社 1957 年版，第 22 页。

他本人一样是抽象的。"① 显而易见，恩格斯对费尔巴哈的抽象的人学观念的批判和马克思的观点大致是接近的。

3. 都强调哲学要回归现实生活世界。马克思在批判费尔巴哈对"感性世界"的理解的局限性时指出："费尔巴哈对感性世界的'理解'一方面仅仅局限于对这一世界的单纯的直观，另一方面仅仅局限于单纯的感觉。……在前一种情况下，在对感性世界的直观中，他不可避免地碰到与他的意识和他的感觉相矛盾的东西，这些东西扰乱了他所假定的感性世界的一切部分的和谐，特别是人与自然界的和谐。为了排除这些东西，他不得不求助于某种二重性的直观，这种直观介于仅仅看到'眼前'的东西普通直观和看出事物的'真正本质'的高级的哲学直观之间。他没有看到，他周围的感性世界决不是某种开天辟地以来就直接存在的、始终如一的东西，而是工业和社会状况的产物，是历史的产物，是世世代代活动的结果，其中每一代都立足于前一代所达到的基础上，继续发展前一代的工业和交往，并随着需要的改变而改变它的社会制度。甚至连最简单的'感性确定性'的对象也只是由于社会发展、由于工业和商业交往才提供给他的。大家知道，樱桃树和几乎所有的果树一样，只是在数世纪以前由于商业才移植到我们这个地区。由此可见，樱桃树只是由于一定的社会在一定时期的这种活动才为费尔巴哈的'感性确定性'所感知。"② 与费尔巴哈这种直观的、静态的"感性世界"概念相反，马克思所理解的"感性世界"概念是强调人的感性活动的、动态的"感性世界"："费尔巴哈特别谈到自然科学的直观，提到一些只有物理学家和化学家的眼睛才能识破的秘密，但是如果没有工业和商业，哪里会有自然科学呢？甚至这个'纯粹的'自然科学也只是由于商业和工业，由于人们的感性活动才达到自己的目的和获得自己的材料的。这种活动、这种连续不断的感性劳动和创造、这种生产，正是整个现存的感性世界的基础，它哪怕只中断一年，费尔巴哈就会看到，不仅在自然界将发生巨大的变化，而且整个人类世界以及他自己的直观能力，甚至他本身的存在也会很快就没有了。当然，在这种情况下，外部自然界的优先地位仍然会保持着。"③ 对于感性世界的这种理解，使以费尔巴哈为代表的旧唯物主义不能看到感性世界通过人的活动而对人的生成，不能看到人与感性

① 《马克思恩格斯选集》第 4 卷，北京，人民出版社 1995 年版，第 236 页。
② 《马克思恩格斯选集》第 1 卷，北京，人民出版社 1995 年版，第 75~76 页。
③ 《马克思恩格斯选集》第 1 卷，北京，人民出版社 1995 年版，第 77 页。

世界之间的反思的对象性关系，即通过对象化的活动而在对象化的世界中确证自身的主体性，而只是把感性世界理解为一种自在的、直观的对象①。"诚然，费尔巴哈比'纯粹的'唯物主义者有很大的优点：他承认人也是'感性对象'。但是，他把人只看作是'感性对象'，而不是'感性活动'，因为他在这里也仍然停留在理论的领域内，没有从人们现有的社会联系，从那些使人们成为现在这种样子的周围生活条件来观察人们。"② 在马克思这里，作为感性世界基础的是人的感性活动，这个感性世界不仅仅是以知觉和表象为基础而形成的可能经验的世界或现象界，而是由人的感性活动及其创造物所构成的生活世界③。马克思"新唯物主义"的秘密就在于，它发现了人的存在方式与活动结构构成了人的观念、思想、意识等一切主观层面的规定和形态的现实基础。所谓"意识在任何时候都只能是被意识到了的存在"中的"存在"，乃是指具体的人的存在，即人的现实存在，亦即人的现实活动（其范畴形式就是所谓"实践"），而不是指那种抽象的物质存在。

恩格斯在这方面也具有与马克思相同的思想倾向，这在反对自然哲学与历史哲学时表现得最为充分："由于这三大发现和自然科学的其他巨大进步，我们现在不仅能够说明自然界中各个领域内的过程之间的联系，而且总的说来也能说明各个领域之间的联系了，这样，我们就能够依靠经验自然科学本身所提供的事实，以近乎系统的形式描绘出一幅自然界联系的清晰图画。描绘这样一幅总的图画，在以前是所谓自然哲学的任务。而自然哲学只能这样来描绘：用观念的、幻想的联系来代替尚未知道的现实的联系，用想象来补充缺少的事实，用纯粹的臆想来填补现实的空白。它在这样做的时候提出了一些天才的思想，预测到一些后来的发现，但是也发表了十分荒唐的见解，这在当时是不可能不这样的。"④"这种历史观（指唯物史观。——引者注）结束了历史领域内的哲学，正如辩证的自然观使一切自然哲学都成为不必要的和不可能的一样。现在无论在哪一个领域，都不再要从头脑中想出联系，而要从事实中发现联

---

① 参阅阎孟伟：《"感性世界"的实践论诠释及哲学范式的变革》，载《哲学研究》2004年第3期。

② 《马克思恩格斯选集》第1卷，北京，人民出版社1995年版，第77～78页。

③ 参阅阎孟伟：《"感性世界"的实践论诠释及哲学范式的变革》，载《哲学研究》2004年第3期。

④ 《马克思恩格斯选集》第4卷，北京，人民出版社1995年版，第246页。

系了。"①

恩格斯谈到同黑格尔哲学的分离时说："同黑格尔哲学的分离在这里也是由于返回到唯物主义观点（die Rueckkehr zum materialistischen Standpunkt。——引者注）而发生的。这就是说，人们决心在理解现实世界（自然界和历史）时按照它本身在每一个不以先入为主的唯心主义怪想来对待它的人面前所呈现的那样来理解；他们决心毫不怜惜地抛弃一切同事实（从事实本身的联系而不是从幻想的联系来把握的事实）不相符合的唯心主义怪想。"② 在恩格斯看来，只要我们返回到唯物主义立场，即面向事实，回到现实生活之中，就能克服自然哲学和历史哲学，克服唯心主义的臆想。

（二）马克思恩格斯的哲学观的差异

学界对于马克思和恩格斯哲学思想究竟有无差异的问题是存在争议的，事实上，世界上没有两片完全相同的树叶，何况两个人的思想呢？马克思、恩格斯固然在毕生合作的过程中，有很多思想通过相互的交流取得了共识，但我们通过阅读他们的文本发现，两人的哲学思想还是存在差异的，在承认他们哲学思想有差异的前提下，我们需要进一步追问造成他们哲学思想差异的原因。笔者认为一个不容忽视的原因就是他们的哲学观的差异，现就马克思、恩格斯的哲学观的差异进行简单的梳理。

1. 在对哲学基本问题的看法上。众所周知，恩格斯在《路德维希·费尔巴哈和德国古典哲学的终结》中提出了哲学的基本问题："全部哲学，特别是近代哲学的重大的基本问题，是思维和存在的关系问题。"③这个问题包含着以下两个方面：一是思维与存在何者为本原的问题（本体论问题），"哲学家依照他们如何回答这个问题而分成了两大阵营。凡是断定精神对自然界说来是本原的，从而归根到底承认某种创世说的人（而创世说在哲学家那里，例如在黑格尔那里，往往比在基督教那里还要繁杂和荒唐得多），组成唯心主义阵营。凡是认为自然界是本原的，则属于唯物主义的各种学派。""除此之外，唯心主义和唯物主义这两个用语本来没有任何别的意思，它们在这里也不是在别的意义上使用的。下面

---

① 《马克思恩格斯选集》第4卷，北京，人民出版社1995年版，第257页。

② 《马克思恩格斯选集》第4卷，北京，人民出版社1995年版，第242页。按俞吾金的看法，这里的Standpunkt应译为立场，不应译为观点，参阅俞吾金：《恩格斯如何看待马克思与黑格尔的关系》，载《云南大学学报》（社会科学版）2005年第3期。

③ 《马克思恩格斯选集》第4卷，北京，人民出版社1995年版，第223页。

我们可以看到,如果给它们加上别的意义,就会造成怎样的混乱。"① 二是思维与存在是否同一性的问题(认识论问题),按照对这个问题的不同回答哲学又可划分为可知论与不可知论。这一哲学基本问题写进了马克思主义哲学教科书里,已广为人所接受,而俞吾金对此提出了质疑:"我们当前在哲学理论研究上之所以缺乏重大的突破和创新,在相当程度上是由于对'哲学基本问题'(即思维与存在的关系问题)的误解而引起的,本文引入类型理论,把哲学与哲学的具体类型区分开来。哲学是唯一的,与它对应的问题是哲学的元问题,即'什么是哲学'?哲学有许许多多的具体类型,所谓'哲学基本问题',不是对应于哲学而言。而是对应于具体的哲学类型而言的。有一种哲学类型,就有一个基本问题,所以,它不是唯一的。实际上不应提'哲学基本问题',而应提'某某类型的哲学的基本问题'。在这个意义上,思维与存在的关系问题只是以柏拉图、亚里士多德、笛卡尔、黑格尔等为代表的知识论哲学类型的基本问题。现代西方哲学从根本上超越了知识论哲学传统,所以它与近代西方哲学(知识论哲学的典型形式)之间存在着重大的差异,马克思哲学是从属于现代西方哲学的,它不是知识论哲学,而是实践唯物主义,所以它的基本问题不是思维与存在的关系问题,而是实践问题。这一基本问题也包含着两个方面:一是人与自然的关系,二是人与人的关系。重新认识'哲学基本问题',将使我们在哲学和哲学史研究中获得许多新的成果。"② 俞吾金看到用思维和存在的关系来理解"实践的唯物主义"的局限性,而认为马克思哲学的基本问题是实践问题,在笔者看来,其实马克思哲学的基本问题并不仅仅是实践问题,更重要的是理论与实践的关系问题。

笔者认为,在马克思和恩格斯对哲学基本问题的看法上,一方面有着一定的共同点和联系,即马克思认为哲学基本问题是"理论与实践的关系问题"(并不仅仅是实践问题),这是恩格斯的哲学基本问题"思维和存在的关系问题"的具体化,当然,这并不是说,首先是恩格斯提出了哲学基本问题,然后马克思再根据恩格斯提出的哲学基本问题使之具体化,而是就这两种表述之间的内在联系而言的。另一方面,马克思和恩格斯对哲学基本问题的看法存在着差异,这种差异是针对不同的实情

① 《马克思恩格斯选集》第4卷,北京,人民出版社1995年版,第224~225页。
② 参阅俞吾金:《关于哲学基本问题的再认识》,载《北京大学学报》(哲学社会科学版)1997年第2期。

提出来的，恩格斯提出的哲学基本问题"思维和存在的关系问题"是基于哲学史的实情做出的，是为了梳理哲学史的发展线索做出的，正如俞吾金在上面所说的"思维与存在的关系问题只是以柏拉图、亚里士多德、笛卡尔、黑格尔等为代表的知识论哲学类型的基本问题"，如果据此认为恩格斯回到了马克思在《关于费尔巴哈的提纲》第一条中所批判的旧唯物主义中去了，坚持的是物质本体论，这种对恩格斯的批驳是有失公允的。而马克思的哲学基本问题（也许用阿尔都塞的"理论总问题"的表述更合适一些）"理论与实践的关系问题"的形成主要是针对当时哲学的缺陷（哲学与现实、理论与实践的脱离）并且为了克服这种缺陷而提出的，虽然马克思并没有明确说出来，但理论与实践的关系问题始终是作为他关注的哲学的基本问题而存在的，这一点我们在第二章第一节和第三章第三节对马克思的哲学观的考察中已做过阐述，这里就不再赘述了。

2. 在强调他们所创建的哲学的侧重点上。马克思着重强调的是实践论的方面，而恩格斯着重强调的是世界观和方法论的方面。马克思把理论与实践的关系问题作为哲学思考的基本问题，在批判思辨哲学的过程中，突出了实践的重要作用，这已成为共识。"人的思维是否具有客观性的［gegenständliche］真理性，这不是一个理论问题，而是一个实践的问题。人应该在实践中证明自己思维的真理性，即自己思维的现实性和力量，自己思维的此岸性。关于思维——离开实践的思维——的现实性或非现实性的争论，是一个纯粹经院哲学的问题。"① 对于究竟应该如何理解这一条内容，存在着较大的争论，大都从马克思的这段论述中引申出如下的结论：第一，实践是一切认识活动的源泉和基础；第二，实践是检验认识真理性的客观标准。也就是往往从认识论的视角来理解，对于这种理解也有学者提出了异议②，但马克思在强调哲学的"实践论"方面是不容置疑的，这已成为人们的共识。马克思在《评阿·瓦格纳的"政治经济学教科书"》中指出："人们决不是首先'处在这种对外界物的理论关系中'。正如任何动物一样，他们首先是要吃、喝等等，也就是说，并不'处在'某一种关系中，而是积极地活动，通过活动来取得一定的

---

① 《马克思恩格斯选集》第 1 卷，北京，人民出版社 1995 年版，第 55 页。
② 参阅俞吾金：《对马克思实践观的当代反思——从抽象认识论到生存论本体论》，载《哲学动态》2003 年第 6 期。对于仅仅从认识论的角度来理解《提纲》第二条是否合适，参阅何中华：《论马克思实践观的本体论向度——重读〈关于费尔巴哈的提纲〉》，载《河北学刊》2003第 4 期。

外界物,从而满足自己的需要。"① 也就是说,生存是一切人类面临的前提性问题,生存决不是一种静观式的认识论态度,而是一种实践态度,亦即人类是在活动(最基本的活动形式是生产)中解决自己的生存问题的。正是在这个意义上可以说,生存论的维度乃是马克思实践观的第一个维度②。有学者指出:"在传统的哲学教科书中,实践往往是被当作一个狭义的认识论范畴加以定位和论述。它一般是被放在认识论部分,作为认识的前提和源泉才被涉及。这就极大地缩减了实践范畴在整个马克思主义哲学体系中的本质地位和意义。事实上,在马克思主义哲学中,实践首先是被作为人的存在方式确立起来,把它理解为人的存在的现实表征和确证。"③

恩格斯主要强调哲学的世界观和方法论的方面,对于世界观的强调,他在《反杜林论》(写于 1876 年 9 月~1878 年 6 月)中指出:"现代唯物主义,否定的否定,不是单纯地恢复旧唯物主义,而是把两千年来哲学和自然科学发展的全部思想内容以及这两千年的历史本身的全部思想内容加到旧唯物主义的永久性基础上。这已经根本不再是哲学,而只是世界观,它不应当在某种特殊的科学的科学中,而应当在各种现实的科学中得到证实和表现出来。因此,哲学在这里被'扬弃'了,就是说,'既被克服又被保存';按其形式来说是被克服了,按其现实的内容来说是被保存了。"④ 从这里可以看到,我们只有从恩格斯在批判传统哲学(既包括唯心主义哲学,也包括旧唯物主义哲学)形式上的思辨性、强调现代唯物主义的现实性的意义上,才能正确理解他所说的"已经根本不再是哲学,而只是世界观"和"哲学的扬弃"的内涵。恩格斯还强调了现代唯物主义的现实性要从"各种现实的科学中"汲取营养,这和恩格斯的自然辩证法思想有很大的关系,因为在写作《反杜林论》时,恩格斯已经在构思并写作《自然辩证法》了(《自然辩证法》写于 1873~1883 年,1885~1886 年作了个别补充。——引者注)。对于辩证法的强调,恩格斯在《反杜林论》中指出:"马克思和我,可以说是把自觉的辩证法从德国唯心主义哲学中拯救出来并用于唯物主义的自然观和历史观

---

① 《马克思恩格斯全集》第 19 卷,北京,人民出版社 1963 年版,第 405 页。

② 参阅俞吾金:《对马克思实践观的当代反思——从抽象认识论到生存论本体论》,载《哲学动态》2003 年第 6 期。

③ 何中华:《哲学:走向本体澄明之境》,济南,山东人民出版社 2002 年版,第 200 页。

④ 《马克思恩格斯选集》第 3 卷,北京,人民出版社 1995 年版,第 481 页。

的唯一的人。"① 同时，在《自然辩证法》中还强调了世界观特别是辩证法在自然科学研究中的作用："自然研究家尽管可以采取他们所愿意采取的态度，他们还是得受哲学的支配。问题只在于：他们是愿意受某种蹩脚的时髦哲学的支配，还是愿意受某种以认识思维的历史及其成就为基础的理论思维形式的支配。""物理学，当心形而上学啊！这是完全正确的，不过，是在另一种意义上。""自然研究家由于靠旧形而上学的残渣还能过日子，就使得哲学尚能苟延残喘。只有当自然科学和历史科学本身接受了辩证法的时候，一切哲学的废物——除了纯粹的关于思维的理论以外——才会成为多余的东西，在实证科学中消失掉。"② 从这里可以看出，由于恩格斯对"关于思维的理论"的辩证法的过分强调（甚至把哲学等同于"关于思维的理论"的辩证法），也就为后来马克思主义哲学的实证化埋下了伏笔。恩格斯也反复讲过："在以往的全部哲学中仍然独立存在的，就只有关于思维及其规律的学说——形式逻辑和辩证法。"③

3. 对辩证法理解上的差异。辩证法在马克思和恩格斯的思想理论里都占有重要的地位。列宁指出："如果我们试图用一个词来表明整个通信集的焦点，即其中所抒发所探讨的错综复杂的思想汇合的中心点，那么这个词就是辩证法。运用唯物主义辩证法从根本上来修改整个政治经济学，把唯物主义辩证法运用于历史、自然科学、哲学以及工人阶级的政治和策略——这就是马克思和恩格斯最为关注的事情，这就是他们作出最重要、最新的贡献的领域，这就是他们在革命思想史上迈出的天才的一步。"④ 虽然对"辩证法"本身的看法不属于"哲学观"的方面内容，但通过马克思和恩格斯对"辩证法"的不同理解间接地反映了他们的哲学观的差异。马克思所理解的辩证法主要是历史辩证法、否定的辩证法，而恩格斯所理解的辩证法主要是自然辩证法、科学的思维方法。马克思是这样评价黑格尔的辩证法的："黑格尔的《现象学》及其最后成果——辩证法，作为推动原则和创造原则的否定性——的伟大之处首先在于，黑格尔把人的自我产生看作一个过程，把对象化看作非对象化，看作外化和这种外化的扬弃；可见，他抓住了劳动的本质，把对象性的人、现实的因而是真正的人理解为他自己的劳动的结果。"⑤ 显然，马克思肯定

---

① 《马克思恩格斯选集》第 3 卷，北京，人民出版社 1995 年版，第 349 页。
② 《马克思恩格斯选集》第 4 卷，北京，人民出版社 1995 年版，第 308～309 页。
③ 《马克思恩格斯选集》第 3 卷，北京，人民出版社 1995 年版，第 364 页。
④ 《列宁全集》第 24 卷，北京，人民出版社中文版第 2 版，第 276 页。
⑤ 马克思：《1844 年经济学哲学手稿》，北京，人民出版社 2000 年版，第 101 页。

了黑格尔辩证法作为"推动原则"和"创造原则"的积极意义，并认为这种原则体现在黑格尔对人的劳动的把握上。就此而言，辩证法仍然保持了自己的原始意义，即生成性质的反思形式①。正是这种创生性特征，才使得辩证法表现为"辩证法在对现存事物的肯定的理解中同时包含对现存事物的否定的理解，即对现存事物的必然灭亡的理解；辩证法对每一种既成的形式都是从不断的运动中，因而也是从它的暂时性方面去理解；辩证法不崇拜任何东西，按其本质来说，它是批判的和革命的。"②这正是辩证法的批判性和革命性所在，马克思扬弃黑格尔辩证法后所保留下来的也正是这方面的内容，并运用于历史和政治经济学批判之中。

恩格斯主要把辩证法理解为一种科学的思维方法，这可以从恩格斯关于"辩证法"的几段经典表述中看出来："辩证法不过是关于自然、人类社会和思维的运动和发展的普遍规律的科学。"③"辩证法被看作关于一切运动的各个最普遍的规律的科学。"④"辩证法就归结为关于外部世界和人类思维的运动的一般规律的科学。"⑤ 显然，马克思与恩格斯对辩证法的理解是有差异的，马克思主要强调辩证法的否定性的批判的、革命的方面，而恩格斯主要强调辩证法作为科学的思维方法的一面，恩格斯在去世前几个月曾强调指出："马克思的整个世界观不是教义，而是方法。它提供的不是现成的教条，而是进一步研究的出发点和供这种研究使用的方法。"⑥ 丛大川对此指出："我进一步认为，应该把科学的辩证法和哲学的辩证法、科学的认识论和哲学的批判论界划开来，研究、解释、表述自然、社会、历史及思维的辩证方法均是科学的方法，只有批判实践及现存的方法才是马克思的哲学方法，即'辩证法不崇拜任何东西，按其本质来说，它是批判的和革命的'。"⑦ 他区分了哲学的辩证法与科学的辩证法，但没有标明这是马克思和恩格斯对辩证法理解的不同。这与马克思和恩格斯对形而上学的理解的不同有关，马克思是把形而上学理解为一种哲学形态，而恩格斯主要把形而上学理解为一种思维方法。这种

① 参阅何中华：《实践、辩证法与马克思主义哲学新诠——世纪之交我们对马克思主义哲学应有的态度》，载《学术月刊》1996 年第 11 期。

② 《马克思恩格斯选集》第 2 卷，北京，人民出版社 1995 年版，第 112 页。

③ 《马克思恩格斯选集》第 3 卷，北京，人民出版社 1995 年版，第 484 页。

④ 《马克思恩格斯选集》第 4 卷，北京，人民出版社 1995 年版，第 365 页。

⑤ 《马克思恩格斯选集》第 4 卷，北京，人民出版社 1995 年版，第 243 页。

⑥ 《马克思恩格斯全集》第 39 卷，北京，人民出版社 1974 年版，第 406 页。

⑦ 丛大川：《是唯物主义的科学实证还是人道主义的价值评价——有关马克思哲学本性的几个问题》，载《东方论坛》1998 年第 2 期。

差异往往被后来的某些西方学者加以放大，一方面成了马克思与恩格斯对立论的证据，另一方面也成了西方马克思主义哲学传统和苏俄马克思主义哲学传统对立的注脚。

恩格斯还提出了自然辩证法的思想，这也是西方马克思主义者对恩格斯批评最多的地方，其实恩格斯的自然辩证法也并不像人们所理解的那样，是自然界本身所具有的客观辩证法，这从恩格斯《自然辩证法》所举的例子可以看出来，绝大部分是自然科学中的例子，所以从某种意义上说，恩格斯的自然辩证法应是自然科学中的辩证法，既然是自然科学中的辩证法，显然并不是自然界本身的辩证法，而是人们借助自然科学的中介所获得的对自然界之间联系、发展及其规律的认识的主观辩证法。这与马克思的人化自然观和实践的辩证法还是有一致之处的。

（三）几点启示

通过分析马克思与恩格斯哲学观的同异，可以得出以下几点启示：

1. 正是由于马克思与恩格斯在哲学理念上具有共同点，所以在他们长期合作中能够一致地反对思辨唯心主义和旧唯物主义哲学，共同创建了"实践的唯物主义"，从而实现了哲学上的伟大变革，他们共同撰写的《德意志意识形态》和《神圣家族》就是明证。

2. 同时我们也应该看到在哲学观方面，马克思与恩格斯也存在着差异，我们应该对这种差异从积极的方面去理解，正是由于这种差异才使他们的思想形成一种互补性，同时使得马克思主义哲学形成一种内在的张力，从而推动马克思主义哲学不断向前发展。

3. 在对待马克思与恩格斯哲学思想关系的理解上，要反对两种片面的绝对化的观点：一种观点认为马克思与恩格斯的哲学思想完全一致，这就片面夸大了他们相同的方面，另一种观点认为马克思与恩格斯的哲学思想完全异质，这就片面夸大了他们不同的方面。这两种观点本身都是违背辩证法的，也不符合他们思想的实际。

二、马克思与恩格斯的哲学终结观的相同点

马克思与恩格斯的哲学观中都包含着哲学的终结的思想倾向，由于他们基本立场上的一致，在哲学终结的问题上，总的来说，是一致的，都主张终结传统理性形而上学。马克思的哲学终结观思想在本章第二节中已经作过较详细的考察。对于恩格斯的哲学终结思想，有学者指出："恩格斯关于哲学终结的思想，就内涵方面讲，指的是唯心主义的终结和形而上学的终结，就外延方面讲，指的是自然哲学的终结和历史哲学的

终结。对恩格斯来说，唯心主义的终结意指想象和臆测地构造世界的规律体系的思维方式的终结，形而上学的终结意指孤立和静止地理解世界的思维方式的终结，自然哲学的终结意指思辨地研究自然规律的思维方式的终结，历史哲学的终结意指思辨地研究历史规律的思维方式的终结。"①

马克思和恩格斯宣布了所有哲学体系的终结，这种终结体现在黑格尔的哲学体系上，恩格斯曾反复指出这点："总之，哲学在黑格尔那里完成了，一方面，因为他在自己的体系中以最宏伟的形式概括了哲学的全部发展；另一方面，因为他（虽然是不自觉地）给我们指出了一条走出这些体系的迷宫而达到真正地切实地认识世界的道路。"② 在恩格斯那里，所谓终结的含义有两重：其一，是指黑格尔所说的包罗万象的、作为科学的科学的那种哲学，即黑格尔作为集大成的德国古典哲学终结了，因为这种哲学在黑格尔那里达到了其"极端可能性"，也就是这种哲学在黑格尔那里"完成了"；其二，是指黑格尔的形而上学体系，是哲学史上最后一个这样的体系③，这与马克思终结作为哲学形态的理性形而上学思想是一致的。海德格尔在这一点上与恩格斯颇为相似，在海氏看来，哲学的"终结"，不能作消极的理解，哲学的"终结"，在他看来，是哲学的"完成"，"就是科学在由哲学开启出来的视界内的发展"④。

由于马克思和恩格斯都受到当时自然科学发展的强烈影响，都有用科学终结传统理性形而上学的思想倾向。在这一点上，柯尔施对第二国际理论家的实证主义倾向的批判是过了头的，柯尔施猛烈地抨击了第二国际理论家的实证主义倾向，并指证这一倾向使马克思主义完全丧失了其实践的、批判的和革命的特征，说他们庸俗地"把马克思主义废除哲学解释为用抽象的和非辩证的实证科学的体系去取代这种哲学。人们只能对这些马克思主义者的洞察力之低感到惊奇。马克思的科学社会主义与全部资产阶级的哲学和科学之间的真正矛盾，完全在于科学社会主义是革命过程的理论表现，这个过程将随着这些资产阶级哲学和科学的全

① 徐长福：《恩格斯"哲学终结"观的若干比较与分析》，载《学习与探索》2003年第1期。
② 《马克思恩格斯选集》第4卷，北京，人民出版社1995年版，第220页。
③ 参阅王树人：《哲学的终结与哲学的现代位置》，载《哲学动态》1998年第1期。
④ 孙周兴选编：《海德格尔选集》（下卷），上海，生活·读书·新知三联书店1996年版，第1244页。

部废除，以及在它们之中找到了其意识形态表现的物质关系的废除而终结。"① 在这里，柯尔施明确反对把马克思的哲学终结观理解为"用抽象的和非辩证的实证科学的体系"去取代哲学，这是有道理的，因为马克思的"科学"（关于人的科学与自然科学相统一的科学）并不是抽象的、非辩证意义上的科学。但这也不能完全排除马克思和恩格斯有用科学终结理性形而上学的意思在内，因为他们在《德意志意识形态》中明确地说过："在思辨终止的地方，在现实生活面前，正是描述人们实践活动和实际发展过程的真正的实证科学开始的地方。关于意识的空话将终止，它们一定会被真正的知识所代替。对现实的描述会使独立的哲学失去生存环境，能够取而代之的充其量不过是从对人类历史发展的考察中抽象出来的最一般的结果的概括。"② 其实，在柯尔施那里，他的态度也是前后矛盾的，在另一处，他写道："观念领域的革命运动与其说是在 19 世纪 40 年代减弱和最后地停止了，勿宁说只是经历了一个深刻的和有意义的特征的变化。德国古典哲学，这一资产阶级革命运动的意识形态表现，并未退场，而是转变成了一种新的科学，这种科学以后作为无产阶级革命运动的一般表现而出现在观念的历史上。这就是最早由马克思和恩格斯在 40 年代发现和系统论述的'科学社会主义'理论。"③ 这充分说明了马克思哲学内在的哲学性与科学性的张力给后来的解释者带来的困境。

三、马克思与恩格斯在哲学终结观上的不同点

马克思和恩格斯虽然都有哲学的终结的思想，但两人论证的视角是不同的。马克思主要是从辩证法的视角切入的，这从他的表述中就可以看出来："哲学的实现同时也就是它的丧失，哲学在其外部所反对的东西就是它自己内在的缺陷"、"一句话，你们不使哲学成为现实，就不能消灭哲学"、"它认为，不消灭哲学，就能够使哲学成为现实"，也就是说，马克思是从哲学的实现与哲学的终结的辩证关系来谈论哲学的终结的，这样，马克思特别强调了"人为"的实践在哲学的实现中的作用；而恩格斯主要是从哲学与科学的关系的视角切入的，他主要强调的是哲学自身发展的结果，是哲学在科学那里的完成，正是在这一点，海德格尔没

---

① 〔德〕卡尔·柯尔施：《马克思主义和哲学》，王南湜、荣新海译，重庆，重庆出版社 1989 年版，第 32 页。

② 《马克思恩格斯选集》第 1 卷，北京，人民出版社 1995 年版，第 73～74 页。

③ 〔德〕卡尔·柯尔施：《马克思主义和哲学》，王南湜、荣新海译，重庆，重庆出版社 1989 年版，第 12～13 页。

有辨明马克思和恩格斯在哲学的终结上的差异，而把恩格斯的哲学的终结思想当成了马克思的。

正是由于上面的根本视角上的差异，他们在怎样终结传统理性形而上学方面也存在着一定差异。马克思主要是从实践的唯物主义和存在论的角度终结理性形而上学的；而恩格斯主要侧重从科学的角度终结理性形而上学的："这已经根本不再是哲学，而只是世界观，它不应当在某种特殊的科学的科学中，而应当在各种现实的科学中得到证实和表现出来。因此，哲学在这里被'扬弃'了，就是说，'既被克服又被保存'；按其形式来说是被克服了，按其现实的内容来说是被保存了。"① 这一点被哈贝马斯指认出来："恩格斯相信的是理性较少的哲学思想，因为他不再用实现一种预想的理性世界的实践观来观察哲学，而是用科学代替哲学的实证主义观来观察哲学。"②

对于理性形而上学终结之后的哲学是什么样的，马克思和恩格斯在这个问题上是有差异的，按照马克思的观点，应该是"实践的唯物主义"，按照恩格斯的观点，应该是形式逻辑和辩证法，即关于思维方面的哲学或者说是方法论哲学。这可以从《自然辩证法》和《反杜林论》等著作中的有关论述可以看出来：

"在这两种情况下（即在自然界和历史的情况下。——引者注），现代唯物主义本质上都是辩证的，而且不再需要任何凌驾于其他科学之上的哲学了。一旦对每一门科学都提出要求，要它们弄清它们自己在事物以及关于事物的知识的总联系中的地位，关于总联系的任何特殊科学就是多余的了。于是，在以往的全部哲学中仍然独立存在的，就只有关于思维及其规律的学说——形式逻辑和辩证法。其他一切都归到关于自然和历史的实证科学中去了。"③

"如果存在的基本原则是从实际存在的事物中得来的，那么为此我们所需要的就不是哲学，而是关于世界和世界中所发生的事情的实证知识；由此产生的也不是哲学，而是实证科学……既然哲学本身已不再需要，那么任何体系，甚至哲学的自然体系也就不再需要了。关于自然界所有过程都处在一种系统联系中的认识，推动科学从个别部分和整体上到处

① 《马克思恩格斯选集》第3卷，北京，人民出版社1995年版，第481页。
② 〔德〕尤尔根·哈贝马斯：《重建历史唯物主义》，郭官义译，北京，社会科学文献出版社2000年版，第46页。
③ 《马克思恩格斯选集》第3卷，北京，人民出版社1995年版，第364页。

去证明这种系统联系。但是，对这种联系作恰当的、毫无遗漏的、科学的陈述，对我们所处的世界体系形成精确的思想映象，这无论对我们还是对所有时代来说都是不可能的。"①

"今天，当人们对自然研究的结果只要辩证地即从它们自身的联系进行考察，就可以制成一个在我们这个时代是令人满意的'自然体系'的时候，当这种联系的辩证性质，甚至违背自然研究者的意志，使他们受过形而上学训练的头脑不得不承认的时候，自然哲学就最终被排除了。任何使它复活的企图不仅是多余的，而且是倒退。"②

"这样，对于已经从自然界和历史中被驱逐出去的哲学来说，要是还留下什么的话，那就只留下一个纯粹思想的领域：关于思维过程本身的规律的学说，即逻辑和辩证法。"③

恩格斯分别从哲学与自然科学以及哲学与历史科学的关系角度，说明了那种思辨的哲学——"关于总体联系的特殊科学"——是"不必要的"和"不可能的"，而把哲学的着力点和立足点确定为"关于思维及其规律的学说"④。在这里，恩格斯似乎在科学终结哲学方面走得太远了，给人有用"科学"取代"哲学"的感觉，而哲学的批判的、价值的维度被完全遗忘了，这从"既然哲学本身已不再需要，那么任何体系，甚至哲学的自然体系也就不再需要了"、"对于已经从自然界和历史中被驱逐出去的哲学来说，要是还留下什么的话，那就只留下一个纯粹思想的领域：关于思维过程本身的规律的学说，即逻辑和辩证法"等语言中可以看出来，柯尔施正是在这一点上没有辨明马克思和恩格斯之间的微妙差异，才出现了上面所提到的在解释马克思的"消灭哲学"思想上表现出来的矛盾态度；西方和我国学界也有些学者由于同样的原因得出了马克思用科学超越哲学的结论。

从这种意义上说，恩格斯本人为后来第二国际、第三国际理论家把马克思哲学实证化、科学化乃至教条化的解释模式埋下了伏笔，这种评价并不为过。例如，考茨基认为，科学的唯物主义能够用严密的科学方法来回答迄今为止留给哲学思维的一切问题。柯尔施批评了这种用科学取代哲学的言论："另一方面，我们也不得不说，马克思的支持者和追随

①《马克思恩格斯选集》第 3 卷，北京，人民出版社 1995 年版，第 375～376 页。
②《马克思恩格斯选集》第 4 卷，北京，人民出版社 1995 年版，第 246 页。
③《马克思恩格斯选集》第 4 卷，北京，人民出版社 1995 年版，第 257 页。
④ 参阅杨学功：《马克思哲学观的合理总结与当代确认》，载《天津社会科学》2002 年第 4 期。

者们，尽管在理论上和方法论上全都承认历史唯物主义，但事实上他们把社会革命的理论割裂成了碎片。在理论上以辩证的方式，在实践上以革命的方式理解的唯物史观，与那些孤立的、自发的各个知识分支，与作为脱离革命实践的科学上的目标的纯理论考察，都是不相容的。然而，后来的马克思主义者却越来越认为科学社会主义是一些纯粹的科学观察，与政治的或其他阶级斗争实践没有任何直接的联系。"① 哈贝马斯对此曾指出："科尔什（即柯尔施。——引者注）对第二国际的理论家们所说的话，也适用于恩格斯。"② 有学者指出： "恩格斯似乎没有看出，作为'纯粹思想的领域'中的'思维本身的规律'的辩证法正是马克思所要扬弃的。马克思的辩证法不是与'事实'相对立的'头脑中的'辩证法，而是现实的人的生命活动、实践活动的辩证法，它与人们'头脑中'创造性地对现实本质的洞察和对实践目的性的建立是分不开的。从这种实践的立场来看，'头脑中想出来的'联系和在'事实中发现的'联系的对立就消除了……恩格斯的解释却一方面给逻辑实证主义开了方便之门，另一方面则会使辩证法被当作无用的东西而遭抛弃。"③ 有学者对上面引用的最后一段话作了如下的评论："从这段非常著名的、但很少成为马克思主义研究者的反思对象的论述中，蕴涵着以下的结论：其一，既然哲学'已经从自然界和历史中被驱逐出去'，那就表明，无论是辩证的自然观也好，还是马克思创立的唯物主义历史观也好，都不属于哲学的范围。显然，如果它们不属于哲学的话，那就只能属于实证科学，或至多只能成为实证科学范围内的基础理论部分。这样一来，马克思所创立的历史唯物主义学说就被非哲学化和实证化了。恩格斯这方面的想法也可以从他的《自然辩证法》的相关论述中得到明确的印证：'自然科学家满足于旧形而上学的残渣，使哲学还得以苟延残喘。只有当自然科学和历史科学接受了辩证法的时候，一切哲学垃圾——除了关于思维的纯粹理论（der reinen Lehre vom Denken）——才会成为多余的东西，在实证科学（der positiven Wissenschaft）中消失掉。'在这里，恩格斯非常明确地告诉我们，'除了关于思维的纯粹理论'，'一切哲学垃圾'都会消失在实证科学中。也就是说，除了纯粹思维的领域，余下来的就是实证科学，而马

---

① 〔德〕卡尔·柯尔施：《马克思主义和哲学》，王南湜、荣新海译，重庆，重庆出版社1989年版，第25页。

② 〔德〕尤尔根·哈贝马斯：《重建历史唯物主义》，郭官义译，北京，社会科学文献出版社2000年版，第47页。

③ 邓晓芒：《论马克思对哲学的扬弃》，载《学术月刊》2003年第3期。

克思的历史唯物主义既然不可能属于纯粹思维的领域，那就只能属于实证科学的范围了。其二，在把自己的大部分研究领域让渡出去后，哲学只保留了'一个纯粹思想的领域'，即'逻辑和辩证法'。在这里，恩格斯实际上已经以某种方式重新认同并返回到黑格尔的哲学观上去了。"①前面已经指出过，由于马克思与恩格斯受自然科学的影响，在自己思想的发展过程中，都关注哲学与科学的关系，都有着用实证科学终结理性形而上学的思想倾向，这在恩格斯那里更加突出。同时他们对科学的理解也有所不同，马克思的科学观从某种意义上是一种自然科学与关于人的科学统一的大科学观，而恩格斯的科学观主要是实证科学的科学观。

我们还可以从恩格斯对马克思的评价中看出恩格斯的哲学观和科学观："正像达尔文发现有机界的发展规律一样，马克思发现了人类历史的发展规律……不仅如此，马克思还发现了现代资本主义生产方式和它所产生的资产阶级社会的特殊的运动规律。"②"他作为科学家就是这样。"③在这篇著名的悼词中，恩格斯仅仅提到了马克思的两个身份，一个是科学家，一个是革命家。这是值得我们注意的，他没有提马克思作为一个哲学家（只是在开头的部分提到"当代最伟大的思想家停止思想了"）怎么样，而一般我们都是把唯物史观首先和他的哲学家身份联系起来看待的，恩格斯却首先描述了马克思作为一个科学家所取得的伟大成就——用两个"规律"来概括马克思在历史学领域的发现。看来，在恩格斯的眼里，哲学已经被科学终结了。前面我们已经指出过，在科学终结哲学（这里的哲学是指理性形而上学）思想方面在马克思那里也有所表现。但是与恩格斯不同的地方在于：在用科学终结传统意义上的哲学之后，是否建立了另外一种崭新的哲学形态？当我们这样提问时，马克思与恩格斯的有关哲学终结观的差异就呈现出来，马克思一方面确实有用科学终结传统理性形而上学的思想，同时他又创建了一种崭新的哲学形态即"实践的唯物主义"，而恩格斯认为传统理性形而上学终结之后，剩下的只有纯粹思维方法领域的逻辑学与辩证法了，在哲学终结方面，恩格斯比马克思走得要远，从他的相关论述中，似乎暗示了用科学终结哲学（作为文化形态的哲学）的意思。

---

① 俞吾金：《恩格斯如何看待马克思与黑格尔的关系》，载《云南大学学报》（社会科学版）2005 年第 3 期。

② 《马克思恩格斯选集》第 3 卷，北京，人民出版社 1995 年版，第 776 页。

③ 《马克思恩格斯选集》第 3 卷，北京，人民出版社 1995 年版，第 777 页。

第五章　"柯尔施问题"旨归的解答

"柯尔施问题"的旨归（即意旨和归宿）是要回答：如果马克思有哲学的话，那么，马克思哲学与马克思之前的哲学是一种什么关系？马克思哲学到底是什么？对于前面一个问题，本书分别从"哲学的转向"、"哲学的终结"和"哲学的革命"三个视角进行了分析，并着重阐述了马克思所实现的哲学革命，因为柯尔施恰恰在这一点虽然有所意识但没有明确地标明出来。有趣的是，柯尔施把马克思主义哲学理解为革命的哲学，这里的革命是指无产阶级的社会革命，而马克思的哲学革命溢出了柯尔施的视线，当前中国学界在讨论马克思的哲学革命时，社会革命却溢出了论者的视线，都没有看到马克思的哲学革命和社会革命的内在关联，这是值得深思的。认为马克思没有哲学的西方学者大多是没有看到马克思所实现的哲学革命，当他们仍然用马克思革命哲学来"观"马克思的思想时，当然看不出马克思的哲学了。对于后面一个问题，通过学界多年的讨论，一个普遍认同的看法是：马克思哲学应该称为"实践的唯物主义"，但对"实践的唯物主义"的解释各不相同，本章分别从哲学观、"否定的辩证法"和哲学范式革命三个视角对"实践的唯物主义"做了新的阐释。

第一节　从不同的视角"观"马克思哲学①

"柯尔施问题"产生的一个原因就是马克思哲学与传统典型的哲学形态即理性形而上学的不同，所以当仍然局限于传统的哲学观去"观"马克思哲学时，就觉得马克思的哲学不像哲学，从而得出马克思没有哲学的结论来。对马克思哲学与传统哲学的关系，可以从不同的视角来看，

---

①　参阅黄浩：《从不同的视角"看"马克思哲学》，载《前沿》2011 年第 11 期。

"哲学的转向"、"哲学的终结"和"哲学的革命"就是其中的三个不同的视角。

一、"哲学的转向"的视角

对于哲学的转向和哲学的革命，目前学界还没有明确地区分开来，如有的学者直接把马克思的"实践转向"或"生存论转向"称为马克思的哲学革命。因此在这里有必要澄清这两个概念的区别，虽然这两个概念有交叉的地方。

哲学的转向是当前哲学界谈论的热门话题之一。在学术期刊上我们经常可以看到关于现当代哲学转向的各种提法："语言转向"，"生存论转向"，"存在论转向"，"本体论转向"，"价值论转向"，"认识论转向"，"解释学转向"等等，这个问题涉及现当代哲学与传统哲学的关系，涉及哲学的发展走向，具有重大的理论意义和现实意义。有学者对"哲学的转向"从三个方面进行了界定："其一，它指向哲学研究的兴趣与研究主题的转换。在哲学史上，这种类型的转向经常发生。苏格拉底所实现的由主要认识外部自然界向认识人自身的转向，康德所实现的由以本体论为重心向以认识论为重心的转换，便是这类转向的典型现象"；"哲学转向的第二种类型是哲学立场的转变。所谓哲学立场的转变，亦即哲学党性的转变。这是一种与哲学主题、重心转变根本不同的转变，它涉及哲学性质的一种根本的转变。马克思、恩格斯在其思想发展的心路历程中，由早期的青年黑格尔学派向唯物主义的转变，即属于这种转变的经典案例"；"哲学转向的第三种类型是思维方式的转换。所谓哲学思维方式的转换，主要是指哲学的立场没有发生变化，哲学所研究的问题也没有发生变化，但哲学研究的思维方式发生了重大转换。哲学思维方式的转换，如同哲学立场的转换一样，属于世界观层次的变化，这种转换同哲学研究主题与重心转换具有不同的性质，它通常表现为哲学的革命。例如，同样是'对对象、现实、感性'的理解，'从前的一切唯物主义——包括费尔巴哈的唯物主义'只是从客体的或直观的形式去理解，而马克思主义哲学则诉诸人的感性活动，即实践的理解，结果导致了马克思主义哲学的革命与新旧唯物主义的分野。"① 鉴于"哲学的转向"与"哲学革命"的区别，在这里对"哲学的转向"的讨论，仅取第一类型的意思。

在哲学史上，哲学的转向是经常发生的，比如古希腊哲学的自然哲

---

① 林剑：《关于马克思主义哲学"转向"的思考》，载《哲学研究》2003 年第 11 期。

学向伦理哲学的转向，再到中世纪的宗教哲学的转向，到近代的认识论的转向等，这种哲学的转向并不必然带来哲学研究范式的根本性的改变，比如上面提到的从古希腊到近代的哲学的转向可以说都是在形而上学的传统范式内研究问题域和主题的改变。所以哲学的转向往往是与哲学形态的改变相联系的，而哲学的革命往往是与哲学范式的改变相联系的。笔者认为哲学的转向指的是哲学研究问题域和主题的转变，比如现在经常谈论的"语言学的转向"，"生存论的转向"等，而不是思维方式和解释模式等的转变，哲学转向的结果就是哲学从一种哲学形态转变为另一种哲学形态，这样才能把哲学转向与哲学革命区别开来，哲学革命的结果是哲学从一种哲学范式转变为另一种哲学范式，当然，两者之间可能存在着交叉的现象，即有些哲学转向同时又是哲学革命。这里涉及哲学形态与哲学范式之间的区别，这个问题放在哲学革命部分再讨论。

从"哲学的转向"的视角探讨马克思哲学，目前学界讨论的比较多的有"实践转向"、"生存论转向"、"生活世界转向"等，其实这几个转向的所指具有内在的一致性。"实践转向"是说马克思哲学实现了由以前哲学关注解释世界转向了关注改变世界的人类的实践活动；"生存论转向"是说马克思哲学实现了由以前本体论哲学关注存在者转向了关注人的生存；"生活世界转向"是说马克思哲学实现了由以前的哲学关注思想世界转向了关注人的感性生活世界，这都是从马克思哲学所关注的问题域和主题方面来说的，这几个方面的转向在马克思哲学那里是确实存在的，并且这几个方面的转向具有内在的关联性，因为实践、生存和感性生活世界都是与人相关的，并且都是人的此岸世界的方面，用现象学的语言来说，就是由理性形而上学的面向"思想"本身转向了面向"事情"本身，以上三个方面只不过对"事情"作出了不同侧重点的理解，其实质都是一样的。

但是，对马克思哲学特质的探讨不能仅停留在"哲学的转向"这个层面，因为现代西方哲学很多流派也有类似甚至相同的转向，所以仅仅从这个方面来考察马克思哲学的特质，还不能把马克思哲学与它们区别开来。有时甚至还会退回到马克思以前的哲学思维方式中去，马克思主义哲学的发展史恰恰证明了这一点。所以，仅仅从"哲学的转向"这一层面来"观"马克思哲学的特质是很表面的，这样就导致了有些学者直接把某种转向指认为哲学革命，这样就把哲学的转向与哲学的革命混淆起来了。

二、"哲学的终结"的视角

"哲学的终结"这一概念本身容易引起误解，人们往往从它的字面上来理解，认为它所说的就是哲学的死亡，哲学从此就不再存在了。不过，随着研究的深入，学界目前很少再有这种极端的观点了。在这里，哲学的终结是指某种哲学的终结，而不是哲学本身的完结。马克思的哲学终结观的内涵，在前面第四章第二节已做过专门的论述，这里只是从与哲学的转向、哲学的革命相区别的角度来看哲学的终结意味着什么，并从宏观的大背景来看形而上学的终结为何在马克思那个时代成为主题并探讨非形而上学的哲学如何可能等问题。

哲学的转向主要是从马克思哲学与马克思之前的哲学在研究问题域和主题方面有什么不同的角度来看的；哲学的终结主要是从马克思哲学与马克思之前的哲学是否存在着一种断裂的关系来看的，如果承认马克思有哲学终结的思想，也就承认了马克思哲学与马克思之前的哲学之间存在着一种断裂的关系，而如果仅仅是转向，尽管在研究问题域和主题方面发生了变化，而在思考和研究问题的方式上可能没有变化，那就说不上终结了它以前的哲学。显然，在马克思哲学与传统理性形而上学之间存在着断裂的关系，否则也不会出现某些西方学者认为马克思没有哲学这种情况了，马克思恩格斯在《共产党宣言》中明确指出："共产主义革命就是同传统的所有制关系实行最彻底的决裂；毫不奇怪，它在自己的发展进程中要同传统的观念实行最彻底的决裂。"①

从哲学的终结的视角来"观"马克思哲学的特质的一个优点就是能把马克思哲学与它所终结的哲学区别开来，不会把马克思哲学又拉回到马克思已经终结的哲学上去，但这并没有成为马克思主义哲学研究者普遍接受的理解马克思哲学的一个视角：一是表现在学者对马克思的哲学终结观的研究重视不够，有的甚至认为这是一个伪问题而不予理睬；二是与此相关，在马克思主义哲学发展史上确实出现了用马克思已经终结了的哲学来解读马克思哲学的情况，这从反面说明了从哲学的终结的视角来"观"马克思哲学的实质的必要性和重要性。

下面从宏观背景上来看从哲学的终结的视角思考马克思哲学的意义。这里有两个问题：第一，既然我们把马克思的哲学终结观主要界定为作为哲学形态的理性形而上学的终结，那么我们就要追问：为何形而上学

---

① 《马克思恩格斯选集》第 1 卷，北京，人民出版社 1995 年版，第 293 页。

会在马克思那个时代终结？作为哲学形态的形而上学的终结这一事件具有必然性吗？第二，作为哲学形态的形而上学终结之后，非形而上学的哲学形态可能吗？

先来看第一个问题，这里涉及形而上学与科学的关系问题，这是哲学史一个重要的而又很难说清楚的理论问题。其实，形而上学所蕴涵的理性精神始终是西方科学得以产生和发展的一个重要条件，这也是解答"李约瑟问题"（即中国何以没有产生出西方近代意义上的科学）的一个重要原因，然而这一点在中国科学界却没有足够的自觉。对此，海德格尔有过这样的论述："我们忘了，早在希腊哲学时代，哲学的一个决定性特征就已经显露出来了：这就是科学在由哲学开启出来的视界内的发展。科学之发展同时即科学从哲学那里分离出来和科学的独立性的建立。这一进程属于哲学之完成。这一进程的展开如今在一切存在者领域中正处于鼎盛。它看似哲学的纯粹解体，其实恰恰是哲学之完成。"① "哲学之发展为独立的诸科学——而诸科学之间却又愈来愈显著地相互沟通起来——乃是哲学的合法的完成。哲学在现时代正在走向终结。它已经在社会地行动着的人类的科学方式中找到了它的位置。而这种科学方式的基本特征是它的控制论的亦即技术的特性。"② 而在海德格尔看来，哲学就是形而上学，而形而上学的历史即是存在遗忘的历史，也就是说，形而上学由于遗忘了存在自身而关注于存在者，而这恰恰和科学的思维方式是一致的，科学思维作为对象性思维，恰恰是关注存在者的。笛卡尔也有一种更加形象的说法："全部哲学就如一棵树似的，其中形而上学就是根，物理学就是干，别的一切科学就是干上生出来的枝。这些枝条可以分为主要的三种，就是医学、机械学和伦理学。"③ 从这种意义上可以说，科学技术恰恰是形而上学的实现，按照马克思的观点，哲学的实现同时也就是它的丧失，那么形而上学的终结恰恰是它的完成，形而上学在黑格尔那儿达到了它的"极端可能性"，这就是形而上学恰恰在黑格尔之后走向终结的原因所在。然而，由形而上学孕育出的科学却反过来成了哲学的楷模，像康德、胡塞尔等哲学家都提出了作为科学的哲学的任务。在 19 世纪，哲学和社会科学不仅需要解答新出现的社会、政治、经

---

① 孙周兴选编：《海德格尔选集》（下卷），上海，生活·读书·新知三联书店 1996 年版，第 1244 页。

② 孙周兴选编：《海德格尔选集》（下卷），上海，生活·读书·新知三联书店 1996 年版，第 1245 页。

③ 〔法〕笛卡尔：《哲学原理》，北京，商务印书馆 1958 年版，序言，第 xvii 页。

济和一切与人相关的问题，而且还面临着自身学科的基本理论、方法论和学科地位的问题①。从人类发展史上来看，上面提到的哲学对科学的发展的影响仅仅是问题的一个方面，同时我们也要注意到科学对哲学的发展的影响，它们是互相促进的关系，形成了一种良性循环，马克思也正是在这种意义上提出了"一门科学"的学术理念的。

从这里可以看出，形而上学的式微，恰恰是它的实现、完成，即实现了它的目的、使命，我们不要为之伤感，反而要"为此而欢呼"（布朗肖特语），并思考哲学新的发展路径，开辟新的哲学形态。而马克思就是沿着这个路径来开辟哲学的新形态的。

同时，我们也要注意到，作为哲学形态的形而上学的终结，并不意味着形而上学就会永久地消失，一方面，这里有传统的惯性作用，形而上学毕竟在西方存在了两千多年的时间，形而上学可以看作是西方的一种文化传统样式而存在的，就像作为意识形态的宗教终结之后，宗教仍然可以作为一种文化样式存在一样；另一方面，作为哲学形态的形而上学在整体上终结了，并不否定个别研究者仍然把形而上学作为自己的理论兴趣而从事研究，或者仍然用形而上学的语言和思维从事哲学写作，这也可以看作是一种形而上学情结，正如狄尔泰所说的："这样一种形而上学体系在社会之中所具有的功能也发生了变化。无论形而上学在哪里幸存下来，它都会被转化成为仅仅属于它的作者的个人的体系，被转化成为那些由于相似的心理倾向而接近这种个人体系的人的体系。这一点是由已经发生了变化的、打破了统一的一神教形而上学所具有的力量的情况而定的。基本的物理学概念和天文学概念所发生的变化，推翻了一神教形而上学所进行的那些沉思遐想。虽然出现了非常多种多样的形而上学体系，但是，它们之中的任何一个体系都不可能得到具体的证明。这样一来，形而上学就仅仅剩下了创造一些注意中心的任务——围绕着这些注意中心，人们就可以把各种实证科学的结果，结合成为关于各种现象的、令人满意的一般框架。"②

所以，马克思生活的时代正是形而上学式微而科学技术昌盛的时代，既然"任何真正的哲学都是自己时代的精神上的精华"，深谙此理的马克思必然要思考那个时代的核心问题即哲学和科学的关系问题，哲学往何

①　谢地坤：《狄尔泰：在形而上学与非形而上学之间》，载《哲学研究》2002 年第 12 期。

②　〔德〕威廉·狄尔泰：《精神科学引论》，童奇志、王海鸥译，北京，中国城市出版社 2002 年版，第 230～231 页。

处走的问题。

再来看第二个问题,如果承认马克思的哲学终结了理性形而上学,那意味着什么呢?或者说:非形而上学的哲学可能吗?哲学在形而上学终结之后能获得新生吗?有些学者正是在这里提出了哲学自身死亡的问题,因为他们认为形而上学的终结就是哲学自身的终结,这是他们被理性形而上学的哲学观所束缚的结果,同时没有认识到哲学本身是"一",但哲学形态却可以是"多",不能把哲学与哲学形态相混淆,也正是在这个问题上,才出现了所谓的"中国哲学"的合法性的争论,因为"中国哲学"属于典型的实践哲学范式①,所以用属于理论哲学范式的哲学去"观""中国哲学"就会觉得不像哲学了。马克思哲学也遇到了这样的问题,如果束缚于理性形而上学的哲学观,也会认为马克思没有哲学,这正是前面多次强调的"柯尔施问题"产生的根源所在。正是由于马克思真正认识到了理性形而上学的根本弊病在于哲学与现实、理论与实践的脱节,所以马克思才会自觉地把克服这种弊病作为自己创立新哲学的任务,这个任务是在《关于费尔巴哈的提纲》和《德意志意识形态》中完成的,其标志就是"实践的唯物主义"崭新哲学形态的创立,而这正是实践哲学范式对理论哲学范式的一次胜利,也是形而上学终结之后哲学获得的新生。所以形而上学的终结不能被看作是哲学自身的终结和死亡,反而是哲学的一次凤凰涅槃式的再生。张文喜指出:"马克思与黑格尔的'争辩'之核心就不在于类似于对某个'观点'提出另一个相反的'观点',或者用某种'立场'来驳斥另一种'立场',倘若这样,马克思就仅仅是一个名副其实的颠倒了黑格尔的'唯心主义'的'唯物主义者',他的学说的命运也就如同他同时代的唯物主义一样,影响短暂且仅仅局限在学院中。恰恰相反,马克思不同于其他受益于黑格尔的人,他已决定性地开辟了通往黑格尔的当代性解释视野的途径。"②他指出了马克思哲学不同学院哲学,也不能把马克思哲学简单地看作是对黑格尔唯心主义哲学的唯物主义颠倒,这是深刻的,但没有标明马克思哲学与学院哲学的根本区别所在。正是由于马克思哲学属于实践哲学范式,所以不能用理论哲学范式去指认它,更不能把它拉回到理论哲学范式的框架去解

---

① 参阅张汝伦:《实践哲学:中国古代哲学的基本特质》,载《文汇报》2004年7月25日。

② 张文喜:《颠覆形而上学——马克思和海德格尔之论》,北京,中国社会科学出版社2004年版,第4页。

释它，歪曲它。如果从范式的转换的角度来理解马克思哲学，哲学革命的视角就显露出来了。

三、"哲学的革命"的视角

"哲学的革命"与"哲学的转向"、"哲学的终结"相比，语气上最强，在前面已经指出，它与哲学的转向往往混为一谈，学界并没有严格对它们做出区分，这从大量论文直接把"实践的转向"、"生存论的转向"指认为马克思的哲学革命中看出来。而这种不加区分地使用这两个概念的后果就是把马克思哲学与现代西方哲学甚至后现代西方哲学看成是同质的，因为它们在某些方面也实现了与马克思哲学相同或相似的转向，这样就不能把马克思哲学与它们区分开来，引起了理论上的混乱。那么哲学的终结与哲学的革命区别何在呢？哲学的终结强调的是哲学自身的完成，当然在马克思那里，也有"人为"的因素在内，即不仅仅是哲学自身的完成，还强调去主动地实现哲学，哲学的实现也即意味着哲学的终结。而哲学的革命主要强调的就是主动地去革命以往的哲学，革命一语在这里与社会革命中的革命的含义是相同的，同时，一场真正意义上的哲学革命，革命者并不仅仅是纯粹的旧哲学的否定者，也是新哲学的建构者，也就是说，革命者在革命以往的哲学时，内心一定有了新的哲学理念在支配着他，他知道在摧毁了旧哲学范式以后会建构一种什么样的新的哲学范式，否则就不是一场真正意义上的哲学革命，而只是一种消极意义上的否定（即仅仅停留在"哲学的终结"的层面上），对哲学的发展不会起到真正意义的推动作用。从这里可以看出，真正意义上的哲学革命的前提是建立在对旧哲学范式的缺陷的实质的准确认知基础上的。

前面已经指出过，哲学的转向是指哲学的问题域和主题发生了改变，它的结果就是哲学形态的转换，而哲学革命借用科学革命的术语来说，就是指哲学范式的根本改变。我们既然借用"范式"一词，那就必须搞清楚在其始作俑者托马斯·库恩那里究竟指的是什么，进而要清醒认识到用科学史上范式革命说来解释思想史哲学史变革过程的有效性及其局限性。

20世纪60年代库恩在《科学革命的结构》中，对"范式"作了21种不同的解释，其中包括："范式"是"看待世界的运用科学的不同方式"、"盛极一时的科学理论"、"专业教育所规定的思想框架"、"科学实验活动中某些公认的范例——包括定律、理论、应用以及仪器设备系统在内的范例"、"共同的信念"、"基本原则"等。尽管如此，我们还是可以把握"范式"的基本含义：范式是某一科学共同体在某一专业或学科中所具有的共同信念，这种信念规定了他们的共同的基本观点、基本理论和基本方法，为他们提供了共同的理论模式和解决问题的框架，从而成为该学科的一种共同的传统，并为该学科的发展规定了共同的方向①。库恩指出："'范式'一词有两种意义不同的使用方式。一方面，它代表着一个特定共同体的成员所共有的信念、价值、技术等等构成的整体。另一方面，它指谓着那个整体的一种元素，即具体的谜题解答；把它们当作模型和范例，可以取代明确的规则以作为常规科学中其他谜题解答的基础。"② 简而言之，第一种范式就是信念，后一种就是方法。他认为，第二种意义上的范式是更深一层的一种，也是"最有新意"而"最不为人所理解"的那些方面中的核心内容③。在《必要的张力》中，库恩对"范式"是这样论述的："'范式'一词无论实际上还是逻辑上，都很接近于'科学共同体'这个词。一种范式是，也仅仅是一个科学共同体成员所共有的东西。反过来说，也正由于他们掌握了共有的范式才组成了这个科学共同体，尽管这些成员在其他方面也是各不相同的。"④ 当我们把"范式"移植到哲学上来，形成哲学范式这一概念时，我们发现哲学范式与哲学观这一概念之间存在着内在关联，哲学范式的第一层含义"信念"可以说就是哲学家拥有的某种哲学观，马克思之前占主导地位的哲学观就是理论哲学，这也成为哲学共同体所普遍认同的"信念"，然后派生出哲学范式的第二层含义"方法"，即哲学共同体根据这种哲学观所采取的思考方法和研究方法。前面在提到哲学的转向与哲学的革命的区别时指出，哲学的转向往往是与哲学形态的转变相联系的，而哲学的革命是与哲学范式的转变相联系的。哲学形态这个概念前面已经作过分析，主要是相对于哲学这个概念提出来的，哲学是"一"，而哲学形态是"多"。而哲学范式这个概念仅仅在与哲学革命相联系使用时才有意义，不能把这两个概念相混淆。

---

① 参阅林学俊：《试论库恩的范式及其在科学认识中的作用》，载《科学技术与辩证法》1997 年第 1 期。

② 〔美〕托马斯·库恩：《科学革命的结构》，金吾伦、胡新和译，北京，北京大学出版社2003 年版，第 157 页。

③ 参阅〔美〕托马斯·库恩：《科学革命的结构》，金吾伦、胡新和译，北京，北京大学出版社 2003 年版，第 157、第 168 页等处。

④ 〔美〕托马斯·库恩：《必要的张力——科学的传统和变革论文选》，范岱年、纪树立等译，北京，北京大学出版社 2004 年版，第 288 页。

从这种意义上说，从认识论到存在论的转变还不能算得上哲学范式的革命，黑格尔之后，实现哲学范式上的革命主要是从两个方面进行的：一是实践哲学范式对理论哲学范式的革命，这就是马克思发动的；另一个就是非理性哲学范式对理性哲学范式的革命，这是叔本华、尼采等人发动的。两者在反现代性方面是一致的，但后者在对理性的极端反叛中走向了个人生存体验之路，而前者则在扬弃了理性形而上学之后走向了以全人类的解放为旨趣的实践哲学之路。

里采尔曾将范式转换过程简单地表述为：范式Ⅰ→规范科学（即范式Ⅰ指导下积累的知识）→异例（即范式Ⅰ不能解释的新现象）→危机（即范式Ⅰ从根本上受到怀疑）→革命（即范式Ⅰ全面崩溃）→范式Ⅱ[①]。如果略去括号内的说明，即范式Ⅰ→规范科学→异例→危机→革命→范式Ⅱ。里采尔对科学范式转换过程的描述给我们的启示就是：科学革命的发生是由于规范科学出现了危机，这对分析哲学史也是适用的，哲学史上每一次重大的变化（不一定发生哲学革命）也都是出现了哲学危机。有学者指出："哲学总是产生于我们安身立命，为人处世的根基，即文化的根基发生了根本的问题与动摇时，产生于长期的文化传统崩溃时，'礼崩乐坏'是哲学产生和发展的根本动力。"[②] 哲学革命也总是伴随着哲学危机而发生的。

既然把马克思的哲学革命界定为哲学范式的转变，并且具体化为实践哲学范式对理论哲学范式的革命，那么，理论哲学范式和实践哲学范式的具体内涵是什么呢？王南湜对理论哲学与实践哲学是这样界定的："理论与实践的关系问题实质上就是哲学如何进行其活动的问题。对这一问题的看法决定着某一种哲学的理论存在形态，同时也决定着其对生活实践的态度。通观中西哲学史，我们便不难发现，就其对生活实践的态度而言，哲学理论有两种活动的路向，一是认为理论思维是生活实践的一个构成部分，理论并不能从根本上超出生活，并不能在生活实践之外找到立足点，因而理论理性要从属于实践理性；一是认为理论可以超越生活、在生活之外找到自己的'阿基米德点'，理论理性高于实践理性。在这里，我们将前一种路向上的哲学称为实践哲学，而后一种路向上的

① 参阅〔法〕乔治·里采尔：《社会学理论》，美国纽约阿尔弗雷德·A.柯诺普夫公司1983年版，第109页，转引自宁骚：《行政范式转换与当代中国机构改革》，收录晏智杰、宁骚、李玉主编：《面向二十一世纪的中国现代化：课题与展望》，北京，经济科学出版社1994年版。

② 张汝伦：《作为第一哲学的实践哲学及其实践概念》，载《复旦学报》（社会科学版）2005年第5期。

哲学称为理论哲学。"① 并且指出:"我们这里对实践哲学与理论哲学的区分不是就理论对象或理论主题的区分,而是就理论活动方式或思维方式的区分。事实上,就其涉及的对象不同将哲学划分为理论哲学和实践哲学的做法在西方哲学史上早已存在,例如我们说康德的实践哲学就是指涉及狭义实践领域(如道德、伦理和政治等)的哲学,而与此相对的理论哲学则主要指涉及本体论、形而上学和认识论的部分。"② 这种区分总体上指出了理论哲学与实践哲学的本质差别所在,但有时我们不能仅仅根据哲学家本人对于实践理性和理论理性的关系的看法来判断他的哲学属于哪一种范式,比如,康德虽然宣称实践理性优先于理论理性③,但他的哲学从整体上看仍然属于理论哲学范式,即使他的《实践理性批判》也是以建构体系作为理论旨趣的,所使用的方法也是逻辑推演的方法,也就是说康德仍然是在理论哲学范式下进行思考和写作的。

那么理论哲学范式与实践哲学范式的区别何在呢?我们也可以从信念与方法两个方面进行分析:从信念上来说,理论哲学范式的核心信念就是要建构一种自洽的理论体系,它关注的是思想,与之相适应,它所采用的方法就是逻辑论证的方法;而实践哲学范式的核心信念是反思人的各种实践活动的合理性与合法性,它关注的是人的现实生活,与之相适应,它所采用的方法是批判的方法和现象学的方法。马克思所实现的哲学革命正是用实践哲学范式革命了统治西方两千多年的理论哲学范式。对于马克思的哲学革命,学界已经从多种视角进行了有益的探索,有的从本体论的视角,有的从哲学思维方式的视角,有的从实践论的视角,有的从存在论的视角,等等。但如果不能从哲学范式这个整体性的视角来考察马克思的哲学革命,那么对马克思所实现的哲学革命的理解就是不到位的。

但是,当我们使用库恩的"范式"理论来解读哲学革命时,也要注意其限度,有学者指出:"库恩的'范式变革说'以及思想史上诸范式之间的'非积累性'与'不可通约性'关系的假设,确有许多优点。但对其'无历史方向感'的相对主义弊端,我们不能不充分估计到:这里面

---

① 王南湜、谢永康:《后主体性哲学的视域——马克思唯物主义的当代阐释》,北京,中国人民大学出版社 2004 年版,第 22~23 页。

② 王南湜、谢永康:《后主体性哲学的视域——马克思唯物主义的当代阐释》,北京,中国人民大学出版社 2004 年版,第 23 页。

③ 参阅徐瑞康、周立胜:《康德实践理性"优先于"理论理性思想的提出及其意义》,载《武汉大学学报》(社会科学版)1995 年第 5 期。

确实有所谓对传统范式的'过度诠释'或随意理解的问题。还有，我们姑且能够说'范式变革论'能够适用于科学史，但用科学思维方式的变革模式来界说哲学思想史上的革命，免不了有夸大科学理论之嫌，从而掩盖了哲学自身的特殊演变逻辑。传统教科书与近年来一些学者对马克思主义哲学本质的界说，都逃脱不了用科学思维方式转变史来理解哲学史的窠臼。"①

第二节　马克思是如何发动一场哲学革命的

在上一节的分析，我们区分了"哲学的转向"、"哲学的终结"与"哲学的革命"各自的边界，特别是"哲学的转向"与"哲学的革命"的不同，现在就要进一步追问：马克思在哲学上是否发动了一场革命？如果是，又是如何发动这场革命的？

一、马克思是否发动了一场哲学革命

对于马克思是否发动了一场哲学革命这个问题，学界很少思考过这个问题，认为这是一个不言而喻的事实，正由于断言马克思发动了一场哲学革命而没有深思它的前提，所以在论述马克思如何实现哲学革命问题上就不那么有说服力。

马克思首先是个革命家，这似乎已经成为共识，但我们要问：马克思是一个什么样的革命家，仅仅是社会方面的革命家，抑或还是理论上的革命家？如果两个方面都有，那么这两个方面的关系如何呢？学界却很少关注这样的问题。因为按照通常的理解，所谓革命家就是社会革命家（恩格斯也正是在这个意义上称马克思"首先是个革命家"的），就马克思而言，就是从事批判和推翻资本主义制度的活动。但是，如果仅仅停留在这一步，就很难把马克思与一些空想社会主义者区别开来，因为他们也从事着同样的活动。同时，这种说法也不符合马克思本人思想发展的事实，事实上，马克思首先并不是一个社会革命家，而是一个理论家，他大学毕业后本想找一份教职的，由于某种原因未果，这也许对马克思一生起着决定性的影响吧。他大学毕业之后，从事《莱茵报》的编

---

① 参阅范海武、刘怀玉：《实体主义、人本主义与马克思的现代哲学范式革命》，载《学术研究》2004 年第 8 期。

辑工作，也不能说这时马克思就是一位革命家了，他虽然这时遇到了对经济利益发表看法的难题，并且对一些社会问题进行了批判，这种批判主要还是一种理论批判活动，并不是革命活动。随后一段时间，马克思主要从事的还是理论批判活动，虽然这种理论活动与青年黑格尔派的理论活动在性质上完全不同，因为马克思的理论活动是与现代性批判密切相关，并且与社会现实批判（政治经济学批判和实践批判）紧密结合在一起的，而不是一种纯理论批判活动，但尽管如此，当时毕竟从事的还是"批判的武器"方面的工作，而不是"武器的批判"方面的工作，只是在把他的理论批判与工人实际运动结合起来时，才称得上严格意义的社会革命家。其实，对于社会革命与理论革命关系的认识，马克思是有清醒的意识的："批判的武器当然不能代替武器的批判，物质力量只能用物质力量来摧毁。"① 正是由于这一点马克思走出了一条不同于传统纯学术研究的学者之路，而开辟了一条学术研究与现实问题相结合的道路，这是我们在解读马克思的哲学思想时要时刻想到的，不能把马克思当作一个纯粹学院式哲学家来进行研究。

要回答马克思是否真正发动了一场哲学上的革命，首先必须弄清什么是哲学革命？判断哲学革命的标准是什么？在上一节中已经指出过，哲学革命是指在哲学研究范式和哲学思维方式上（这两点都与哲学观相关）的根本变革。从这种意义上来说，恩格斯在《路德维希·费尔巴哈和德国古典哲学的终结》中所说的当时19世纪的德国所谓的哲学革命并不是真正意义上的哲学革命："正像在18世纪的法国一样，在19世纪的德国，哲学革命也作了政治崩溃的前导。但是这两个哲学革命看起来是多么不同啊！法国人同整个官方科学，同教会，常常也同国家进行公开的斗争；他们的著作在国外，在荷兰或英国印刷，而他们本人则随时都可能进巴士底狱。相反，德国人是一些教授，一些由国家任命的青年的导师，他们的著作是公认的教科书，而全部发展的最终体系，即黑格尔的体系，甚至在某种程度上已经被推崇为普鲁士王国的国家哲学！在这些教授后面，在他们的迂腐晦涩的言词后面，在他们的笨拙枯燥的语句里面竟能隐藏着革命吗？那时被认为是革命代表人物的自由派，不正是最激烈地反对这种使头脑混乱的哲学吗？但是，不论政府或自由派都没有看到的东西，至少有一个人在1833年已经看到了，这个人就是亨利

---

① 《马克思恩格斯选集》第1卷，北京，人民出版社1995年版，第9页。

希·海涅。"① 这可以说是恩格斯对德国所谓的"哲学革命"的一种讽刺，这种脱离社会革命的纯思想上的所谓"哲学革命"其实是一种假革命，不是真正意义上的哲学革命。当然，恩格斯本人并没有对哲学革命进行严格的界定。

那么，黑格尔所谓的哲学革命又如何呢？恩格斯曾这样评价："黑格尔哲学（我们在这里只限于考察这种作为从康德以来的整个运动的完成的哲学）的真实意义和革命性质，正是在于它彻底否定了关于人的思维和行动的一切结果具有最终性质的看法。哲学所应当认识的真理，在黑格尔看来，不再是一堆现成的、一经发现就只要熟读死记的教条了。"② 黑格尔所谓的哲学革命只是他的哲学话语中蕴涵着某些带有"革命性"的结论（正如恩格斯所说的"黑格尔并没有这样清楚地作出如上的阐述"），是相对于"保守性"而言的"革命性"："诚然，它也有保守的方面：它承认认识和社会的一定阶段对它那个时代和那种环境来说都有存在的理由，但也不过如此而已。这种观察方法的保守性是相对的，它的革命性质是绝对的——这就是辩证哲学所承认的唯一绝对的东西。"③ 这种"辩证哲学"蕴涵有革命性结论的所谓哲学革命不是真正意义上的哲学革命，除了在反形而上学中产生了"否定的辩证法"这一伟大成果之外，它根本没有引起理论哲学范式本身的任何变化。

那么马克思的情况又如何呢？马克思正是在对现代性的哲学批判、政治批判和实践批判过程中，认识到传统理性形而上学的致命缺陷是理论与实践的脱离，才彻底实现了与它的决裂，也就是说，马克思认识到，对于传统理性形而上学不能像青年黑格尔派那样，在黑格尔哲学的基地上通过改变其中的个别观点来实现与黑格尔哲学的决裂，而应该是哲学理念本身的改变，从这种意义上说，马克思的哲学革命是哲学观的革命，有学者指出："哲学观的变革既是哲学革命的观念前提，是其中或显或隐并内在地影响着哲学理解活动的'前见'，同时也在相当程度上构成对哲学的时代变革的解释并成为哲学作为时代精神的思想成果。"④ 对于哲学观，有两种理解，一种是事实意义上的，杨学功称之为描述性的哲学观，即普遍认可的被人们所接受的哲学是什么的理念，这种哲学观往往是没

---

① 《马克思恩格斯选集》第 4 卷，北京，人民出版社 1995 年版，第 214～215 页。
② 《马克思恩格斯选集》第 4 卷，北京，人民出版社 1995 年版，第 216 页。
③ 《马克思恩格斯选集》第 4 卷，北京，人民出版社 1995 年版，第 217 页。
④ 邹诗鹏：《作为问题的当代哲学观变革》，载《求是学刊》2002 年第 6 期。

有经过反思的，另一种是价值意义上的，杨学功称之为规范性的哲学观，即认为哲学应该是什么的理念，这种哲学观是经过反思的。[①] 马克思的哲学观也经历了从描述性的哲学观到规范性的哲学观的转变过程，马克思开始也是在接受当时对哲学是什么的一般看法的基础上进行哲学思考与写作的，集中表现就是《博士论文》的思考与写作，后来通过哲学批判、政治批判和实践批判，发现他以前接受的哲学观是应该被否定的，这样他自己的崭新的规范性的哲学观（即他认为什么样的哲学才是真正的哲学的观念）即"理论与实践辩证统一"的哲学观就成了他哲学思考与写作的主导方面，一场哲学革命在所难免了。马克思通过哲学观的革命，创建了一种崭新的哲学形态即"实践的唯物主义"，这正是我们前面所说的，马克思是用实践哲学范式革了理论哲学范式的命，实现了一场真正意义的哲学革命。但是这场革命是如何发生的，并不是像学界普遍认为的那样简单，仅仅是通过批判来实现的。下面分别从哲学内部和哲学外部两个方面进行考察，看马克思到底是如何发动这场哲学革命的。

二、从哲学内部发动哲学革命置疑

对马克思是如何发动哲学革命的问题，我们必须像社会革命那样，要追问：是谁革命，革谁的命，是用什么武器革命的，为什么要革命？前面两个问题的答案是不言而喻的，当然是马克思发动的，革理性形而上学的命。但后两个问题要复杂一些，目前学界对马克思所实现的"哲学范式革命"，有两种值得借鉴与重视的观点：一是认为马克思哲学结束了近代哲学的实体主义思想传统，实现了从实体中心论向关系主义、价值论哲学视野的转变；另外一种观点则认为，马克思哲学革命意义在于实现了从近代的主客体二分的实体主义的认识论哲学向现代的主客体统一的生存论哲学范式的提升，但这两种观点大多是从哲学内部进行考察的，所以不能切中马克思的哲学革命的真正要害在于是实践范式对理论哲学范式的革命。

第四个问题放在后面相关部分进行讨论，这里主要集中讨论第三个问题。对于第三个问题马克思是用什么武器实现革命的，我们应该从以下两个方面思考：马克思是从哲学内部发动革命的，还是从哲学外部发动革命的，通过分析发现，这两个方面都有。我们在这里先考察在哲学内部能否发动一场真正意义上的哲学革命。

---

① 参阅杨学功：《哲学观的批判与重建》，载《吉首大学学报》2002 年第 1 期。

在哲学内部，马克思使用的武器是"批判"，马克思通过哲学批判、政治批判和实践批判，揭示了理性形而上学的缺陷，马克思发现这个缺陷恰恰在于理性形而上学仅仅在纯粹思想内部打转，即它缺少一个外部世界或者说它遗忘了哲学还应该有个外部世界，用现象学的语言来说，理性形而上学没有面向事情本身，而走向了思想本身，正如马克思在讽刺青年黑格尔派表面看起来十分革命的场面时所说的那样："据说这一切都是在纯粹的思想领域中发生的。"① 而难能可贵的是，马克思认识到了批判的局限性："历史的动力以及宗教、哲学和任何其他理论的动力是革命，而不是批判。"② 所以，如果马克思仅仅从哲学内部批判形而上学是不可能完成对形而上学革命使命的，甚至也不能说是一场真正严格意义上的哲学革命，只能像恩格斯评价黑格尔所实现的哲学革命那样。这样马克思哲学革命的第二个路径便显示出来，这就是马克思从哲学外部发动了对理性形而上学的革命，对于这个问题本节第三部分再详细讨论。

吴晓明指出："在创始者去世之后，对马克思的'哲学革命'做出过重要阐述并且产生持久影响的观点，依其典型的代表性及其在路径上的定向作用，大体可以被区分为两个主要方面，即以第三国际的理论家为代表的一个路向和以西方马克思主义的早期领袖为代表的另一个路向。"③这两种理解路向都是从他们所理解的马克思哲学出发来看马克思哲学与马克思以前的哲学有何不同的，其中一方抓住马克思哲学的内容方面即唯物主义和辩证法，来阐述马克思哲学的科学性，这就是哲学教科书中所理解的马克思主义哲学所实现的哲学革命的由来，另一方则抓住马克思哲学的形式方面即无产阶级的阶级意识、批判意识，来阐述马克思哲学的意识形态性和批判性。但这两个路向的共同点都是从哲学内部来看马克思哲学上的"革命"的，我们要进一步追问：从哲学的内部能否发动一场真正意义上的革命？

在这里，我们先考察一下青年黑格尔派对黑格尔的所谓革命性批判。马克思是这样评价的："从施特劳斯到施蒂纳的整个德国哲学批判都局限于对宗教观念的批判。他们的出发点是现实的宗教和真正的神学。"④ 整个青年黑格尔派的批判仅仅局限在宗教批判范围内，那么这种批判的实

---

① 《马克思恩格斯选集》第 1 卷，北京，人民出版社 1995 年版，第 62 页。

② 《马克思恩格斯选集》第 1 卷，北京，人民出版社 1995 年版，第 92 页。

③ 吴晓明：《重估马克思哲学革命的性质与意义》，载《复旦学报》（社会科学版）2004 年第 6 期。

④ 《马克思恩格斯选集》第 1 卷，北京，人民出版社 1995 年版，第 64 页。

质是什么呢？马克思写道："德国的批判，直至它最近所作的种种努力，都没有离开过哲学的基地。这个批判虽然没有研究过自己的一般哲学前提，但是它谈到的全部问题终究是在一定的哲学体系即黑格尔体系的基地上产生的。不仅是它的回答，而且连它所提出的问题本身，都包含着神秘主义。对黑格尔的这种依赖关系正好说明了为什么在这些新出现的批判家中甚至没有一个人试图对黑格尔体系进行全面的批判，尽管他们每一个人都断言自己已经超出了黑格尔哲学。"① 这充分地说明了在"黑格尔体系的基地上"展开对黑格尔的彻底批判是不会成功的，就更谈不上对它的革命了："既然这些青年黑格尔派认为，观念、思想、概念，总之，被他们变为某种独立东西的意识的一切产物，是人们的真正枷锁，就像老年黑格尔派把它们看作是人类社会的真正镣铐一样，那么不言而喻，青年黑格尔派只要同意识的这些幻想进行斗争就行了。既然根据青年黑格尔派的设想，人们之间的关系、他们的一切举止行为、他们受到的束缚和限制，都是他们意识的产物，那么青年黑格尔派完全合乎逻辑地向人们提出一种道德要求，要用人的、批判的或利己的意识来代替他们现在的意识，从而消除束缚他们的限制。这种改变意识的要求，就是要求用另一种方式来解释存在的东西，也就是说，借助于另外的解释来承认它。青年黑格尔派玄想家们尽管满口讲的都是所谓'震撼世界的'词句，却是最大的保守派。如果说，他们之中最年轻的人宣称只为反对'词句'而斗争，那就确切地表达了他们的活动。不过他们忘记了：他们只是用词句来反对这些词句；既然他们仅仅反对这个世界的词句，那么他们就绝对不是反对现实的现存世界。这种哲学批判所能达到的唯一结果，是从宗教史上对基督教作一些说明，而且还是片面的说明。"② 那么，造成青年黑格尔满口讲的都是所谓"震撼世界"的词句，却是最大的保守派的根源何在呢？"这些哲学家没有一个想到要提出关于德国哲学和德国现实之间的联系问题，关于他们所作的批判和他们自身的物质环境之间的联系问题。"③ 这才是问题的关键之所在，正是由于青年黑格尔派在"纯粹思想"领域内从事着批判活动，"他们就绝对不是反对现实的现存世界"，所以，他们尽管表面看来是多么的革命，其实是最大的保守派。从这里可以看出，仅仅从哲学内部来革黑格尔哲学的命，不但不能进行

---

① 《马克思恩格斯选集》第1卷，北京，人民出版社1995年版，第64页。
② 《马克思恩格斯选集》第1卷，北京，人民出版社1995年版，第65~66页。
③ 《马克思恩格斯选集》第1卷，北京，人民出版社1995年版，第66页。

到底，有时还会是一种倒退，这就是青年黑格尔派给我们带来的反面教训。这同样适用于黑格尔本人，正如哈贝马斯所评论的那样："1802 年，黑格尔开始思考康德、雅可比和费希特的思想体系，他的出发点是知识与信仰的对立。他打算从主体性哲学内部将主体性哲学击破。"① 众所周知，黑格尔理性和解的良好愿望最终还是以失败告终。

　　那么在哲学史上自称实现了"哥白尼式变革"的康德哲学又如何呢？在《纯粹理性批判》的第二版序言中，康德本人引入了哥白尼在天文学中的革命来说明自己在哲学中所实行的变革："向来人们都认为，我们的一切知识都必须依照对象；但是在这个假定下，想要通过概念先天地构成有关这些对象的东西以扩展我们的知识的一切尝试，都失败了。因此我们不妨试试，当我们假定对象必须依照我们的知识时，我们在形而上学的任务中是否会有更好的进展。这一假定也许将更好地与所要求的可能性，即对对象的先天知识的可能性相一致，这种知识应当在对象被给予我们之前就对对象有所断定。这里的情况与哥白尼的最初的观点是同样的，哥白尼在假定全部星体围绕观测者旋转时，对天体运动的解释已无法顺利进行下去了，于是他试着让观测者自己旋转，反倒让星体停留在静止之中，看看这样是否有可能取得更好的成绩。现在，在形而上学中，当涉及对象的直观时，我们也能够以类似的方式来试验一下。如果直观必须依照对象的性状，那么我就看不出，我们如何能先天地对对象有所认识；但如果对象（作为感官的客体）必须依照我们直观能力的性状，那么我倒是完全可以想象这种可能性。"② 在这里，康德的意图并不是单纯地叙述哥白尼在天文学上的贡献，而是试图把这一贡献所蕴涵的思维方式的革命贯彻到对哲学的研究之中。在传统的哲学研究中，人们通常以对象为轴心去解释知识，而康德的先验哲学则试图以认识主体为轴心去解释对象，即从认识的主体围绕认识的对象而旋转变成认识的对象围绕认识的主体而旋转："我们关于物先天地认识到的只是我们自己放进它里面去的东西。"③ 康德这种对以前认识论模式的革命表面看来的确实现了颠覆性的改变，但他毕竟是在认识论范围内的某种颠倒，并且在

---

　　① 〔德〕尤尔根·哈贝马斯：《现代性的哲学话语》，曹卫东等译，南京，译林出版社 2004年版，第 27 页。

　　② 〔德〕康德：《纯粹理性批判》，邓晓芒译，北京，人民出版社 2004 年版，第二版序，第 15 页。

　　③ 〔德〕康德：《纯粹理性批判》，邓晓芒译，北京，人民出版社 2004 年版，第二版序，第 16 页。

思维方式上并没有发生根本上的改变，都是本体论的思维方式。这种所谓的革命使我们想到了费尔巴哈对黑格尔的颠倒，还有马克思所说的对黑格尔的颠倒，这里就有这样一个问题：这种"颠倒"能否称得上真正意义上的哲学革命呢？

我们先来看一下费尔巴哈对黑格尔的颠倒。在费尔巴哈看来，黑格尔思辨哲学的要害在于割裂了思维与存在的真正统一，颠倒了思维和存在的关系，认为思维和存在的真正关系是："存在是主体，思维是宾词。思维是从存在而来的，然而存在并不来自思维。"① 但是，费尔巴哈对存在和思维以及它们关系的理解仍然是本体论的思维方式，所以只能诉诸于感性的直观："只有感觉，只有直观，才给我以一种作为主体的东西。"② 为此，马克思批评说："费尔巴哈不满意抽象的思维而喜欢直观；但是他把感性不是看作实践的、人的感性的活动。"③ 正是由于这一点，费尔巴哈虽然力图"恢复唯物主义的权威"，但在理论的深层上却表现为从黑格尔的倒退，这也正是马克思受费尔巴哈启发但又很快超越费尔巴哈的关键之处④。马克思把包括费尔巴哈在内的近代唯物主义称之为"直观的唯物主义"，并指出了其共同缺陷："对对象、现实、感性，只是从客体的或者直观的形式去理解，而不是把它们当作感性的人的活动，当作实践去理解，不是从主体方面去理解。"⑤ 这充分说明了，对形而上学的革命，单凭从形而上学内部进行"颠倒"是不可能做到的。

那么，马克思对黑格尔的颠倒又如何呢？马克思多次在不同的场合指出自己的哲学是对黑格尔哲学的颠倒："我的辩证方法，从根本上来说，不仅和黑格尔的辩证方法不同，而且和它截然相反。在黑格尔看来，思维过程，即他称为观念而甚至把它转化为独立主体的思维过程，是现实事物的创造主，而现实事物只是思维过程的外部表现。我的看法则相反，观念的东西不外是移入人的头脑并在人的头脑中改造过的物质的东西而已。"⑥ "辩证法在黑格尔手中神秘化了，但这决没有妨碍他第一个全

---

① 〔德〕费尔巴哈：《费尔巴哈哲学著作选集》上卷，北京，生活·读书·新知三联书店1959年版，第114~115页。

② 〔德〕费尔巴哈：《费尔巴哈哲学著作选集》上卷，北京，生活·读书·新知三联书店1959年版，第156页。

③ 《马克思恩格斯选集》第1卷，北京，人民出版社1995年版，第56页。

④ 参阅阎孟伟：《"感性世界"的实践论诠释及哲学范式的变革》，载《哲学研究》2004年第3期。

⑤ 《马克思恩格斯选集》第1卷，北京，人民出版社1995年版，第54页。

⑥ 《马克思恩格斯选集》第2卷，北京，人民出版社1995年版，第111~112页。

面地有意识地叙述了辩证法的一般运动形式。在他那里，辩证法是倒立着的。为了发现神秘外壳中的合理内核，必须把它倒过来。"① 仅仅从马克思这种对黑格尔颠倒的论述中是看不出马克思的哲学革命的，阿尔都塞对此评论道："'倒过来'一词只有象征意义，甚至只是一种比喻，而不能最后解答问题。"② 阿尔都塞对这种"倒过来"的阅读策略始终抱着质疑的态度："用头着地的人，转过来用脚走路，总是同一个人！在这个意义上，哲学的颠倒无非是位置的颠倒，是一种理论比喻：事实上，哲学的结构、问题、问题的意义，始终由同一个总问题贯穿着。"③ "原封不动地照搬黑格尔形式的辩证法只能使我们陷入危险的误解，因为根据马克思在解释任何意识形态现象时所遵循的原则，说辩证法能够像外壳包裹着的内核一样在黑格尔体系中存身，这是不可思议的事。我讲这段话是想指出，不能想象黑格尔的意识形态在黑格尔自己的身上竟没有传染给辩证法的本质，同样也不能想象黑格尔的辩证法一旦被'剥去了外壳'就可以奇迹般地不再是黑格尔的辩证法而变成马克思的辩证法（既然说到了"传染"，那就势必假定辩证法在被传染前是纯洁的）。"④ 所以后来阿尔都塞提出对这种颠倒要放在马克思主义的理论总问题中进行阐释："大部分解释者是在经验总问题领域或者是在它的严格意义上的'颠倒'，即'黑格尔总问题领域中提出这个问题的'……我建议不要在意识形态总问题内提出这一问题，而是要在马克思主义的理论总问题内提出这一问题。"⑤ 阿尔都塞在这里提醒我们不要对马克思的"颠倒说"做出过度的诠释，海德格尔也是从"颠倒"的角度来理解马克思的哲学和形而上学的关系的："随着这一已经由卡尔·马克思完成了的对形而上学的颠倒，哲学达到了最极端的可能性。哲学进入其终结阶段了。"⑥ 卢卡奇敏锐地意识到，黑格尔的辩证法在马克思那里之成为革命的代数学，决不

① 《马克思恩格斯选集》第 2 卷，北京，人民出版社 1995 年版，第 112 页。

② 〔法〕路易·阿尔都塞：《保卫马克思》，顾良译，北京，商务印书馆 1984 年版，第 67~68 页。

③ 〔法〕路易·阿尔都塞：《保卫马克思》，顾良译，北京，商务印书馆 1984 年版，第 54 页。

④ 〔法〕路易·阿尔都塞：《保卫马克思》，顾良译，北京，商务印书馆 1984 年版，第 69 页。

⑤ 〔法〕路易·阿尔都塞、艾蒂安·巴里巴尔：《读〈资本论〉》，李其庆、冯文光译，北京，中央编译出版社 2000 年版，第 43~44 页。

⑥ 孙周兴选编：《海德格尔选集》下卷，上海，生活·读书·新知三联书店 1996 年版，第 1244 页。

是"简单地通过唯物主义的颠倒使然的"①，通过简单的颠倒，是不能完成哲学革命的任务的，一个颠倒的形而上学命题仍然是一个形而上学的命题，这在康德和费尔巴哈的"颠倒"中看得更加明显。所以仅仅从"颠倒说"来说明某某人发动了一场哲学革命是肤浅的，现在学界也有类似的情况，总是就一个命题提出自己的反命题，认为这就实现了一个多么伟大的革命似的。

这从现代西方哲学的发展中也可以看出来，作为哲学上的反思，胡塞尔发出了振聋发聩的警告："作为欧洲人根本的生活危机之表现的科学危机"，并率先提出了一个受到广泛响应的口号："重返生活世界"②。对此，马克思和海德格尔无疑都有非常清醒的认识，但由于他们反形而上学的不同路径，结果却完全不同。海德格尔克服形而上学的路径是从哲学内部着手的，他把西方的哲学史理解为形而上学的历史，而形而上学的历史又是关注存在者而遗忘存在的历史，他的任务就是重新提出并解决存在的意义问题，这种从形而上学内部来克服形而上学的努力被证明是无效的，所以德里达仍然称他是形而上学家，最终还是落入了形而上学的窠臼之中。而马克思从哲学外部（历史和政治经济学领域，更主要的是从社会实践领域）对形而上学的扬弃，不仅实现了对形而上学的超越，并且创立了一种非形而上学的哲学形态，这才是对形而上学的真正的克服，这样的克服才能称得上真正意义上的哲学革命，因为它击中了形而上学的"内核"，而不仅仅是在形而上学的"保护带"上做一些修修补补的工作。

因此，从哲学史上来看，从哲学内部很难进行一场真正意义上的哲学革命，像康德所谓的"哥白尼式"的革命，从前面的哲学革命的定义来看，并不是一场真正意义的哲学革命，因为无论从哲学范式还是从哲学思维方式来看，都没有发生根本性的变化，他的哲学范式仍然是理论哲学范式，哲学思维方式仍然是本体论的思维方式。

三、从哲学外部来看马克思是如何发动哲学革命的

目前学界提出的从本体论、存在论等方面来理解马克思的哲学革命，

---

① 〔匈〕卢卡奇：《历史与阶级意识：关于马克思列宁主义辩证法的研究》，杜章智等译，北京，商务印书馆1995年版，第77页。

② 〔德〕胡塞尔：《欧洲科学的危机和超验现象学》，张庆熊译，上海，上海译文出版社1988年版，第2页。

都是从哲学内部来看待马克思的哲学革命的，而没有看到马克思的哲学革命恰恰是从哲学外部发动的，所以，即使他们无论如何想方设法想把马克思的"实践的唯物主义"的哲学形态与旧的形而上学的哲学形态划清界限，力争突出它们之间的本质性的断裂，但仍感觉没有把马克思是如何实现哲学革命的问题说清楚，以至于许多谈论着马克思哲学革命的人仍然在形而上学的思维方式下言说，而 20 世纪有影响的西方哲学家，亦至多把马克思的哲学革命领会为尼采式的颠覆，从而是在形而上学之最极端的对立面向其本质的回返①，这些都是由于他们是从哲学内部来理解马克思的哲学革命造成的。这在马克思主义哲学家那里也存在这样的解释路向，普列汉诺夫在许多场合声称，马克思、恩格斯和费尔巴哈，以及霍布斯、拉美特利和狄德罗，统统属于"斯宾诺莎的类"，正是依循这样一条阐释路线，普列汉诺夫乃并称"费尔巴哈、马克思、恩格斯的唯物主义"为"最新的唯物主义"②。

从第二部分的分析可以看出，从哲学内部发动一场真正意义的哲学革命是很难的，正像科学革命一样，前提是出现了常规科学的危机，即出现了常规科学不能解释的现象时，这样才迫使人们去提出新的范式。哲学革命的发生也是这样，只有在以前的哲学形态出现了危机时，或者说，以前的哲学形态的缺陷充分暴露出来时，人们才能有意识地去克服这些危机或缺陷，从而发动一场真正意义上的革命。如果说马克思革的是传统理性形而上学的命的话，那么传统理性形而上学的根本缺陷是什么呢？形而上学自柏拉图对两重世界的划分以来，就陶醉于纯粹思想世界之中，而遗忘了外部世界，作为形而上学完成者的黑格尔就是这样看待哲学的："真理的王国是哲学所最熟习的领域，也是哲学所缔造的，通过哲学的研究，我们是可以分享的。""举凡一切维系人类生活的，有价值的，行得通的，都是精神性的。而精神世界只有通过对真理和正义的意识，通过对理念的掌握，才能取得实际存在。"③ 正是由于马克思在哲学批判、政治批判和实践批判的基础上，认识到了传统理性形而上学这种根本缺陷，正如马克思在《德意志意识形态》中批判青年黑格尔派时所指出的那样，他们只不过是抓住了黑格尔哲学的某些方面，并以此制

---

① 参阅吴晓明：《重估马克思哲学革命的性质与意义》，载《复旦学报》（社会科学版）2004 年第 6 期。

② 《普列汉诺夫哲学著作选集》卷 3，北京，生活·读书·新知三联书店 1962 年版，第 148 页。

③ 〔德〕黑格尔：《小逻辑》，贺麟译，北京，商务印书馆 1980 年版，第 35 页。

造出各式各样的抽象理论，而这种批判就变成了一种抽象对另一种抽象的批判，他们只是反对"这个世界的词句"，而绝不反对这个"现实的现存世界"。可见，以前对黑格尔的批判实质上是在理论哲学范式内的批判，而马克思认为，只有站在理论哲学之外的立场，也即立足于现实的生活实践，这种批判才可能有效。实践立场的确立才使马克思明白仅仅从形而上学内部来克服它的局限性是不可能的，才从外部发动了一场真正意义上的哲学革命。阿尔都塞意识到了这一点："如果说马克思接受了费尔巴哈的整个总问题，那么他同费尔巴哈的决裂，即所谓'把我们从前的哲学信仰清算一下'，就意味着采纳了一个新的总问题，这个总问题即使包含有旧的总问题的一些概念，但这些概念在新的总问题这个整体中，已被赋予了崭新的含义。为了说明这一点，我想在这里再次引用马克思曾经引用过的一个希腊史的典故：泰米托克利斯在同波斯人作战历遭惨败后，建议雅典人放弃陆地，并把未来的雅典城建立在另一个因素，即大海的基础上。马克思的理论革命正是要把马克思的理论思想从旧因素（黑格尔哲学和费尔巴哈哲学）那里解放出来，并把它建立在一个新因素的基础上。"① 他指出了马克思的哲学革命完全是在一个"新因素的基础上"和"新的总问题"上完成的，至于这个"新因素"是什么，阿尔都塞在《费尔巴哈的"哲学宣言"》（写于1960年）中没有标明出来，在《哲学的改造》（写于1976年）中才暗示了这种新因素就是"实践"。这与马克思的社会革命思想也是一致的，马克思认为，要彻底推翻资本主义制度，就要彻底打破旧的资本主义国家机器，而不能把旧的国家机器简单地搬过来。

那么，马克思又是如何从哲学外部发动哲学革命的呢？根据马克思从外部发动哲学革命所运用的武器不同，分为两个方面，一方面以"实践"为武器，另一方面以"科学"为武器。

（一）马克思是如何运用"实践"来发动一场哲学革命的，这可以从两个层面上来理解

第一是在理论层面上，正是马克思的科学的实践观的确立，从而实现了从哲学外部发动了一场哲学革命，阿尔都塞指出："实践的入侵是对于被当做这样一种'哲学'来生产的哲学的发难。这就是说，它反对哲学想要拥抱全部社会实践（和观念）、看到——柏拉图所说的那种——

---

① 〔法〕路易·阿尔都塞：《保卫马克思》，顾良译，北京，商务印书馆1984年版，第27页。

'整体'，从而把它的统治建立在前述这些实践之上的要求。与哲学相对立的，是马克思主义坚信哲学有一个'外部'——或者表达得更好一些，它坚信哲学只能由于并且为了这个'外部'而存在。（哲学需要想象自己能够使之屈从于真理的）这个外部就是实践，种种社会实践。"① 对于马克思是如何用"实践"来打破哲学的平衡的，阿尔都塞是这样论述的："在某种意欲成为实践哲学的新哲学中，当它把真理、根据、开端的角色指派给实践的时候，就隐含着一个难题（虽然我引用了'实践哲学'这个表达方式，那也并不是在反对葛兰西，因为他从未有过上述的设想）。实践不是按照某种不可改变的哲学的意志而产生的真理的替代品；正好相反，它是打破了哲学的平衡的那个东西。无论就世事变幻还是就阶级斗争而言，实践都是哲学在其整个历史上始终未能兼并掉的东西。实践是这样一种异物：在它的基础上，不仅有可能打破哲学的平衡，而且有可能就此开始洞察哲学的内部。我在前文提出，实践强迫哲学承认自己有一个外部。"② 也就是说，马克思在理论层面是通过实践的观点从哲学的外部发动哲学革命的，"实践"的武器恰恰击中了形而上学的要害即形而上学仅仅是纯思想的思辨，而遗忘了哲学还应该有一个外部世界，并且哲学本身就属于这个世界。阿尔都塞指出："他（指马克思。——引者注）几乎从不谈论哲学（只是在费尔巴哈提纲第 1 条中写下'实践'一词时就已动摇了全部传统哲学的根基），却依然在《资本论》的写作中实践了他从未写过的哲学。"③ 从哲学外部发动革命的结果就是马克思的"实践的唯物主义"这一崭新哲学形态的创立，这也是我们理解马克思所创立的新哲学形态的关键所在，以前对"实践的唯物主义"的理解，主要是突出实践在"实践的唯物主义"这种崭新的哲学形态的内部所具有的首要的、基本的作用，而没有从"实践"在马克思所实现的哲学革命中的作用方面来理解："循着这条思路，我们就能够更好地理解，实践的入侵是怎么从背后袭击了哲学并且表明它有一个外部。哲学的外部空间再一次从它的内部产生了：不仅要对社会实践加以逻辑上的种种歪曲，以便使它们服从于某个——囊括总体的——体系性思想在形式上无矛盾

---

① 〔法〕路易·阿尔都塞：《哲学与政治：阿尔都塞读本》，陈越编，长春，吉林人民出版社 2003 年版，第 228～229 页。

② 〔法〕路易·阿尔都塞：《哲学与政治：阿尔都塞读本》，陈越编，长春，吉林人民出版社 2003 年版，第 229 页。

③ 〔法〕路易·阿尔都塞：《哲学与政治：阿尔都塞读本》，陈越编，长春，吉林人民出版社 2003 年版，第 244～245 页。

的统一性，而且要进行拆解和重构，即对上述这些被歪曲了的社会实践进行秩序上的重整——所以，这是一种为秩序化的迫切要求所支配的双重的歪曲，而那种秩序化最终统治了一切，并使哲学本身具有意义。"①哲学的意义在于使看似无序的世界变得有序，有时还要对社会实践进行"拆解和重构"，而这在传统理性形而上学那里是根本做不到的，因为它根本遗忘了还有一个外部世界的存在，哲学与现实、理论与实践的关系问题基本上没有提出来，或者当它意识到有一个外部世界存在时，却运用自己的"哲学的暴力"、"概念的暴力"来"使人们的一切社会实践都服从于真理的法则"②，这就是传统理性形而上学对外部世界的强暴，也是后现代哲学家反对同一性思维的原因所在。而马克思哲学革命的真正意义就在于运用"实践"的利器对这种"哲学的暴力"、"概念的暴力"进行了颠覆。可能有人会问，这种颠覆不也是一种颠倒吗？"实践"会不会成为一种新的暴力呢？先来看第一个方面，由于实践对理性形而上学的入侵是从哲学外部进行的，不能说它是一种颠倒，它并不是一个形而上学命题的反命题，而是根本性、整体性的摧毁，从而使哲学建立在一个新的基础之上。再来看第二个方面，这正是我们所担心的，因为目前学界对"实践"在马克思哲学中的作用和意义到底是什么以及它的作用的边界在哪里并不是有足够多的自觉意识的，反而有一种把"实践"概念化、万能化和神秘化的趋势，以为马克思的"实践"范畴可以解决任何哲学上的难题，这就有可能使"实践"成为一种新的哲学暴力，这是马克思所始料不及的。而我们就是要澄清"实践"在马克思哲学中的作用及其界限以防止这种暴力的发生及其蔓延，这当然是一个艰巨的任务，可以说是一项意义重大的课题，还有许多工作要做。

第二是在实践层面，马克思的哲学革命与社会革命是一体的，可是却很少有学者从它们之间的关联来谈马克思的哲学革命，这两个革命的宗旨是一致的，都是为了无产阶级和全人类的自由和解放，摆脱人的异化生存样态。正如马克思所说的："无论为了使这种共产主义意识普遍地产生还是为了实现事业本身，使人们普遍地发生变化是必需的，这种变化只有在实际运动中，在革命中才有可能实现；因此，革命之所以必需，

① 〔法〕路易·阿尔都塞：《哲学与政治：阿尔都塞读本》，陈越编，长春，吉林人民出版社2003年版，第235页。
② 〔法〕路易·阿尔都塞：《哲学与政治：阿尔都塞读本》，陈越编，长春，吉林人民出版社2003年版，第231页。

不仅是因为没有任何其他的办法能够推翻统治阶级，而且还因为推翻统治阶级的那个阶级，只有在革命中才能抛掉自己身上的一切陈旧的肮脏东西，才能成为社会的新基础。"① 以前人们仅仅从理论层面上阐述马克思的哲学革命，提出了许多见解，诸如：从本体论、存在论、哲学思维方式等方面，而没有追问马克思为何要发动一场哲学革命？这就是因为马克思以前的哲学不是以解决现实问题和改造世界为旨归的，它们仅仅局限于和满足于"解释世界"，对此，柯尔施指出："19 世纪下半叶资产阶级哲学史的三个局限性的第一个，可以表述为一个'纯粹哲学的'局限性。当时的理论家们没有看到，哲学中包含的那些观念，不仅能存活在哲学之中，而且能同样好地存活在实证科学和社会实践之中，而且这一过程在很大程度上就是从黑格尔哲学那里开始的。"② 也就是说柯尔施指出了传统哲学的缺陷正在于不理解哲学的演变与社会历史条件的变化之间的内在关联："这种辩证的方法使我们能够把上述四种不同的趋势——资产阶级的革命运动、从康德到黑格尔的唯心主义哲学、无产阶级的革命阶级运动和马克思主义的唯物主义哲学——作为一个历史过程的四种要素来把握。这样便使我们能够理解由马克思和恩格斯在理论上系统阐述的新科学的真正本质，这一科学构成了无产阶级独立的革命运动的一般表现形式。"③ 正是基于这种认识，马克思才提出问题在于"改变世界"，这就需要"改变世界"的哲学，所以，马克思要对以前的"纯粹哲学"进行革命，而这种哲学革命只能从哲学外部发动这一点来说，是与社会革命紧密相连的，而离开马克思的社会革命来谈他的哲学革命，就不会理解马克思的哲学革命的深层意蕴，正如马克思所说的"历史的动力以及宗教、哲学和任何其他理论的动力是革命，而不是批判"④。联系上下文来看，这里的"革命"就是指的社会革命，"只有通过实际地推翻这一切唯心主义谬论所由产生的现实的社会关系，才能把它们消灭"⑤，也就是说，只有通过社会革命消灭掉了旧理论依存的社会关系，旧理论才能最终被革命掉。哈贝马斯在评论兰特格列勃时说过："马克思清楚地

---

① 《马克思恩格斯选集》第 1 卷，北京，人民出版社 1995 年版，第 91 页。
② 〔德〕卡尔·柯尔施：《马克思主义和哲学》，王南湜、荣新海译，重庆，重庆出版社 1989 年版，第 8 ~ 9 页。
③ 〔德〕卡尔·柯尔施：《马克思主义和哲学》，王南湜、荣新海译，重庆，重庆出版社 1989 年版，第 13 ~ 14 页。
④ 《马克思恩格斯选集》第 1 卷，北京，人民出版社 1995 年版，第 92 页。
⑤ 《马克思恩格斯选集》第 1 卷，北京，人民出版社 1995 年版，第 92 页。

看到，这种哲学在费尔巴哈的研究中本质上是神学。哲学只有从认识上接受了存在的序列，并且，自己也在实际上培育这一序列，它才能真正地实现解放的承诺。因此，不仅黑格尔的哲学，而且，全部哲学都是错误的；哲学，原则上只能用抽象概念，而不能在实际上解放人。哲学作为哲学，它不能成为它要成为的东西——人的解放。"① 马克思认识到人的解放不在哲学之中，而在哲学之外："哲学的要求在哲学中未能实现，并且也不能实现"。要从根本上克服理性形而上学的缺陷，就必须从哲学之外来革它的命，这才是马克思哲学革命的根本所在，同时，也只有同时实现哲学革命和社会革命，无产阶级的解放才是可能的。学界很少把马克思的哲学革命与社会革命联系起来进行考察，即使从生存论的视角来解读马克思哲学革命的学者也没有意识到马克思的哲学革命恰恰是马克思社会革命的一个有机组成部分，离开了马克思的社会革命来单纯地谈马克思的哲学革命是不能切中马克思哲学革命的真谛的。柯尔施曾对此有过深刻的体认："马克思主义的科学理论必须再次成为《共产党宣言》的作者所描述的东西——不是作为一个简单的回复，而是作为一个辩证的发展：一种关于包括整个社会一切领域的社会革命的理论。因此，我们以辩证唯物主义的方式必须解决的不仅是'国家对于社会革命和社会革命对于国家的关系问题'（列宁语），而且还有'意识形态对于社会革命和社会革命对于意识形态的问题'。在无产阶级革命前的时期里回避这些问题，会导致机会主义，并在马克思主义内部造成危机，正像第二国际回避国家与革命的问题导致了机会主义并的确在马克思主义的阵营内引起了危机一样。在这些转变时期的意识形态问题上没有明确的立场，在无产阶级夺取了国家政权后的时期里，可能会有灾难性的政治后果。"② 柯尔施虽然看出了意识形态与社会革命的关联，但他没有点明马克思实现了哲学革命，这与他的哲学观的局限有关，表现在具体观点上出现了前后不一致的地方。

正是由于马克思的哲学革命是从外部发动的，并且是与社会革命思想相一致，所以，"中介"的概念对于理解马克思的哲学思想具有重要的意义。当然，这种"中介"不是像理性形而上学的那种纯思想领域里的

---

① 〔德〕尤尔根·哈贝马斯：《理论与实践》，郭官义、李黎译，北京，社会科学文献出版社 2004 年版，第 429~430 页。

② 〔德〕卡尔·柯尔施：《马克思主义和哲学》，王南湜、荣新海译，重庆，重庆出版社 1989 年版，第 33 页。

把各种范畴联系在一起的中间环节，而是把哲学与世界联系起来的那些
因素，如实践、劳动、生产方式，并且还包括它们的异化形式，如异化
劳动、商品、货币，因为马克思的"实践的唯物主义"所关心的不再是
思想本身，而是被以往哲学所遗忘的外部世界。从某种意义上说，马克
思的哲学革命是用"非哲学"的方式实现的，而不是用哲学的方式实现
的，马克思在《博士论文》中说过："这些自我意识把世界从非哲学中解
放出来，同时也就是把它们自己从作为一定的体系束缚它们的哲学中解
放出来。"① 而这一点则很少被学界所认清，也是造成西方有些学者认为
马克思没有哲学的错觉的重要原因。

（二）马克思又是如何运用"科学"的武器来发动哲学革命的

众所周知，从研究主题上来看，马克思的思想经历了由早期关注哲
学到后来转向关注政治经济学批判，阿尔都塞据此称之为"认识论的断
裂"。我们现在要思考的是这样一个问题：这种转向在马克思哲学革命中
起什么作用？这里涉及马克思的哲学观与科学观的关系问题，这是一个
很大的课题，这里只能简单地说明这种转向对马克思哲学革命中的作用。
在第三章梳理马克思的哲学观的演变历程时，曾指出在《博士论文》时
期，从马克思对德谟克利特和伊壁鸠鲁的不同态度上可以看出，马克思
对自然科学的实证思维方式是反感的，而崇尚哲学的反思性思维，说明
当时马克思对哲学是充满信心的，认为"世界的哲学化也就是哲学的世
界化"，可是后来当马克思步入社会接触到现实，认识到当时占主导地位
的理性形而上学的弊病以后，对哲学的态度发生了很大的变化，这就是
马克思哲学革命的内在动因。与这个过程同时发生的，就是马克思对科
学的态度发生了一定的改变，这里的一个契机就是马克思在看到恩格斯
发表在《德法年鉴》上的《政治经济学批判大纲》后所受到的触动，称
它为"批判经济学范畴的天才大纲"②，虽然马克思对国民经济学是持批
判的态度，但对科学的态度已不再像《博士论文》时期那样对实证的科
学思维表示反感了，而是诉诸"自然科学往后将包括关于人的科学，正
像关于人的科学包括自然科学一样：这将是一门科学。"③ 这可以说是贯
穿于马克思一生的学术理念，而这一点往往被学界所忽视，没有看到这
一理念在马克思的哲学革命中的作用。马克思认识到，要创立新世界观

---

① 《马克思恩格斯全集》第 1 卷，北京，人民出版社 1995 年版，第 76 页。
② 《马克思恩格斯选集》第 2 卷，北京，人民出版社 1995 年版，第 33 页。
③ 马克思：《1844 年经济学哲学手稿》，北京，人民出版社 2000 年版，第 90 页。

完成哲学革命就不能只在传统思辨哲学的圈子里打转，而必须面向实践；而现实生活的根本立足点是经济，只有从经济出发，才能揭开社会生活的奥秘；而要研究经济必须首先转向经济学，批判性改造国民经济学，使之成为一门真正意义上的科学，这样就必须把哲学与经济学结合起来。经济学给哲学提供社会实践的内核和奥秘，只有用它来充实哲学，哲学才能起到剖析现实、揭示历史发展规律的作用。哲学与政治经济学的联盟，对马克思哲学革命起着不容忽视的作用。

在《德意志意识形态》中，马克思和恩格斯批判了"哲学家"及其构建的"独立的哲学"。这就是说，那时马克思恩格斯已经抛弃了"独立的哲学"及其"哲学家"的幻想，而把他们所创立的历史观视作关于历史的科学，这时马克思表现出了和《博士论文》时期相反的思想倾向，在这里，显示出了他用科学来反拨哲学的动向："在思辨终止的地方，在现实生活面前，正是描述人们实践活动和实际发展过程的真正的实证科学开始的地方。"① 恩格斯在《在马克思墓前的讲话》中，对马克思重视科学给了很高的评价："他（指马克思。——引者注）作为科学家就是这样。但是这在他身上远不是主要的。在马克思看来，科学是一种在历史上起推动作用的、革命的力量。任何一门理论科学中的每一个新发现——它的实际应用也许还根本无法预见——都使马克思感到衷心喜悦，而当他看到那种对工业、对一般历史发展立即产生革命性影响的发现的时候，他的喜悦就非同寻常了。例如，他曾经密切注视电学方面各种发现的进展情况，不久以前，他还密切注视马赛尔·德普勒的发现。"② 在这里，恩格斯明确地把马克思称作"科学家"，并强调在马克思看来，"科学是一种在历史上起推动作用的、革命的力量"，因而表现一位"革命家"对具有"革命力量"的"科学"的深切认同，但恩格斯没有标明科学在马克思哲学革命中的作用。

从某种意义上可以说，马克思是以自己的实际行动显示了用"科学"来革理性形而上学命的，他通过创立历史科学和（批判的）政治经济学的理论实践表明了与理性形而上学的彻底决裂。对于这一点，阿尔都塞曾指出："这种'认识论断裂'同时涉及两种不同的理论学科。在创立历史理论（历史唯物主义）的同时，马克思同自己以往的意识形态哲学信仰相决裂，并创立了一种新的哲学（辩证唯物主义）。我特地用了约定俗

---

① 《马克思恩格斯选集》第 1 卷，北京，人民出版社 1995 年版，第 73 页。
② 《马克思恩格斯选集》第 3 卷，北京，人民出版社 1995 年版，第 777 页。

成的术语（历史唯物主义、辩证唯物主义）来指出这一断裂的双重成果。而且，我还要提出在这种特殊条件下所出现的两个重要问题。既然新哲学的诞生是与一门新科学的创立同时发生的，而这门新科学又是历史理论，这就自然会产生一个带根本性的理论问题：根据什么必然的原理，历史理论科学的创立必定会在哲学中引起和推动一场理论革命？此外，这种情况还会造成一个不可忽视的实际后果：由于新哲学同新科学有着如此密切的关系，新哲学就很可能会和新科学相混同。"① 显然，在这里阿尔都塞看到了历史科学理论的创立在马克思哲学革命中的作用，但能否把马克思的历史唯物主义仅仅理解成"科学"理论，还是可以商榷的。这说明了阿尔都塞想在马克思学说中严格区分出"哲学"与"科学"的方面，而没有看到马克思恰恰是要打通"哲学"与"科学"的界线。不过，奇怪的是，阿尔都塞有时又意识到了这一点，他在《读〈资本论〉》中恰恰又提出了"哲学地"阅读《资本论》的要求，这也就是他所说的新哲学与新科学相混同的情况，也表明了他的哲学观上的矛盾。

但是，我们在理解"科学"在马克思哲学革命中的作用时要避免这样的误解，即认为马克思是用科学取代了哲学，马克思的《资本论》的副标题"政治经济学批判"就否定了这种观点。法国哲学家勒菲夫尔指出："明白地说，并不是作为科学的政治经济学取代了哲学。应该指出，马克思在论证私有制的相对特点和历史特点时所否定的，正是那些承认某种秩序（即私有制的秩序）的经济学家们。"② 在这里只是要指出，"科学"在马克思哲学革命中的作用只能理解为一种武器的作用，因为理性形而上学由于自身的思辨离"科学"越来越远了，正如马克思所说的："自然科学展开了大规模的活动并且占有了不断增多的材料。而哲学对自然科学始终是疏远的，正像自然科学对哲学也始终是疏远的一样。过去把它们暂时结合起来，不过是离奇的幻想。存在着结合的意志，但缺少结合的能力。"③ 马克思只是运用"科学"的武器对理性形而上学进行反拨，而不是要用科学取代哲学，用马克思的话说，就是把哲学与科学"结合"起来，而不能得出阿尔都塞式的结论，把青年马克思（意识形态阶段）和成熟马克思（科学阶段）对立起来。

---

① 〔法〕路易·阿尔都塞：《保卫马克思》，顾良译，北京，商务印书馆1984年版，第14页。

② 中国社会科学院哲学研究所马克思主义哲学史研究室、《哲学译丛》编辑部编译：《马克思哲学思想研究译文集》，北京，人民出版社1983年版，第265页。

③ 马克思：《1844年经济学哲学手稿》，北京，人民出版社2000年版，第89页。

综上所述，马克思正是借助于"实践"和"科学"两种武器从形而上学外部袭击了它，从而实现了真正意义上的哲学革命。

第三节 "实践的唯物主义"新解

"柯尔施问题"的最后落脚点是要指明如果马克思有哲学，那么马克思哲学到底是什么，学界对于马克思哲学革命后所建构的新哲学的命名曾进行了长期的争论，目前比较一致的看法是认为"实践的唯物主义"比较符合马克思的真实语境，但在具体理解"实践的唯物主义"的内涵时又有了分歧，有的把"实践的唯物主义"理解成实践本体论，有的理解成实践的人学，有的理解为实践中介基础论，有的理解为实践物质基础论等①，本节提出对"实践的唯物主义"的新的理解，这是对"柯尔施问题"旨归的解答。

一、从哲学观的视角理解"实践的唯物主义"的内涵

在第二章和第三章的分析中，我们已经知道，马克思的哲学观的核心就是"理论与实践的辩证统一"，"实践的唯物主义"作为马克思的哲学观革命的结果，强调的也是理论与实践的辩证统一。这就启示我们，对"实践的唯物主义"的理解，也要从马克思的哲学观的高度来理解，而不能仅仅从强调"实践"在马克思哲学中的基本的首要的作用方面去理解，那样就不能把马克思哲学与同属于"实践哲学"范式下的别的哲学区别开来，这可从"实践的唯物主义"研究兴起的背景中看出来。"实践的唯物主义"的提出和研讨是在改革传统教科书体系的背景下发生的，这种研讨大大地推进了马克思主义哲学基础理论的研究，其中的一个理论贡献就是恢复了马克思主义哲学"理论和实践相统一"的基本原则，恢复了实践在马克思主义哲学中应有的基础地位。学界形成了这样的共识：理论和实践的统一是马克思主义哲学的最基本原则，是马克思主义哲学的本质，马克思主义哲学的核心与灵魂。传统马克思主义哲学虽然也强调理论和实践的统一，但它被局限于认识论范围，并且世界的物质统一性是传统马克思主义哲学的最基本原理，作为其核心与灵魂。马克思创立的新唯物主义，不是体系哲学，而是认识世界、改造世界的方法

---

① 参阅冯颜利：《实践唯物主义研究述评》，载《哲学研究》2003年第9期。

论原则，其核心是理论与实践的统一。实践唯物主义的兴起，是对马克思主义哲学"理论与实践相统一"的最基本原则的自觉意识，有力地冲击了"教条主义"与"本本主义"。苏俄马克思主义哲学不再被看成唯一正确的理解，他们的理解也不能等同于马克思创立的新哲学。

从理论与实践辩证统一的哲学观高度来理解"实践的唯物主义"内涵，这里要特别强调的是以下几点：

强调哲学与时代、现实的内在关联。对哲学与时代的关系，马克思说过："任何真正的哲学都是自己时代的精神上的精华，因此，必然会出现这样的时代：那时哲学不仅在内部通过自己的内容，而且在外部通过自己的表现，同自己时代的现实世界接触并相互作用。"① 并说哲学是"现世的智慧"，是"文明的活的灵魂"。这充分说明了"实践的唯物主义"的本真精神在于敢于面向时代，面向现实，对时代提出的新课题做出自己的回答，而不是纯思想的思辨，如马克思所批判的那样："哲学，尤其是德国哲学，爱好宁静孤寂，追求体系的完满，喜欢冷静的自我审视；……它在自身内部进行的隐秘活动和在普通人看来是一种超出常规的、不切实际的行为；就像一个巫师，煞有介事地念着咒语，谁也不懂得他在念叨什么。"② 这是对思辨哲学最辛辣的讽刺。更具讽刺意味的是，连思辨哲学的大师黑格尔也明了这一点，他曾说："哲学的任务在于理解存在的东西，因为存在的东西就是理性。就个人来说，每个人都是他那时代的产儿。哲学也是这样，它是被把握在思想中的它的时代。妄想一种哲学可以超出它那个时代，这与妄想个人可以跳出他的时代，跳出罗陀斯岛，是同样愚蠢的。如果它的理论确实超越时代，而建设一个如其所应然的世界，那末这种世界诚然是存在的，但只存在于他的私见中，私见是一种不结实的要素，在其中人们可以随意想象任何东西。"③ 马克思也正是在这个意义上说黑格尔的哲学具有巨大的历史感。对此，柯尔施曾评论说："黑格尔的这些段落肯定了一条原则，这原则使得这一世界历史的伟大时期的最内在本质成为可理解的了，这就是哲学和现实之间的辩证关系。在别的地方，黑格尔以一种更一般的方式概括了这一原则。他写道，每一种哲学不过是'被掌握在思想之中的它自己的时代'。

---

① 《马克思恩格斯全集》第 1 卷，北京，人民出版社 1995 年版，第 220 页。
② 《马克思恩格斯全集》第 1 卷，北京，人民出版社 1995 年版，第 219 页。
③ 〔德〕黑格尔：《法哲学原理》，范扬、张企泰译，北京，商务印书馆 1961 年版，序言，第 12 页。

无论如何,这一公理对于真正理解哲学思想的发展都是必不可少的,对于社会进化的革命时期来说,甚至是更为中肯的。"① 由此可见,要像马克思那样真正做到哲学关注自己的时代和现实,并不是那么简单的事情。马克思在《德意志意识形态》中批判青年黑格尔派时说:"这些哲学家没有一个想到要提出关于德国哲学和德国现实之间的联系问题,关于他们所作的批判和他们自身的物质环境之间的联系问题。"② 与他们不同,马克思始终关注社会现实,但是在如何从现实生活出发时,马克思则把唯物主义和"否定的辩证法"结合起来,古典经济学家亚当·斯密、大卫·李嘉图的经济学也是从资本主义现实出发,但是他们却把资本主义永恒化了,马克思在《哲学的贫困》、《1857—1858 年的经济学手稿》和《资本论》中曾批判了资产阶级经济学的上述观点。马克思、恩格斯在《共产党宣言》中曾指出:"共产党人的理论原理,决不是以这个或那个世界改革家所发明或发现的思想、原则为根据的。这些原理不过是现存的阶级斗争、我们眼前的历史运动的真实关系的一般表述。"③ 可惜现在中国学界哲学研究也有复古思辨哲学的趋势,那恰好是背离"实践的唯物主义"的本真精神的。

强调整体性思维。"理论与实践的辩证统一"的哲学观强调的就是整体性思维。理论和实践的关系问题其实是一个古老的哲学问题,但在哲学发展过程中被遮蔽起来了。自从亚里士多德把人的活动分为理论领域、实践领域和技术领域以来,就出现了理论与实践对立的迹象,在康德那里由于"三大批判"的写作更强化了这种对立,此后费希特、黑格尔等哲学家都力图整合二者的分裂,但都没有成功。直到马克思那里,由于创立了"实践的唯物主义",关键是在哲学观的视域内思考了哲学与"现实"、哲学与"时代"的关系,才得以对理论与实践如何统一的问题做出圆满的回答。在马克思那里,理论本身要成为实践的("在现实中实现哲学"、"现存的哲学本身就属于这个世界,而且是这个世界的补充"),实践本身就是理论的:"工业的历史和工业的已经生成的对象性的存在,是一本打开了的关于人的本质力量的书,是感性地摆在我们面前的人的心理学。"④ 马克思在《〈黑格尔法哲学批判〉导言》中说:"哲学把无产阶

---

① 〔德〕卡尔·柯尔施:《马克思主义和哲学》,王南湜、荣新海译,重庆,重庆出版社 1989 年版,第 11~12 页。

② 《马克思恩格斯选集》第 1 卷,北京,人民出版社 1995 年版,第 66 页。

③ 《马克思恩格斯选集》第 1 卷,北京,人民出版社 1995 年版,第 285 页。

④ 马克思:《1844 年经济学哲学手稿》,北京,人民出版社 2000 年版,第 88 页。

级当作自己的物质武器，同样地，无产阶级也把哲学当作自己的精神武器；思想的闪电一旦彻底击中这块素朴的人民园地，德国人就会解放成为人。"① 所以，在马克思看来，只有理论与实践的真正统一，人的解放才是可能的。贯穿其中的就是整体性思维，不能把理论和实践、哲学与世界分割开来，哲学本身就属于这个世界，哲学对世界的批判就是哲学的自我意识的形成："这些自我意识把世界从非哲学中解放出来，同时也就是把它们自己从作为一定的体系束缚它们的哲学中解放出来。"② "哲学在外部所反对的东西就是它自己内在的缺点，正是在斗争中它本身陷入了它所反对的缺陷之中，而且只有当它陷入这些缺陷之中时，它才能消除这些缺陷。"③ 马克思早期文本中的这些还带有思辨色彩的话语如果不从整体性思维和他后来的文本的互文性中去理解，是很难悟出其真意的，只会把它们当作唯心主义的因素不经意地忽视过去或抛弃掉。柯尔施指出："尽管有所有这些对哲学的否定，但是这个理论的最初形态却是完完全全为哲学思想所渗透的。它是一种把社会发展作为活的整体来理解和把握的理论，或者更确切地说，它是一种把社会革命作为活的整体来把握和实践的理论。在这一阶段，毫无疑问，任何把这一整体的经济的、政治的和思想的要素划分为知识的各个分支的做法，甚至在每一个分支的具体特征被把握时，都是以历史的忠实性去分析和批判的。当然，不仅经济、政治和意识形态，而且历史过程和有意识的社会行动，都继续构成了'革命的实践'（《关于费尔巴哈的提纲》）的活的统一体。这一作为社会革命理论的马克思主义理论的早期和富有青春活力的形式的最好例子，显然就是《共产党宣言》。"④ 同时，柯尔施强调，这种整体性在马克思后期著作中并没有消失："甚至在马克思和恩格斯的后期著作中，马克思主义理论的核心特征实质上仍然没有变化。因为在后期的论述中，马克思和恩格斯的马克思主义作为科学社会主义，仍然是社会革命理论的唯一整体。不同之处仅仅在于，在较后阶段，这个总体的各个组成部分，它们经济的、政治的和意识形态的要素，科学理论和社会实践，进一步分离出来了。我们可以使用马克思自己的一种表达说，它的自然联系的脐带已经断了。但是，在马克思和恩格斯那里，这决不会产

　① 《马克思恩格斯选集》第 1 卷，北京，人民出版社 1995 年版，第 15～16 页。
　② 《马克思恩格斯全集》第 1 卷，北京，人民出版社 1995 年版，第 76 页。
　③ 《马克思恩格斯全集》第 1 卷，北京，人民出版社 1995 年版，第 76 页。
　④ 〔德〕卡尔·柯尔施：《马克思主义和哲学》，王南湜、荣新海译，重庆，重庆出版社 1989 年版，第 22～23 页。

生代替整体的大量的各个独立要素。这仅仅是体系的组成部分的另一种结合开始以更大的科学精确性发展起来，并在政治经济学批判的基础上建立起来。在它的创立者的著作中，马克思主义体系自身从未消溶在各个知识分支的总和之中，尽管它的成果的实际的和外在的应用暗示着这样的结论。"①

这种整体性思维在理解马克思的唯物史观时显得更加重要，阿尔都塞指出："这一地形学（经济基础对上层建筑的最终决定作用。——引者注）表明，只有在一个有所区分的、因此也是复合的和连接起来的整体（所谓"Gliederung"［分节］）中，才能把握经济基础归根到底的决定作用；在这样的整体中，归根到底的决定作用确定了其他那些诉求的现实差异、它们的相对自主性和它们反作用于基础本身的固有方式。"② 卢卡奇也曾指出了这一点："马克思主义与资产阶级思想的根本分歧并不在于从历史来解释经济动机的首要作用，而在于总体性的观点。总体性范畴，总体之于部分的完全至高无上的地位，这是马克思从黑格尔那里汲取的方法论的精华，并把它出色地改造成一门崭新学科的基础。"③ 阿尔都塞还指出了马克思和黑格尔的微妙不同之处："正因为是从这个方面看问题，所以我断言：马克思并不具有与黑格尔相同的关于社会形态的性质的观念，而且我相信，通过指出黑格尔把社会看做一个总体，而马克思则把社会看做一个有占统治地位结构的复合的整体，我就能够说明这种差异。如果可以容我放肆一点，在我看来，我们应该把总体范畴给黑格尔留下，而去为马克思求得那个整体的范畴。有人会说这是在字词上吹毛求疵，但我认为不全是这样。如果说相比起来，我宁愿为马克思保留整体而非总体范畴的话，那么这是因为在所谓总体里面总会出现双重的诱惑，一方面使我们把它看做一种将一切表现形式包揽无余的、无所不在的本质，另一方面（其实是一回事）又使我们把它看做一个圆圈或者球体（这个隐喻使我们再次想起黑格尔），并在那里面发现一个可以作为

① 〔德〕卡尔·柯尔施：《马克思主义和哲学》，王南湜、荣新海译，重庆，重庆出版社1989年版，第24页。

② 〔法〕路易·阿尔都塞：《哲学与政治：阿尔都塞读本》，陈越编，长春，吉林人民出版社2003年版，第186页。

③ 〔匈〕乔治·卢卡奇：《历史和阶级意识——马克思主义辩证法研究》，王伟光、张峰译，重庆，重庆出版社1989年版，第30页。

它的本质的中心。"①

　　整体性思维要求我们要把马克思主义理论看作一个整体系统，而不能把它们割裂开来，列宁虽然把马克思主义理解为由马克思主义哲学、马克思主义政治经济学和科学社会主义构成的，但仍然强调它们是一整块钢，那么是什么使它们成为一整块钢的呢？一是理论与实践的辩证统一的原则，这个原则不仅是马克思的哲学观的核心，而且也贯穿于整个马克思理论之中；二是否定性思维方式，贯穿于整个马克思理论的思维方式就是批判性的否定性思维，下面就讨论这一点。

二、从"否定的辩证法"的视角理解
"实践的唯物主义"的内涵

　　对于"实践"这个在马克思哲学起着核心作用的范畴，对它的理解却存在着偏差，一个突出的问题就是过多地强调它的肯定性内涵，即把实践作为人的感性对象性活动来理解，实践是人的本体存在和文化存在，而遗忘了它的否定性内涵："使现存世界革命化，实际地反对并改变现存的事物"，我们只有从实践的"肯定性内涵"与"否定性内涵"相统一的角度来理解，才能获得马克思的"实践"范畴的真实内涵。而对它的否定性内涵的忽视，一方面是造成了实践的批判功能的遮蔽，同时也是对马克思的"否定的辩证法"思想的遮蔽。正是由于对"实践"概念的理解上的偏差，就造成了对"实践的唯物主义"理解上的偏差，这样对马克思的异化劳动理论、科学的共产主义思想、政治经济学批判等的理解是不到位的，也看不到这些理论之间的内存关联和统一性。

　　我们知道，黑格尔在《精神现象学》中已经扬弃了近代唯物主义的直观性，亦即不是把人当作自然发生的感性实体，而是把人的"活动"或"劳动"作为人的自我发生的"中介"②。马克思对黑格尔的这个见解以高度评价："黑格尔《现象学》及其最后成果——辩证法，作为推动原则和创造原则的否定性——的伟大之处首先在于，黑格尔把人的自我产生看作一个过程，把对象化看作非对象化，看作外化和这种外化的扬弃。"③即使在这一点上，马克思也没有完全赞同黑格尔的意见，马克思

---

　　①　〔法〕路易·阿尔都塞：《哲学与政治：阿尔都塞读本》，陈越编，长春，吉林人民出版社2003年版，第191页。

　　②　参阅阎孟伟：《"感性世界"的实践论诠释及哲学范式的变革》，载《哲学研究》2004年第3期。

　　③　马克思：《1844年经济学哲学手稿》，北京，人民出版社2000年版，第101页。

一方面批判了黑格尔把劳动仅仅看作精神劳动的片面性，一方面批判了黑格尔把对象化劳动与异化劳动不加区分的错误。同时，马克思对黑格尔的辩证法并不一味地无批判地全盘接受过来的，他后来多次强调它的辩证法与黑格尔的辩证法的不同之处，但马克思在扬弃黑格尔辩证法的消极方面的同时，保留了他的"作为推动原则和创造原则的否定性的辩证法"的积极方面是不容置疑的，这从马克思对"实践的唯物主义"的论述中就可以看出来："……实际上，而且对实践的唯物主义者，即共产主义者说来，全部问题都在于使现存世界革命化，实际地反对并改变现存的事物。"① 而学界在讨论"实践的唯物主义"时往往忽视了这一点。马克思对"否定的辩证法"的重视还可以从《资本论》对它的实际运用中看出来，在《资本论》中，马克思正是运用了"否定的辩证法"，才使得《资本论》不仅仅是政治经济学的纯粹科学的研究，而且还是政治经济学批判，体现了马克思理论的科学性与批判性的辩证统一。马克思在《资本论》第二版跋中就明确指出："辩证法，在其神秘形式上，成了德国的时髦东西，因为它似乎使现存事物显得光彩。辩证法，在其合理形态上，引起资产阶级及其夸夸其谈的代言人的恼怒和恐怖，因为辩证法在对现存事物的肯定的理解中同时包含对现存事物的否定的理解，即对现存事物的必然灭亡的理解；辩证法对每一种既成的形式都是从不断的运动中，因而也是从它的暂时性方面去理解；辩证法不崇拜任何东西，按其本质来说，它是批判的和革命的。"② 对此，有学者指出："正是《资本论》体现了这个本质上是批判的、革命的辩证法，辩证法正是在《资本论》中展现了自己的批判的、革命的本质；离开《资本论》，马克思并没有为我们提供现成的辩证法著作，而研究马克思的辩证法，最基本和最重要的文献就是《资本论》；《资本论》已经构成马克思的哲学与科学、哲学反思与科学研究的水乳交融。"③ 从某种意义上说，正是"否定的辩证法"把实践的唯物主义、政治经济学批判和科学社会主义联结为一个整体的。

　　"实践的唯物主义"的否定性内涵具体表现在马克思的实践批判理论上，在《提纲》第1条中提出了对费尔巴哈的如下批判："费尔巴哈想要研究跟思想客体确实不同的感性客体：但是他没有把人的活动本身理解

---

① 《马克思恩格斯选集》第1卷，北京，人民出版社1995年版，第75页。
② 《马克思恩格斯选集》第2卷，北京，人民出版社1995年版，第112页。
③ 孙正聿：《怎样理解马克思的哲学革命》，载《吉林大学社会科学学报》2005年第3期。

为对象性的［gegenständliche］活动。因此，他在《基督教的本质》中仅仅把理论的活动看作是真正人的活动，而对于实践则只是从它的卑污的犹太人的表现形式去理解和确定。因此，他不了解'革命的'、'实践批判的'活动的意义。"① 由于马克思认识到了宗教批判和哲学批判等理论批判的局限性，马克思的现代性批判话语最终落在了实践层面，这是现代性批判的目的和归宿，因为现代性批判最终还是为了回到人的生活世界上。马克思此时对脱离现实生活的纯思想批判（即以鲍威尔为代表的青年黑格尔派的所谓的"批判的批判"）是极其反感的："一方面是群众，他们是消极的、精神空虚的、非历史的、物质的历史因素；另一方面是精神、批判、布鲁诺先生及其伙伴，他们是积极的因素，一切历史行动都是由这种因素产生的。改造社会的事业被归结为批判的批判的大脑活动。"② 正是在这一层面上，才真正显示出了马克思的现代性批判话语和理念是完全异质于青年黑格尔派成员的，后者是纯思想的理论批判，而马克思是实践批判。在马克思看来，在市民社会范围内对政治异化的批判性分析，实际上"并不是针对原本，而是针对副本"③。在马克思看来，这个"原本"就是市民社会本身，在这里，马克思主要在两个方面展开：一是对资本主义生产方式中的异化劳动的批判，这是马克思研究古典政治经济学的一个重要理论成果。马克思指出了国民经济学"从私有财产的事实出发。它没有给我们说明这个事实"④ 的局限性，而马克思"从当前的经济事实出发"，揭示了资本主义生产劳动的异化事实，即劳动者与劳动产品、劳动过程本身、人的类本质同人、人与人的关系的异化，这一批判既洞察了资本主义社会的本质，同时也为现代性批判开启了一个新的维度。在此维度上，指出了资本主义生产在科学理性的支配下，把货币增值作为生产的目的，造成了人的本质的异化、人的片面发展，共产主义就是否定科学理性的片面性，建立以人的全面而自由发展为目的的生产体系。对此，有学者指出："如果以此看待马克思对西方形而上学解构的贡献在于：马克思从现实社会之底部重新给哲学提供了一种新的生成机制，而支撑他思考的不再是某种纯粹哲学的抽象'范畴'的批判，而是对历史和经济问题为核心的思考。而在西方哲学史上，一直就是排

---

① 《马克思恩格斯选集》第 1 卷，北京，人民出版社 1995 年版，第 54 页。
② 《马克思恩格斯全集》第 2 卷，北京，人民出版社 1957 年版，第 109 页。
③ 参阅李庆霞：《"现代性"批判的先声——重读马克思的异化劳动理论》，载《哲学研究》2004 年第 6 期。
④ 马克思：《1844 年经济学哲学手稿》，北京，人民出版社 2000 年版，第 50 页。

斥、贬低、忽视对历史进行经济学解释，政治经济学的逻辑学和形而上学的产生是其见证，从这一意义上说，本质意义上的对西方形而上学的颠覆，要是没有马克思对政治经济学的批判这一维度，那是不可能的。"①二是对实践活动本身的反思与批判。正是在异化劳动批判的基础上，马克思的哲学观发生了重大的变化，这就是"理论与实践的辩证统一"的哲学观的建立。现代性最终还是要通过现代化的实践活动表现出来，所以现代性的批判最终还要通过这种实践活动本身的自我批判来实现，而这是由马克思的科学实践观的确立来完成的。通过《德法年鉴》阶段的理论研究，马克思意识到政治批判是社会实践的一种特殊形式，不能从根本上消除"异化"。那么出现"异化"的根源又在哪儿呢？马克思通过政治经济学的研究，在《1844 年经济学哲学手稿》中，从经济活动本身揭示了异化的根源所在——私有制及异化劳动。实践批判的实质其实就是人的实践活动的自我反思与批判，因为"自我异化的扬弃同自我异化走的是一条道路"②，这正是"实践的唯物主义"的否定性（或否定的辩证法）的实质之所在。只有从实践出发并为了实践，揭示实践的历史本质和批判本质，才能是对现代性的总体状况的根本批判，马克思在这一点上是特别针对德国当时理论与实践脱节的现实的："德国不是和现代各国在同一个时候登上政治解放的中间阶梯的。甚至它在理论上已经超越的阶梯，它在实践上却还没有达到。它怎么能够一个筋斗［salto mortale］就不仅越过自己本身的障碍，而且同时越过现代各国面临的障碍呢？后一种障碍，它实际上应该把这看作是摆脱自己实际障碍的一种解放，而且应该把这作为目的来争取。彻底的革命只能是彻底需要的革命，而这些彻底需要所应有的前提和基础，看来恰好都不具备。"③

对于能不能把马克思的哲学称为"实践的唯物主义"学界是有过争论的，因为马克思使用的是"实践的唯物主义者"的表述。俞吾金对此分析说："马克思在这里使用的虽然是'实践的唯物主义者'的概念，而不是'实践的唯物主义'的概念，但前一个概念的使用已经蕴涵着对后一概念的认可。马克思思想自身发展的逻辑也表明，'实践的唯物主义'概念的提出是马克思长期思考的一个结晶。在《巴黎手稿》中，马克思把共产主义称作为'实践的人道主义'，并把它与作为'理论的人道主

① 张文喜：《形而上学的批判：海德格尔与马克思之论》，载《理论探讨》2004 年第 1 期。
② 马克思：《1844 年经济学哲学手稿》，北京，人民出版社 2000 年版，第 78 页。
③ 《马克思恩格斯选集》第 1 卷，北京，人民出版社 1995 年版，第 11 页。

义'的无神论对立起来。在《神圣家族》中,马克思指出:'费尔巴哈在理论方面体现了和人道主义相吻合的唯物主义,而法国和英国的社会主义和共产主义则在实践方面体现了这种唯物主义。'在这里,'实践唯物主义'的概念差不多已经呼之欲出了。"① 这种见解最近又有了文献方面的佐证,李毅嘉通过 "praktisch idealistisch" 的翻译的澄清,证明马克思使用过与 "实践的唯物主义" 相对的 "实践的唯心主义" 概念,新版《马克思恩格斯选集》中的译文是:"那些使一定的生产力能够得到利用的条件,是社会的一定阶级实行统治的条件,这个阶级的由其财产状况产生的社会权力,每一次都在相应的国家形式中获得实践的观念的表现。"② 而李毅嘉的译文是:"那些使一定的生产力能够被利用的条件,是社会的一定阶级的统治条件;这个阶级的由篡夺而来的社会权力,在历次的国家形式中都得到了实践唯心主义的表达。"③ 穆志强在《阐述实践唯物主义的反面视角——从〈试论实践的唯心主义〉谈起》一文进行了进一步的论证④。根据他们的论述,"实践的唯心主义"是马克思用来揭露资产阶级国家对市民社会与国家之间关系的颠倒的,"复合词'实践的唯心主义'中的基础词'唯心主义'指国家权力对社会生活的经济剥削和掠夺;而限定词'实践的'则指用以维护这种剥削掠夺的手段是某种具有普遍形式的强制力量,即有组织的暴力,阶级的暴力。"⑤ 这种解释从反面佐证了"实践的唯物主义"一语来指称马克思哲学的合法性,还为我们进一步深入地理解其内涵以启示,如果按照我们今天对哲学的划分,马克思哲学主要是政治哲学和社会哲学,从这个意义上说,把马克思哲学称为"革命的哲学"和"解放的哲学"是深得其要义的⑥,柯尔施之所以能读出马克思主义的哲学内容来,一个主要原因就是他把马克思主义理解为革命的马克思主义,看到了马克思主义的革命性和批判性,

---

① 参阅俞吾金:《马克思的实践唯物主义及其当代发展趋向》,载《江苏社会科学》2000年第6期。

② 《马克思恩格斯选集》,北京,人民出版社1995年版,第90页。

③ 李毅嘉:《试论实践的唯心主义》,载《山东大学学报》(哲学社会科学版)2000年第1期。

④ 参阅穆志强在《阐述实践唯物主义的反面视角——从〈试论实践的唯心主义〉谈起》,载《山东大学学报》(人文社会科学版)(双月刊)2002年第1期。

⑤ 李毅嘉:《试论实践的唯心主义》,载《山东大学学报》(哲学社会科学版)2000年第1期。

⑥ 参阅孙正聿:《马克思的哲学观与马克思开辟的哲学道路》,载《社会科学战线》2003年第1期。

这充分说明了从"否定的辩证法"的视角来理解"实践的唯物主义"的重要性。而仅仅从强调"实践"（大多又特别强调的是生产实践）在马克思哲学中的基础地位和作用这方面来理解"实践的唯物主义"是有其片面性的，要看到马克思的"实践"概念中革命的、批判的方面，不仅要看到"实践的唯物主义"中的历史哲学维度，还要看到其中的政治哲学和社会哲学的维度，只有这样才能获得对马克思的"实践的唯物主义"的完整的理解。

其实，"否定的辩证法"并不仅仅是理解"实践的唯物主义"的一把钥匙，也是理解作为整体的马克思理论的一把钥匙，从某种意义上说，否定性思维是马克思哲学、政治经济学（批判）和科学社会主义理论的共同特质。"否定的辩证法"也是使得马克思的文本充满悖论的一个重要的方法论上的原因，正如阿伦特指出的："从他的初期著作到《资本论》第三卷为止，马克思的自相矛盾已经根本上贯穿在他自己的所有论述中了。因为要废除所有的暴力，所以需要使用暴力呀；历史的目标就是要使得全部历史终止呀；劳动是人类唯一的生产活动，生产力的发展又是要最终废除劳动呀，等等。"[1] 这说明阿伦特对马克思哲学的内在张力有所认知，但对其中所蕴涵的辩证法的真谛还缺少足够了解。"否定的辩证法"最重要的原则就是否定性思维，这是马克思主义哲学思维方式根本的特点，并且这种否定性思维还指向自身，这在《共产党宣言》1888年英文版序言中有明确的陈述："这些原理的实际运用，正如《宣言》中所说的，随时随地都要以当时的历史条件为转移，所以第二章末尾提出的那些革命措施根本没有特别的意义。如果是在今天，这一段在许多方面都会有不同的写法了。由于1848年以来大工业已有了巨大发展而工人阶级的组织也跟着有了改进和增长，由于首先有了二月革命的实际经验而后来尤其是有了无产阶级第一次掌握政权达两月之久的巴黎公社的实际经验，所以这个纲领现在有些地方已经过时了。……其次，很明显，对于社会主义文献所作的批判在今天看来是不完全的，因为这一批判只包括到1847年为止；同样也很明显，关于共产党人对待各种反对党派的态度的论述（第四章）虽然在原则上今天还是正确的，但是就其实际运用来说今天毕竟已经过时，因为政治形势已经完全改变，当时列举的那些党派大部分已被历史的发展彻底扫除了"。"但是《宣言》是一个历史文

---

① 〔美〕汉娜·阿伦特：《马克思与西方政治思想传统》，孙传钊译，南京，江苏人民出版社2008年版，第27页。

件，我们已没有权利来加以修改。"① 这对我们如何解读和发展马克思主义理论具有重要的启示意义，我们不能仅仅局限于经典作家的个别结论，而应该把哲学与现实、理论与实践紧密结合起来，这与马克思的哲学观是完全一致的。同时，马克思主义理论的这种自我批判精神也值得我们好好学习，为我们如何发展马克思主义提供了重要的启示。

"实践的唯物主义"的否定性内涵决定了马克思哲学也是自我否定的，在它的使命完成以后也是要终结的，即马克思所说的"哲学的实现同时也就是它的丧失"。

三、从哲学范式革命的视角理解"实践的唯物主义"的内涵

学界曾经针对马克思哲学革命后所构建的崭新哲学的命名问题进行过争论，那么我们如何理解实践的唯物主义与辩证唯物主义、历史唯物主义之间的关系呢？其实，从哲学范式的变革的视角就比较容易理解了，众所周知，辩证唯物主义是相对形而上学唯物主义而言的，历史唯物主义是相对于历史唯心主义而言的，所以辩证唯物主义和历史唯物主义应从哲学形态转换的视角来理解②，而实践的唯物主义的情况就要复杂了。从上面第二部分的分析中可以看出，新的文献确证了马克思也使用了与"实践的唯物主义"相对的"实践的唯心主义"的概念③，从这种意义上来说，"实践的唯物主义"也可以从哲学形态的转换的视角来理解，但对"实践的唯物主义"的理解不能仅限于此，还要从哲学范式革命的视角来理解。

传统理性形而上学的终结并不意味着哲学本身的终结，那么非形而上学的哲学可能吗？马克思以自身的哲学实践对此做出了肯定的回答，"实践的唯物主义"就是马克思在革命理性形而上学之后建立的一种崭新的哲学范式即实践哲学范式的表现形态。从哲学范式上来看，理性形而上学的终结只是意味着理论哲学范式的终结，马克思开创了哲学的另一范式即实践哲学范式，所以"实践的唯物主义"也应该从哲学范式革命

---

① 《马克思恩格斯选集》第 1 卷，北京，人民出版社 1995 年版，第 258～259 页。

② 参阅郝立忠：《作为哲学形态的唯物主义辩证法》，济南，山东大学出版社 2004 年版。

③ 参阅艾福成、白刚：《从实践唯心主义到实践唯物主义——解读马克思〈对黑格尔的辩证法和整个哲学的批判〉》，《社会科学战线》2003 年第 1 期；李毅嘉：《试论实践的唯心主义》，《山东大学学报》（哲学社会科学版）2000 年第 1 期；穆志强：《阐述实践唯物主义的反面视角——从〈试论实践的唯心主义〉谈起》，《山东大学学报》（人文社会科学版），2002 年第 1 期。

的视角来理解。从前面的分析中已经知道，马克思在《博士论文》时期就已经出现了实践哲学范式的萌芽，后经理论与实践关系的不断探讨和现代性批判的深入，在《提纲》和《形态》中实现了哲学范式上的革命。那么，这两种哲学范式的区别何在呢？

首先，从致思取向上来看，理论哲学范式是建立在理论与实践的分离基础上的，而实践哲学范式是建立在理论与实践的统一的基础上的，这是区分两者最根本的标志，这与它们各自的哲学观也是密不可分的。所以，我们区分理论哲学范式与实践哲学范式，并不能仅仅依据是承认理论理性高于实践理性还是承认实践理性高于理论理性，而且还要考察它们的哲学观基础。从前面第三章的分析中可以看出，马克思正是由于突破了传统理性形而上学的哲学观的局限（以理论与实践相分离为根本特点），才建立了"理论与实践辩证统一"的哲学观，实现了哲学观的革命的。对此，阿伦特从哲学与政治的关联中指出："可是，至今绵延不断有过三次要使哲学传统最终终止的大颠倒：克尔恺郭尔的从怀疑到信仰的跳跃、尼采的颠覆柏拉图、马克思的从理论（精神观念）跳跃到活动。黑格尔及其历史观对三者而言都是不可或缺的（最重要的一点，三者都是黑格尔的后继者）。各自都是与传统彻底断绝，都不仅是单纯要求颠覆。在这三个断绝中，马克思最具有影响力。因为他触及传统政治的侧面，所以直接左右政治的发展。"[1] 从某种意义上说，马克思在哲学思维方式上实现了从抽象思辨到历史事件的转型。

其次，从核心理念上看，理论哲学范式关注于思想本身，与此相关，它特别强调理性的重要性，侧重于理论体系的建构，正如马克思所指出的："法国人和英国人至少抱着一种毕竟是同现实最接近的政治幻想，而德国人却在'纯粹精神'的领域中兜圈子，把宗教幻想推崇为历史的动力。黑格尔的历史哲学是整个这种德国历史编纂学的最终的、达到自己'最纯粹的表现'的成果。对于德国历史编纂学来说，问题完全不在于现实的利益，甚至不在于政治的利益，而在于纯粹的思想。这种历史哲学后来在圣布鲁诺看来也一定是一连串的'思想'，其中一个吞噬一个，最终消失于'自我意识'中。"[2] 而实践哲学范式关注于现实本身，与此相关，它强调的是感性（感性活动），侧重于对现实问题的追问，解决现实

---

① 〔美〕汉娜·阿伦特：《马克思与西方政治思想传统》，孙传钊译，南京，江苏人民出版社2008年版，第42~43页。

② 《马克思恩格斯选集》第1卷，北京，人民出版社1995年版，第94页。

问题。这样我们就明白了马克思为什么在《神圣家族》序言中声称唯灵论即思辨的唯心主义是最危险的敌人了，因为它们只陶醉于纯思想的思辨之中，以此为满足，而不关注现实，所以尽管他们满口喊着"震撼世界"的词句，却是最大的保守派，对现实不起任何作用，正是在这个意义上，我们才能深切地体会到马克思所说的"哲学家们只是用不同的方式解释世界，问题在于改变世界"意蕴之所在，这也使我们明白了恩格斯称马克思首先是一个革命家的真实用意之所在。也正是在这个意义上，有学者才把实践哲学作为第一哲学，并断言："随着近代哲学的兴起，实践哲学的传统一度衰落，但终于在上个世纪开始首先在西方复兴。实践哲学的现代复兴，是在哲学普遍危机的大背景下发生的，这就暗示了，实践哲学可能是哲学的出路之所在。"①

最后，从思维方式上来看，理论哲学的思维方式是本体论的还原论思维方式，而实践哲学的思维方式是实践论的生成论思维方式。理论哲学的还原论思维方式致力于追问世界的本原和初始原因，最突出的表现就是唯物主义与唯心主义的对峙，表面上看这两种世界观是对立的，其实它们的思维方式是一样的，唯物主义世界观把世界还原为物质，唯心主义世界观把世界还原为思维，遵循的都是还原论的思维，而实践哲学的思维方式则是从世界是如何生成的来看待整个世界，从而解构了还原论的思维。马克思在《1844 年经济学哲学手稿》中指出："因为对社会主义的人看来，整个所谓世界历史不外是人通过人的劳动而诞生的过程，是自然界对人来说的生成过程，所以，关于他通过自身而诞生、关于他的形成过程，他有直观的、无可辩驳的证明。"② 并且反对追问世界的本原和初始原因的提问方式："既然你提出自然界和人的创造问题，你也就把人和自然界抽象掉了。你设定它们是不存在的，你却希望我向你证明它们是存在的。那我就对你说：放弃你的抽象，你也就会放弃你的问题，或者，你想坚持自己的抽象，你就要贯彻到底，如果你设想人和自然界是不存在的，［XI］那么你就要设想你自己也是不存在的，因为你自己也是自然界和人。不要那样想，也不要那样向我提问，因为一旦你那样想，那样提问，你就会把自然界和人的存在抽象掉，这就没有任何意义了。

① 参阅张汝伦：《作为第一哲学的实践哲学及其实践概念》，载《复旦学报》（社会科学版）2005 年第 5 期。

② 马克思：《1844 年经济学哲学手稿》，北京，人民出版社 2000 年版，第 92 页。

也许你是一个设定一切都不存在，而自己却想存在的利己主义者吧?"①
认为这种"问题本身就是抽象的产物"，是无意义的，并说:"大地创造
说，受到了地球构造学即说明地球的形成、生成是一个过程、一种自我
产生的科学的致命打击。自然发生说是对创世说［Schöpfungstheorie］的
唯一实际的驳斥。"② 有学者对此指出:"作为一切形而上学的反对者，马
克思哲学不从'现成的'概念与'永恒的'实体出发来解释感性的世界
与历史，而是在动态历史的实践视野中透视各种抽象神秘的社会关系与
观念体系现象。"③ 从这里可以看出，在马克思已经终结了形而上学和本
体论的还原论思维方式的情况下，学界提出的关于马克思的各种各样的
本体论的合法性是值得深思的④。与此相应，从思维方法上看，理论哲学
范式使用的是逻辑推理的方法，也就是归纳和演绎的论证方法，发展到
极致就是纯思辨的方法（当然还生发出了黑格尔的辩证逻辑），而实践哲
学范式使用的是批判的方法和现象学的方法。就马克思的"实践的唯物
主义"而言，批判的方法使马克思哲学与实证科学如国民经济学区别开
来，现象学方法使马克思哲学与它所扬弃的思辨哲学区分开来。

当我们从实践哲学范式的角度来理解马克思的"实践的唯物主义"
时，要对"实践哲学"本身进行反思，但很少有学者对这个术语本身进
行反思，而一旦我们反思这个术语时，其悖论性就显露出来了⑤。

马克思哲学作为哲学首先是一种理论，而当我们在某种理论前面冠
之于"实践"字样时，它意指什么呢? 实践哲学在马克思之前存在吗?
我们把马克思哲学称为实践哲学又意味着什么呢?

对于理论与实践关系本身的悖论性，一些哲学家已有所论述，如:
柏拉图对哲学的实践作用问题的回答是:任何事物都没有理论本身更具
有实践性。在亚里士多德那里，关于哲学的实践作用的问题就已经有了
另一个回答:理论只有在实践哲学的形态中才获得实践的意义⑥。

通过进一步考察理论和实践之间的关系，我们发现它们之间存在着

① 马克思:《1844 年经济学哲学手稿》，北京，人民出版社 2000 年版，第 92 页。
② 马克思:《1844 年经济学哲学手稿》，北京，人民出版社 2000 年版，第 91 页。
③ 刘怀玉:《论马克思的现代哲学范式革命》，载《哲学动态》2003 年第 9 期。
④ 参阅俞宣孟:《本体论研究》，上海，上海人民出版社 1999 年版;赵兴良:《马克思的
哲学革命与革命哲学》，载《求实》2004 年第 5 期;刘怀玉:《论马克思的现代哲学范式革命》，
载《哲学动态》2003 年第 9 期。
⑤ 参阅黄浩:《实践哲学的悖论》，载《前沿》2011 年第 15 期。
⑥ 参阅〔德〕哈贝马斯:《哈贝马斯在华讲演集》，中国社会科学院哲学研究所编，北京，
人民出版社 2002 年版，第 139、第 140 页。

悖论性关系，这种悖论性恰恰就是实践哲学的悖论。哲学作为哲学正如阿尔都塞所说"发生在书写文本中、发生在抽象的话语中"，但黑格尔之后，已没有纯粹思想了，对此，柯尔施指出："19 世纪下半叶资产阶级哲学史的三个局限性的第一个，可以表述为一个'纯粹哲学的'局限性。当时的理论家们没有看到，哲学中包含的那些观念，不仅能存活在哲学之中，而且能同样好地存活在实证科学和社会实践之中，而且这一过程在很大程度上就是从黑格尔哲学那里开始的。"① 也就是说，随着纯粹哲学的终结，哲学必然与实践发生这样或那样的关系，也正是在这个意义上我们把这种终结了纯思辨哲学的、面向实践的、回归生活世界的哲学称之为实践哲学，也就是说，实践哲学是相对于理论哲学而言的，离开了理论哲学这个对应物，我们就很难把握实践哲学的真实意蕴，就会产生一些对实践哲学的一些流俗的乃至错误的理解，比如，有的把实践哲学理解为关于实践的哲学，以实践为对象的哲学，或者理解为把哲学实践化的哲学，强调哲学的应用的哲学，等等。

　　实践哲学的悖论性正说明了理论与实践的对立的一面，而我们把这两个表面看来对立的东西放在一起，又说明了理论与实践还有统一的一面，否则实践哲学这个概念就不能成立了，就成了一个怪物。而这种统一是如何发生的，这才是我们要关注的焦点。事实上，即使表面看来十分思辨的德国古典哲学，也是德国和欧洲社会现实的曲折反映，柯尔施指出："事实上 19 世纪纯粹的'观念的'哲学发展这种现象，只有同这个资产阶级社会的具体历史发展相联系，才能从实质上被充分把握。资产阶级的哲学史家们，在他们发展的现阶段，是不能够审慎而公平地研究这种关系的。……换言之，黑格尔之后哲学思想的发展，以及以前从康德到黑格尔的哲学进化，都不能被理解为纯粹的观念的链条。任何理解这整个较后时期——在历史书中，正规地称作'德国唯心主义'时期——的完整实质和意义的企图，只要忽视了或仅仅肤浅地和陈腐地了解某些对于它的整个形式和过程是生死攸关的联系，必将可悲地归于失败。这些联系就是那个时期的'思想运动'和同时代的'革命运动'之间的联系。"② 也就是说，在柯尔施看来，如果我们不能把"德国唯心主

---

① 〔德〕卡尔·柯尔施：《马克思主义和哲学》，王南湜、荣新海译，重庆，重庆出版社 1989 年版，第 8~9 页。

② 〔德〕卡尔·柯尔施：《马克思主义和哲学》，王南湜、荣新海译，重庆，重庆出版社 1989 年版，第 9~10 页。

义"哲学与当时的"革命运动"实践联系起来，就不能理解整个"从康德到黑格尔的哲学进化"的"完整实质和意义"，也就不能把握德国古典哲学的意义之所在："黑格尔写道：在这个根本革命时期的哲学体系中，'革命是通过思想形式概括出来了、表达出来了。'黑格尔的补充说明使人们明白了，他所谈的不是当代资产阶级哲学史家喜欢称之为思想革命的东西——一个审慎地、平静地发生在纯粹研究领域并远离粗俗的现实斗争的过程。资产阶级社会在其革命时期产生出来的这位最伟大的思想家认为，'思想形式的革命'是整个社会现实革命过程的一个客观的组成部分。"① 这正好说明了哲学与现实、理论与实践之间的悖论性关系，马克思已经看到了德国哲学是"法国革命的德国理论"，在黑格尔那里有着巨大的历史感，我们只有在理论与实践的悖论性关系中才能理解其真意，在这个意义上，我们也可以把马克思的"理论与实践的辩证统一"的哲学观看作是"理论与实践的悖论式统一"的哲学观。阿尔都塞的有些令人不可思议的"理论实践的理论"② 的概念也是源于理论与实践的悖论性。

如果我们把马克思的哲学称为实践哲学的话，要对它的内涵进行严格的界定。实践哲学显然不是指谈论和研究"实践"的哲学，因为对实践的谈论早已在亚里士多德那里就存在了，也不是仅仅强调实践理性高于理论理性的哲学，因为这种强调在康德那里就有了，而是指那种以实践为旨归的理论与实践高度辩证统一的哲学，这才是实践哲学区别于理论哲学的根本之处。实践哲学强调的是"理论与实践辩证统一的"哲学，而不仅仅是强调"实践"的作用及其实践的观点是马克思哲学的首要的、基本的观点的哲学，这也是在前面强调要从马克思的"理论与实践辩证统一的"哲学观的高度来理解"实践的唯物主义"的内涵的原因。一个概念在一个人思想体系中的作用再大，也不能把它推向至高无上的地位，认为这个概念可以解决哲学史的所有问题，这样"实践"这个概念在马克思哲学中就有被神圣化的可能，这是我们要时刻警惕的，不能把马克思已经颠覆了的概念暴力又死灰复燃。

其实，理论与实践之间的悖论性关系在马克思的下述论述中已有所

① 〔德〕卡尔·柯尔施：《马克思主义和哲学》，王南湜、荣新海译，重庆，重庆出版社1989年版，第10页。

② 〔法〕路易·阿尔都塞：《保卫马克思》，顾良译，北京，商务印书馆1984年版，第146页。

揭明:"哲学的实践本身是理论的"①,"批判的武器当然不能代替武器的批判,物质力量只能用物质力量来摧毁;但是理论一经掌握群众,也会变成物质力量。"② 实践哲学最大的悖论是在《提纲》第 11 条所说的"解释世界"与"改变世界"之间的悖论:"哲学家们只是用不同的方式解释世界,问题在于改变世界。"③ 学界大多从哲学功能上来解释这一条的内容,断言马克思哲学之外的哲学都是"解释世界"的哲学,而马克思的哲学则是"改变世界"的哲学。其实,任何哲学都具有"解释世界"和"改变世界"的双重功能。苏格拉底把自己比做神赐予雅典的一只牛虻;柏拉图把实现其"哲学王"的理想作为变革现实政治的最高方式;十八世纪法国唯物主义者和启蒙思想家对于历史发展的革命性作用更是难以估量;即使是以晦涩思辨著称的德国古典哲学也被马克思称作"法国革命的德国理论"④。恩格斯曾经这样评论黑格尔哲学:"他的哲学因为对他的思维来说是正确的,所以也就是唯一正确的;而思维和存在的同一性要得到证实,人类就要马上把他的哲学从理论转移到实践中去,并按照黑格尔的原则来改造整个世界。这是他和几乎所有的哲学家所共有的幻想。"⑤ 因此从功能的角度,从"解释世界"和"改变世界"来区别前马克思哲学与马克思以前的哲学时,就必然陷入悖论⑥。有学者提出过这样的问题:"在这种通常的理解与解释中,显而易见地包含了两个方面的悖论性问题:一方面,对马克思主义哲学而言,作为'改变世界'的哲学,是否也是'解释世界'的哲学? 或者说,马克思主义哲学是以'解释世界'为前提的'改变世界'的哲学? 另一方面,对马克思主义哲学之外的哲学而言,作为'解释世界'的哲学,是否也以'改变世界'为目的? 或者说,马克思主义哲学之外的各种哲学也是以'改变世界'为目的的'解释世界'的哲学?"⑦ 海德格尔也提出了这样的质疑:"(让我们)来考察以下这个论题:解释世界与改变世界之间是否存在着真正

① 《马克思恩格斯全集》第 1 卷,北京,人民出版社 1995 年版,第 75 页。

② 《马克思恩格斯选集》第 1 卷,北京,人民出版社 1995 年版,第 9 页。

③ 《马克思恩格斯选集》第 1 卷,北京,人民出版社 1995 年版,第 57 页。

④ 参阅程彪:《超越"解释世界"与"改变世界"的悖论》,载《人文杂志》2003 年第 4 期。

⑤ 《马克思恩格斯选集》第 4 卷,北京,人民出版社 1995 年版,第 225 页。

⑥ 参阅程彪:《超越"解释世界"与"改变世界"的悖论》,载《人文杂志》2003 年第 4 期。

⑦ 参阅孙正聿:《怎样理解马克思的哲学革命》,载《吉林大学社会科学学报》2005 年第 3 期。

的对立？难道对世界每一个解释不都已经是对世界的改变了吗？对世界的每一个解释不都预设了：解释是一种真正的思之事业吗？另一方面，对世界的每一个改变不都把一种理论前见（Vorblick）预设为工具吗?"①这从反面说明了对"实践哲学"和"实践的唯物主义"的理解只能从马克思的"理论与实践的辩证统一"的哲学观的角度来理解，而不能仅仅从强调"实践"的作用的角度来理解。

实践哲学的悖论性带来的另外一个后果就是当前学界热烈讨论的关于马克思主义哲学研究的"学术性"与"现实性"的问题，其实这个问题也是相关于马克思哲学的"理论与实践的关系"这个总问题的。

对"实践的唯物主义"的理解只能在"实践哲学"范式的框架下来理解，如果仍然用"理论哲学"范式的框架去理解，就把马克思哲学拖回到马克思所革命掉的哲学之中了，这是对马克思哲学的极大的误解。

---

① 〔法〕F. 费迪耶等辑录：《晚期海德格尔的三天讨论班纪要》，丁耘摘译，载《哲学译丛》2001 年第 3 期。

结　语

　　正如德里达所说的那样，对于马克思的阅读和讨论将是一个反复进行的过程，而不可能是一次性完成的，这本身就说明马克思的文本具有一种开放性，在不同的时代、语境和视角的观照下，可能会形成对马克思的不同甚至相反的理解，这应该看作是一种正常的现象。这就要求我们每一个马克思文本的解读者一方面要保持一种宽容的胸怀，要对不同于自己的解读保持开放性，不要以自己的"前见"而一概拒绝别人对马克思不同于自己的解读；同时，也要有一种批判的眼光，对不同于自己的对马克思的解读要采取一种谨慎的批判的态度，而不是盲目地接受和认同。可能有人会问，你这不是自相矛盾的吗？事实上也的确如此，这就是文本解读本身的困境，也可以说是解释学上的悖论吧。特别是对于文本本身具有一种张力的文本，比如，马克思的文本，更应该特别小心，这也是我们研究和写作时感受最深的一点。但这也并不意味着对马克思的文本解读是任意的，南斯拉夫著名哲学家坎格尔卡指出："马克思的著作中包含了可能对他的思想作出极为不同的解释的前提，这是无可辩驳的事实；历史上凡属颇为重要的思想家，情形无不如此（须知这本身并非坏事）。然而这绝不意味着马克思的思想观点是如此地不确定，乃至从他的思想观点中以及在他的思想观点的基础上，确实可以'引出'使他的观点完全相对化的上述大相径庭的解释来！但是，这种相对主义所击中的却不是马克思而是这种相对主义所依据的观点。因此，在研究马克思基本哲学观点的时候，还必须同时注意对这种观点作出解释时所依据的各种观点。从马克思学说的角度来看，这些解释从来都不是而且在任何一个方面都不是以纯理论的形式出现的，都不是对马克思学说保持中立的，不含有任何特殊利益的；因为在马克思的著作中，每个人都只看到或只希望看到自己所愿意看到的东西，并且以此来解释马克思的著作。然而这类解释在其思想意愿上只能达到一定的界线，这界线犹如一堵无法逾越的高墙，横在想以同样的方式将它超越过去的那种企图面前，就像马克思本人也曾实际尝试过的那样。因为这已不再是一条哲学思想的或者理论的界线，而全然是一条历史时代的和实践的界线，其彼岸展现着一个新的、截然不同的世界。"①

在对"柯尔施问题"的研究中，笔者也是有着特定的视角和哲学观（也就是所谓的"前见"）来看待这个问题的，这是任何文本解读都排除不掉的，再加上笔者学识上的一些欠缺，难免会出现一些盲点，好在笔者有思想上的自觉，不会固执于自己的"前见"，而在虚心接受别人的批判中不断修正自己的理论"前见"，这也正是我们每一个研究马克思思想的学者所应该具有的学术责任，要有一种自我批判和接受批判的宽阔的胸怀。

这里就有这样一个问题：这种对"柯尔施问题"的理解和解答在何种程度上切中了马克思的哲学观和哲学思想，是否达到了一种视界融合，也就是说，是否具有某种程度上的客观性和合理性，这只有留给读者和专家去审判了。

---

① 中国社会科学院哲学研究所马克思主义哲学史研究室、《哲学译丛》编辑部编译：《马克思哲学思想研究译文集》，北京，人民出版社1983年版，第275～276页。

参考文献

一、图书部分

（一）中文部分

[1]《马克思恩格斯全集》第 1、3、30、44、46 卷，北京，人民出版社 1995、2002、1995、2001、2003 年版。

[2]《马克思恩格斯选集》第 1、2、3、4 卷，北京，人民出版社 1995 年版。

[3] 马克思：《1844 年经济学哲学手稿》，北京，人民出版社 2000 年版。

[4] 黄楠森等主编：《马克思主义哲学史》第八卷，北京，北京出版社 1996 年版。

[5] 俞宣孟：《本体论研究》，上海，上海人民出版社 1999 年版。

[6] 肖前等主编：《实践唯物主义研究》，北京，中国人民大学出版社 1996 年版。

[7] 张文喜：《颠覆形而上学——马克思和海德格尔之论》，北京，中国社会科学出版社 2004 年版。

[8] 聂锦芳：《哲学原论——经典哲学观的现代阐释》，北京，中国广播电视出版社 1998 年版。

[9] 聂锦芳：《哲学形态的当代探索》，北京，人民出版社 2002 年版。

[10] 甘绍平：《传统理性哲学的终结》，台北，唐山出版社 1996 年版。

[11] 何萍：《生存与评价》，北京，东方出版社 1998 年版。

[12] 何萍：《马克思主义哲学与文化哲学》，武汉，武汉大学出版社 2002 年版。

[13] 何萍：《20 世纪马克思主义哲学：东方与西方》，北京，人民出版社 2012 年版。

[14] 汪信砚：《当代视域中的马克思主义哲学》，武汉，湖北人民出版社 2004 年版。

[15] 陶德麟、汪信砚：《马克思主义哲学的当代论域》，北京，人民出版社 2005 年版。

[16] 赵凯荣：《复杂性哲学》，北京，中国社会科学出版社 2001 年版。

[17] 张奎良：《马克思的哲学历程》，上海，上海人民出版社 1993 年版。

[18] 杨耕：《为马克思辩护——对马克思哲学的一种新解读》，北京，北京师范大学出版社 2004 年版。

[19] 吴晓明、王德峰：《马克思的哲学革命及其当代意义》，北京，人民出版社 2005 年版。

[20] 陈学明、马拥军：《走近马克思——苏东剧变后西方思想家的思想轨迹》，北京，东方出版社 2004 年版。

[21] 王金福：《马克思的哲学在理解中的命运——对马克思主义哲学史的解释学考察》，苏州，苏州大学出版社 2003 年版。

[22] 杨学功：《超越哲学同质性神话：马克思哲学革命的当代解读》，北京，北京大学出版社 2010 年版。

[23] 吴德勤：《永远的马克思：马克思哲学的当代性》，上海，上海大学出版社 2004 年版。

[24] 郝立忠：《作为哲学形态的唯物主义辩证法》，济南，山东大学出版社 2004 年版。

[25] 侯才：《青年黑格尔派与马克思早期思想的发展》，北京，中国社会科学出版社 1994 年版。

[26] 何中华：《哲学：走向本体澄明之境》，济南，山东人民出版社 2002 年版。

[27] 孙正聿：《简明哲学通论》，北京，高等教育出版社 2000 年版。

[28] 孙正聿：《哲学观研究》，长春，吉林人民出版社 2007 年版。

[29] 朱传启等著：《马克思恩格斯哲学思想比较研究》，郑州，河南人民出版社 1995 年版。

[30] 王金林：《世界历史意义的本质道说——从海德格尔的解读看马克思哲学的当代性》，上海，上海教育出版社 2002 年版。

[31] 朱建：《现代形而上学的祭酒》，台北，允晨文化实业股份有限公司，1982 年版。

[32] 张立波：《后现代境遇中的马克思》，北京，民族出版社 2002 年版。

[33] 程巍：《否定性思维——马尔库塞思想研究》，北京，北京大学出版社 2001 年版。

[34] 张汝伦：《海德格尔与现代哲学》，上海，复旦大学出版社 1995 年版。

[35] 王南湜、谢永康：《后主体性哲学的视域——马克思唯物主义的当代阐释》，北京，中国人民大学出版社 2004 年版。

[36] 俞吾金：《从康德到马克思——千年之交的哲学沉思》，桂林，广西师范大学出版社 2004 年版。

[37] 张一兵：《马克思哲学的历史原像》，北京，人民出版社 2009 年版。

[38] 张一兵：《回到马克思——经济学语境中的哲学话语》，南京，江苏人民出版社 1999 年版。

[39] 复旦大学哲学系现代西方哲学研究室编译：《西方学者论〈1844 年经济学哲学手稿〉》，上海，复旦大学出版社 1983 年版。

[40] 李文阁：《回归现实生活世界——哲学视野的根本置换》，北京，中国社会科学

出版社 2002 年版。

[41] 孙周兴选编：《海德格尔选集》（上下卷），上海，生活·读书·新知三联书店 1996 年版。

[42] 中国社会科学院哲学研究所马克思主义哲学史研究室、《哲学译丛》编辑部编 译：《马克思哲学思想研究译文集》，北京，人民出版社 1983 年版。

[43] 仰海峰：《西方马克思主义的逻辑》，北京，北京大学出版社 2010 年版。

[44] 〔法〕奥古斯特·科尔纽：《马克思恩格斯传》，王以铸、刘丕坤、杨静远译， 北京，生活·读书·新知三联书店 1963 年版。

[45] 〔古希腊〕亚里士多德：《形而上学》，吴寿彭译，北京，商务印书馆 1959 年版。

[46] 〔德〕卡尔·柯尔施：《马克思主义和哲学》，王南湜、荣新海译，重庆，重庆 出版社 1989 年版。

[47] 〔德〕卡尔·柯尔施：《卡尔·马克思——马克思主义的理论和阶级运动》，熊 子云、翁廷真译，重庆，重庆出版社 1993 年版。

[48] 〔德〕黑格尔：《精神现象学》（上下卷），北京，商务印书馆 1979 年版。

[49] 〔德〕黑格尔：《逻辑学》上卷，杨一之译，北京，商务印书馆 1966 年版。

[50] 〔德〕黑格尔：《小逻辑》，贺麟译，北京，商务印书馆 1980 年版。

[51] 〔德〕黑格尔：《哲学史讲演录》，贺麟、王太庆译，北京，商务印书馆 1981 年版。

[52] 〔德〕胡塞尔：《欧洲科学的危机和超验现象学》，张庆熊译，上海，上海译文 出版社 1988 年版。

[53] 〔德〕胡塞尔：《现象学与哲学的危机》，吕祥译，北京，国际文化出版中心 1988 年版。

[54] 〔德〕特奥多·阿多尔诺：《否定的辩证法》，张峰译，重庆，重庆出版社 1993 年版。

[55] 〔德〕马克斯·霍克海默、西奥多·阿道尔诺：《启蒙辩证法：哲学断片》，渠 敬东、曹卫东译，上海，上海人民出版社 2003 年版。

[56] 〔德〕马克斯·霍克海默：《批判理论》，李小兵译，重庆，重庆出版社 1989 年版。

[57] 〔德〕海德格尔：《路标》，孙周兴译，北京，商务印书馆 2000 年版。

[58] 〔德〕海德格尔：《面向思的事情》，陈小文、孙周兴译，北京，商务印书馆 1996 年版。

[59] 〔德〕海德格尔：《尼采》（上、下卷），孙周兴译，北京，商务印书馆 2002 年版。

[60] 〔德〕马丁·海德格尔：《演讲与论文集》，孙周兴译，北京，生活·读书·新 知三联书店 2005 年版。

[61] 〔德〕于尔根·哈贝马斯：《现代性的哲学话语》，曹卫东等译，南京，译林出 版社 2004 年版。

［62］〔德〕尤尔根·哈贝马斯：《理论与实践》，郭官义、李黎译，北京，社会科学文献出版社 2004 年版。

［63］〔德〕尤尔根·哈贝马斯：《重建历史唯物主义》，郭官义译，北京，社会科学文献出版社 2000 年版。

［64］〔德〕哈贝马斯：《哈贝马斯在华讲演集》，中国社会科学院哲学研究所编，北京，人民出版社 2002 年版。

［65］〔德〕哈贝马斯：《现代性的地平线——哈贝马斯访谈录》，李安东等译，上海，上海人民出版社 1997 年版。

［66］〔德〕A. 施密特：《马克思的自然概念》，欧力同、吴仲译，北京，商务印书馆 1988 年版。

［67］〔德〕费尔巴哈：《费尔巴哈哲学著作选集》上卷，荣震华、李金山等译，北京，生活·读书·新知三联书店 1959 年版。

［68］〔德〕康德：《纯粹理性批判》，邓晓芒译，北京，人民出版社 2004 年版。

［69］〔德〕康德：《任何一种能够作为科学出现的未来形而上学导论》，庞景仁译，北京，商务印书馆 1978 年版。

［70］〔美〕劳伦斯·E. 卡弘：《哲学的终结》，冯克利译，南京，江苏人民出版社 2001 年版。

［71］〔美〕劳伦斯·E. 卡洪：《现代性的困境——哲学、文化和反文化》，王志宏译，北京，商务印书馆 2008 年版。

［72］〔美〕理查德·罗蒂：《后哲学文化》，黄勇译，上海，上海译文出版社 2004 年版。

［73］〔美〕伊曼努尔·华勒斯坦：《自由主义的终结》，郝名玮、张凡译，北京，社会科学文献出版社 2002 年版。

［74］〔美〕詹明信：《晚期资本主义的文化逻辑》，陈清侨等译，北京，生活·读书·新知三联书店 1997 年版。

［75］〔美〕汉娜·阿伦特：《马克思与西方政治思想传统》，孙传钊译，南京，江苏人民出版社 2008 年版。

［76］〔美〕维塞尔：《马克思与浪漫派的反讽——论马克思主义神话诗学的本源》，陈开华译，上海，华东师范大学出版社 2008 年版。

［77］〔美〕麦卡锡：《马克思与古人》，王文扬译，上海，华东师范大学出版社 2011 年版。

［78］〔苏〕捷·伊·奥伊则尔曼：《马克思主义哲学的形成》，潘培新译，北京，生活·读书·新知三联书店 1964 年版。

［79］〔苏〕B. A. 马利宁、B. H. 申卡鲁克：《黑格尔左派批判分析》，曾盛林译，北京，社会科学文献出版社 1987 年版。

［80］〔英〕戴维·麦克莱伦：《青年黑格尔派与马克思》，夏威仪、陈启伟、金海民译，北京，商务印书馆 1982 年版。

［81］〔英〕戴维·麦克莱伦:《马克思主义以前的马克思》,李兴国等译,北京,社会科学文献出版社 1992 年版。

［82］〔英〕伯尔基:《马克思主义的起源》,伍庆、王文扬译,上海,华东师范大学出版社 2007 年版。

［83］〔英〕J. D. 贝尔纳:《科学的社会功能》,陈体芳译,北京,商务印书馆 1982 年版。

［84］〔英〕罗素:《西方哲学史》,何兆武、李约瑟译,北京,商务印书馆 1976 年版。

［85］〔美〕悉尼·胡克:《对卡尔·马克思的理解》,徐崇温译,重庆,重庆出版社 1989 年版。

［86］〔匈〕卢卡奇:《历史与阶级意识:关于马克思列宁主义辩证法的研究》,杜章智等译,北京,商务印书馆 1995 年版。

［87］〔匈〕G. 卢卡奇:《关于社会存在的本体论·上卷——社会存在本体论引论》,白锡堃、张西本、李秋零译,重庆,重庆出版社 1993 年版。

［88］〔日〕城冢登:《青年马克思的思想——社会主义思想的创立》,尚晶晶等译,北京,求实出版社 1988 年版。

［89］〔意〕葛兰西:《实践哲学》,徐崇温译,重庆,重庆出版社 1990 年版。

［90］〔南〕马尔科维奇、彼德洛维奇:《南斯拉夫"实践派"的历史和理论》,曲跃厚、郑一明译,重庆,重庆出版社 1994 年版。

［91］〔法〕汤姆·洛克曼:《马克思主义之后的马克思》,杨学功、徐素华译,北京,东方出版社 2008 年版。

［92］〔法〕路易·阿尔都塞:《保卫马克思》,顾良译,北京,商务印书馆 1984 年版。

［93］〔法〕路易·阿尔都塞:《哲学与政治:阿尔都塞读本》,陈越编,长春,吉林人民出版社 2003 年版。

［94］〔法〕路易·阿尔都塞、艾蒂安·巴里巴尔:《读〈资本论〉》,李其庆、冯文光译,北京,中央编译出版社 2001 年版。

［95］〔法〕雅克·德里达:《马克思的幽灵——债务国家、哀悼活动和新国际》,何一译,北京,中国人民大学出版社 1999 年版。

［96］〔法〕雷蒙·阿隆:《想象的马克思主义:从一个神圣家族到另一个神圣家族》,姜志辉译,上海,上海译文出版社 2012 年版。

［97］〔俄〕BJI. 索洛维约夫:《西方哲学的危机》,李树柏译,杭州,浙江人民出版社 2000 年版。

［98］〔加〕罗伯特·韦尔、凯·尼尔森:《分析马克思主义新论》,鲁克俭、王来金、杨洁等译,北京,中国人民大学出版社 2002 年版。

［99］〔日〕柄谷行人:《跨越性批判——康德与马克思》,赵京华译,北京,中央编译出版社 2011 年版。

［100］〔日〕今村仁司:《阿尔都塞——认识论的断裂》,牛建科译,石家庄,河北教育出版社 2001 年版。

［101］〔南非〕达里尔·格雷泽、〔英〕戴维·M. 沃克尔编：《20 世纪的马克思主义——全球导论》，南京，江苏人民出版社 2011 年版。

（二）外文部分

［102］S. H. Rigby. Engels and the Formation of Marxism: History, Dialectics and Revolution [M]. Manchester: Manchester University Press, 1992.

［103］Karl Marx/ Friedrich Engels. *Werke* (Band 20) [M]. Berlin: Dietz Verlag, 1962.

［104］Karl Marx, Friedrich Engels: Manifest der Kommunistischen Partei, Verlag Für Fremdsprachige Literatur Peking 1970.

［105］The Marx Reader, Edited by Christopher Pierson, First published by Polity Press in association with Blackwell Publishers Ltd.

［106］Daniel Brudney: Marx's Attempt to Leave Philosophy, HARVADR UNIVERSITY PRESS Cambridge, Massachussetts London, England 1998.

［107］Martin Heidegger Basic Writings, General Editors: J. Glenn Gray, Joan Stambaugh, HARPER & ROW, PUBLISHERS , NEW YOUR, HAGERSTOWN, SAN FRANCISCO, LONDON.

［108］Rorty Richard Essays on Heidegger and other philosophical papers Cambridge University Press 1991.

［109］Heidegger: The End of Philosophy and the Task of Thinking (1969).

［110］Being and Time Beijing China Social Sciences Publishing House 1999.

［111］Poetry, Language, Thought China Social Sciences Publishing House 1999.

［112］The Question Concerning Technology and Other Essays New York Harper & Row publishers 1977.

［113］Hans – Georg Gadamer: The beginning and the end of philosophy, From Martin Heidegger Critical Assessments , Edited by Christopher Macann, First published 1992 by Routledge 11 New Fetter Lane, London EC4P 4EE.

［114］Samuel IJsseling: The end of philosophy as the beginning of thinking, From Martin Heidegger Critical Assessments , Edited by Christopher Macann, First published 1992 by Routledge 11 New Fetter Lane, London EC4P 4EE.

［115］Franco Volpi: Dasein as praxis: the Heideggerian assimilation and the radicalization of the practical philosophy of Aristole, From Martin Heidegger Critical Assessments , Edited by Christopher Macann, First published 1992 by Routledge 11 New Fetter Lane, London EC4P 4EE.

［116］Michel Haar: "the End of Metaphysics" and "A New Beginning", From Heidegger, Authenticity and Modernity, Essays in Honor of Hubert L. Dreyfus, Volume 1, edited by Mark A. Wrathall and Jeff Malpas, The MIT Press Cambridge, Massachusetts London, England.

二、论文部分

[117]〔法〕F. 费迪耶等辑录:《晚期海德格尔的三天讨论班纪要》,丁耘摘译,载《哲学译丛》2001 年第 3 期。

[118]〔德〕K. 雅斯贝尔斯:《哲学终结了吗?——与 W. 霍希克佩尔谈哲学的未来》,梦海译,载《世界哲学》2003 年第 5 期。

[119] 赵凯荣:《马克思是要消灭哲学吗?》,载《铜仁学院学报》2009 年第 3 期。

[120] 张汝伦:《马克思的哲学观和"哲学的终结"》,载《中国社会科学》2003 年第 4 期。

[121] 邓晓芒:《论马克思对哲学的扬弃》,载《学术月刊》2003 年第 3 期。

[122] 聂锦芳:《马克思不是"哲学终结论者"》,载《光明日报》2004 年 10 月 19 日。

[123] 徐长福:《求解"柯尔施问题"——论马克思学说跟哲学和科学的关系》,载《哲学研究》2004 年第 6 期。

[124] 邓晓芒:《"柯尔施问题"的现象学解——兼与徐长福先生商讨》,载《哲学研究》2005 年第 2 期。

[125] 阎孟伟:《"感性世界"的实践论诠释及哲学范式的变革》,载《哲学研究》2004 年第 3 期。

[126] 唐正东:《卢卡奇和阿尔都塞对马克思哲学观的解读:深刻性与肤浅性的并存》,载《南京社会科学》1997 年第 8 期。

[127] 胡大平:《柯尔施的哲学转折和社会学马克思主义——兼评当前马克思主义研究中的体系化倾向》,载《南京社会科学》1998 年第 4 期。

[128] 杨学功:《哲学观的批判和重建》,载《吉首大学学报》(社会科学版)2002 年第 1 期。

[129] 杨学功:《马克思哲学观的合理总结与当代确认》,载《天津社会科学》2002 年第 4 期。

[130] 杨学功:《超越哲学同质性神话——从哲学形态转变的视角看马克思的哲学革命》,载《复旦学报》(社会科学版)2005 年第 2 期。

[131] 何中华:《"哲学的终结":一个"后现代"神话》,载《天津社会科学》2002 年第 2 期。

[132] 何中华:《论马克思和恩格斯哲学思想的几点区别》,载《东岳论丛》2004 年第 3 期。

[133] 何中华:《实践、辩证法与马克思主义哲学新诠——世纪之交我们对马克思主义哲学应有的态度》,载《学术月刊》1996 年第 11 期。

[134] 何萍:《马克思主义哲学与现代性问题》,载《江汉论坛》2002 年第 2 期。

[135] 陈学明:《评"西方马克思主义"所开辟的马克思哲学的解释路向——重读柯

尔施的〈马克思主义和哲学〉》，载《学术月刊》2004 年第 5 期。

[136] 孙正聿：《怎样理解马克思的哲学革命》，载《吉林大学社会科学学报》2005 年第 3 期。

[137] 张盾：《反现代性：马克思哲学革命的真实意义》，载《长白学刊》2004 年第 1 期。

[138] 张盾：《怎样理解马克思哲学变革规划的总问题——评徐长福教授对马克思哲学观的解读》，载《文史哲》2005 年第 6 期。

[139] 张盾：《马克思与黑格尔〈精神现象学〉》，载《吉林大学社会科学学报》2007 年第 4 期。

[140] 刘怀玉：《论马克思的现代哲学范式革命》，载《哲学动态》2003 年第 9 期。

[141] 王雨辰：《哲学范式的变革与世纪之交当代马克思主义哲学的发展》，载《理论月刊》1999 年第 3 期。

[142] 高清海等：《力求哲学范式的及早转换》，《哲学动态》1998 年第 12 期。

[143] 俞吾金：《恩格斯如何看待马克思与黑格尔的关系》，载《云南大学学报》（社会科学版）2005 年第 3 期。

[144] 俞吾金：《关于哲学基本问题的再认识》，载《北京大学学报》（哲学社会科学版）1997 年第 2 期。

[145] 俞吾金：《对马克思实践观的当代反思——从抽象认识论到生存论本体论》，载《哲学动态》2003 年第 6 期。

[146] 俞吾金：《马克思的实践唯物主义及其当代发展趋向》，载《江苏社会科学》2000 年第 6 期。

[147] 俞吾金：《人文关怀：马克思哲学的另一个维度》，载《光明日报》2001 年 2 月 6 日。

[148] 吴晓明：《重估马克思哲学革命的性质与意义》，载《复旦学报》（社会科学版）2004 年第 6 期。

[149] 吴晓明：《马克思的哲学革命与全部形而上学的终结》，载《江苏社会科学》2000 年第 6 期。

[150] 李毅嘉：《马克思恩格斯对哲学的拒斥》，载《山东大学学报》（哲学社会科学版）2005 年第 2 期。

[151] 刘立群：《马克思和恩格斯为什么没有用过"唯物主义哲学"一词？——也谈马克思和恩格斯对元哲学问题的探索》，载《泰山学院学报》2005 年第 2 期。

[152] 郑瑞：《马克思主义和哲学：柯尔施的言说及影响》，载《教学与研究》2003 年第 9 期。

[153] 杨耕：《马克思：现代哲学的奠基者》，载《学术月刊》，2002 年第 5 期。

[154] 聂锦芳：《关于马克思哲学历史定位的三种观点及其论证思路》，载《北京大学学报》，2003 年第 4 期。

[155] 吴晓明、徐琴：《论柯尔施对"庸俗马克思主义"的批判与反拨——〈马克思

主义和哲学〉的阐释定向及存在论基础》，载《云南大学学报》（社会科学版）
2004 年第 3 期。

[156] 顾玉平：《马克思超验性与经验性统一的哲学思路》，载《云南社会科学》
2004 年第 1 期。

[157] 吴家华：《国外学者关于马克思恩格斯比较研究范式简评》，载《高校理论战
线》2004 年第 10 期。

[158] 吴家华：《"马克思—恩格斯问题"论析》，载《中国人民大学学报》2002 年第
6 期。

[159] 陈波：《解读马克思》，载《四川大学学报》（哲学社会科学版）2002 年第
3 期。

[160] 郭云峰：《从哲学危机的角度看海德格尔与胡塞尔的思想分歧》，载《南京政治
学院学报》2003 年第 5 期。

[161] 程志敏：《哲学"终结论"批判》，载《西南民族学院学报》（哲学社会科学
版）1999 年第 3 期。

[162] 刘立群：《马克思和恩格斯为什么没有用过"唯物主义哲学"一词？——也谈
马克思和恩格斯对元哲学问题的探索》，载《泰山学院学报》2005 年第 2 期。

[163] 王树人：《哲学的终结与哲学的现代位置》，载《哲学动态》1998 年第 1 期。

[164] 张文喜：《形而上学的批判：海德格尔与马克思之论》，载《理论探讨》2004
年第 1 期。

[165] 谢地坤：《狄尔泰：在形而上学与非形而上学之间》，载《哲学研究》2002 年
第 12 期。

[166] 程彪：《超越"解释世界"与"改变世界"的悖论》，载《人文杂志》2003 年
第 4 期。

[167] 黄浩：《马克思的共产主义思想：科学理性和价值理性的辩证统一》，载《东南
学术》2005 年第 6 期。

[168] 黄浩：《马克思〈博士论文〉中的哲学观探析》，载《中南民族大学学报》
2006 年第 2 期。

[169] 黄浩：《马克思哲学终结观视域下的现代性批判话语》，载《东南学术》2007
年第 1 期。

[170] 黄浩：《马克思恩格斯的哲学观比较研究》，载《理论月刊》2011 年第 5 期。

[171] 黄浩：《从不同的视角"看"马克思哲学》，载《前沿》2011 年第 11 期。

[172] 黄浩：《实践哲学的悖论》，载《前沿》2011 年第 15 期。

后　记

　　本书是在我的博士论文基础上修改成书的，得到国家社会科学后期资助项目资助，在此表示诚挚的感谢！同时对课题组成员朱红梅、袁群莉、王竹波、杨翟老师付出的辛勤劳动表示感谢！

　　感谢我的导师赵凯荣先生。在攻读博士学位期间，先生从我的知识背景和个人兴趣帮助我定下这一选题后就时时关心着论文的进展，在材料准备和撰写过程中，每当我面临一些对此选题的质疑时，先生总是能够坚定地支持我的选择；每当我困惑于千头万绪、思路不清时，先生又总是耐心启发我如何从比较合理的角度切入题中；而成稿后，先生更是日以继夜进行字斟句酌的修改。在本书即将付印之时，我提出先生为此书作序，先生欣然应允。回顾先生付诸此文的心血，令我不知如何用言语来表达心中感激。先生视野开阔、才思敏捷的学术风格，将始终是我学习的榜样，先生严谨、勤勉的治学态度和真诚、宽厚的人格品质每每在无形中给我以激励，是我在学术之外学到的极其珍贵的东西。

　　在我攻读博士学位三年的学习中，陶德麟教授、汪信砚教授、何萍教授、萧诗美教授、陈立新教授都在我的哲学思想成长过程中给予了我莫大的帮助，在他们的指引下，我现在才领悟到了真正哲学式的研究与写作的真谛所在，是他们在我三年的攻博期间给我以如此生动难忘的哲学启蒙，使我与真正的哲学、与真正的马克思结下不解之缘。在整个思考和写作过程中都饱含着他们对我的思想上的影响和帮助。借此，我向他们表示诚挚的感谢！感谢何萍老师和汪信砚老师，两位老师凭借其犀利的学术眼光和深厚的学术底蕴，直言不讳地道出论文在成形过程中所存在的问题，令我有茅塞顿开之感。虽然不是我的直接的指导老师，但是两位老师从来都是不厌其烦地为我传道、解惑，态度之诚恳、认真令我深受感动、为之折服。感谢萧诗美老师和陈立新老师，他们开阔的学术视野和真正哲学式的思维使我受益匪浅。

　　感谢李志、陈翠芳、张三萍、张敏、孙玉健、赵长太、杨晓军、夏建华等诸位同学，他们无不细致地关怀和鼓励着我。在本书的写作过程中，从材料的收集到思路的清理及至观点的斟酌，都不曾离开过他们的切实帮助。还要感谢黄晓新和吴晓旭同学，她们为本书的英语翻译和文字校对等工作花费了宝贵的时间，在此一并致谢！

还要感谢我敬爱的父母，年迈的他们在我读博士时还从生活和精神上予以支持。还有我的妻子和儿子，他们以为自己无力在学业上帮助我，所以只是默默地和我分享快乐、分担忧愁，默默地在生活中全力支持我、照顾我。然而，他们不知道，正是这种质朴无华的爱给了我最直接的动力源泉。

最后，要感谢学习出版社的同志们为本书的出版付出大量宝贵的时间和精力，在文字的润色方面做了大量的工作，在此表示诚挚的谢意！

黄　浩

2014 年 6 月 30 日于华南农业大学